国家社科基金一般项目"全球治理视域下国家语言能力评价指标体系研究"
（编号：20BYY061）阶段性研究成果

U0368004

国家外语能力建设的
理论与实践研究

Theory and Practice on the Construction of
National Foreign Language Capacity

沈骑 著

上海交通大学出版社
SHANGHAI JIAO TONG UNIVERSITY PRESS

内容提要

本书为全球治理视域下的国家外语能力建设研究,分为理论篇和实践篇两个部分。理论篇主要介绍了国家外语能力的概念内涵与外延、历史演进、转型任务以及范式变迁,并提出要在当今"一带一路"倡议和百年未有之大变局的时代背景下,加强国家外语能力建设,提升公民整体外语能力,加快培养全球治理人才,以此对接国家战略。实践篇主要展示了课题研究过程中形成的调查研究报告,既为国家外语能力理论建构提供了真实的数据,又为后续开展关于国家外语能力的实证调查提供了借鉴和参考。

图书在版编目(CIP)数据

国家外语能力建设的理论与实践研究/沈骑著. —
上海:上海交通大学出版社,2023.12
ISBN 978 - 7 - 313 - 26337 - 7

Ⅰ.①国⋯ Ⅱ.①沈⋯ Ⅲ.①外语教学－研究－中国
Ⅳ.①H09

中国国家版本馆 CIP 数据核字(2023)第 179878 号

国家外语能力建设的理论与实践研究
GUOJIA WAIYU NENGLI JIANSHE DE LILUN YU SHIJIAN YANJIU

著　者:沈 骑			
出版发行:上海交通大学出版社		地　址:上海市番禺路 951 号
邮政编码:200030		电　话:021 - 64071208
印　制:上海锦佳印刷有限公司		经　销:全国新华书店
开　本:710mm×1060mm　1/16		印　张:19
字　数:309 千字		
版　次:2023 年 12 月第 1 版		印　次:2023 年 12 月第 1 次印刷
书　号:ISBN 978 - 7 - 313 - 26337 - 7		
定　价:98.00 元		

前　言

2022 年 10 月,中国共产党二十大报告明确提出,中国要积极参与全球治理体系改革与建设,践行共商、共建、共享的全球治理观,构建人类命运共同体,促进各国人民相知相亲,尊重世界文明多样性,以文明交流超越文明隔阂、文明互鉴超越文明冲突、文明共存超越文明优越,共同应对各种全球性挑战。语言是国家战略资源,在全球治理中具有重要价值。在全球治理观的指引下,国家外语能力建设已经成为当前中国外语教育规划的重要战略任务。随着中国进入全面建设社会主义现代化国家、向第二个百年奋斗目标进军的新征程,党和国家对高素质复合型国际化人才的需求更为迫切,对高校外语人才培养工作提出新的更高要求。

自 2007 年攻读博士学位至今,笔者恪守外语教育研究服务国家战略的学术理想,秉持求真务实、开放创新的学术态度,以国家外语能力建设为核心,以多学科交叉和研究方法创新为主要学术路径,致力于国家外语能力建设的理论创新与实践应用研究。在前辈学者和学术同道的支持下,迄今为止,笔者主持国家社科基金项目 2 项,教育部及其他部委或省市基础理论、综合应用和决策咨询课题 12 项。笔者在《外语教学与研究》《外国语》《中国外语》《语言文字应用》、*Language Policy*、*Language Teaching*、*Applied Linguistics Review* 等国内外学术期刊发表论文 140 余篇,其中 CSSCI 期刊论文 82 篇,SSCI 或 A&HCI 期刊论文 16 篇,已出版学术专著 3 部。在外语教育规划、国家语言安全、国家外语能力建设、全球语言治理等领域,笔者做出了一定的学术贡献。

近五年来,笔者以习近平总书记提出的"全球治理观"和"总体国家安全观"为指导,聚焦全球治理视域下的国家外语能力建设研究,着力研究新时代中国外语教育规划理论体系及其实践,致力于构建以国家语言安全—语言规划体系—外语教育规划为核心支柱的国家外语能力理论与应用体系,提出总体国家安全观视域下的国家语言安全、全球治理视域下的国家外语能力建设、全球语言治理等一系列学术命题,深入剖析百年未有之大变局下外语教育与中国参与全球治理的互动关系,丰富和拓展中国本土语言规划自主知识体系,为推动中国在参与全球治理进程中的外语教育规划研究发挥一定作用。

笔者秉持"学以致用"的学术理念,重视外语教育规划的实践应用研究,尝试用学术话语回应中国参与全球治理背景下的国家外语能力建设问题,通过深入阐释全球治理观和开展实证调查研究,探究国家外语能力建设与中国外语教育规划实践的衔接与应用问题,着力构建全球治理视域下包含"国家外语能力理论体系""国家外语能力建设实践体系""国家外语人才培养体系"三大体系的中国外语教育规划体系。近 10 年来,笔者先后主持国家语委科研基地重大项目"国家外语能力调查与公民外语能力提升策略研究"、中国外文局课题"一带一路所涉非通用语种人才培养问题"、国家社科基金项目"全球治理视域下国家语言能力评价指标体系研究"和国家语委重点项目"面向全球治理人才培养的语言教育规划研究",在国家外语能力建设研究领域做了一些开拓性工作。

特别值得一提的是,笔者在承担国家语委科研基地重大项目"国家外语能力调查与公民外语能力提升策略研究"过程中受益良多。该项目从选题到申报,从立项到实施都备受关注,得到了各级领导和专家学者的扶持与帮助。国家外语能力建设是中国外语教育研究亟待拓展的新领域。近十年来,中国外语研究的一个鲜明特征就是进一步体现出外语研究对接国家战略需求的学术使命。李宇明先生曾说过,外语是国家国际行走的"先遣队"。随着中国日益走向国际舞台中央,国家外语能力建设理应是服务国家战略发展的重要举措。因此这一课题研究代表着国家意志和社会重大需求,意义重大。2013 年初,在申报并成功获批这项课题时,笔者才知道这项课题是命题作文,出题人竟是时任教育部副部长、国家语委主任李卫红同志;同年 3 月,在该课题的开题报告会上,时任教育部语信司副司长田立新同志和时任上海市教委副主任袁雯同志均出席会议,并对课题寄予很高希望。当时上海市语委、语管处领导也直接参与督阵,并为课题实施提供了极大的便利条件。上海外国语大学梅德明教授、陈坚林教授,上海海事大学蔡永良教授等专家对课题开展也提出中肯的建议。正是在众多领导和专家的关注和指导之下,本课题才得以顺利实施并按期结项。也正是在这一课题的研究过程中,笔者开始系统深入地思考国家外语能力建设的理论和实践问题。总体而言,这一研究具有明显的跨学科特性,对理论和实践研究要求较高。

一是理论创新要求。基于多年的研究积累,笔者认为有必要对国家外语能力的理论内涵和外延进行系统梳理,同时,对国家外语能力概念内涵和外延开展拓展性探索,将国家外语能力、领域外语能力与个人外语能力三者有机联系在一起,在一定程度上丰富现有理论,为外语战略和外语教育政策研究提供新的研究领域和探索空间。

二是实证数据要求。基于国家外语能力的外延拓展,笔者认为需要对国家外语能力所涉不同领域和不同层次的外语需求进行现状调查,获取一手真实数据,发现现实问题。外语教育规划研究对实证调查和真实数据的要求极高,如果不摸清"家底",任何规划都是"纸上谈兵"。为此,笔者近年来开展了不少领域的实证调查,很多调查研究在全国尚属首次,在这一过程中获取和掌握的数据有助于为外语教育规划提供较为详实的数据参考。

三是决策咨询要求。国家外语能力研究事关国家外语战略规划,属于应用对策研究,不同于一般基础研究,研究者需要在较为广泛的调查基础上,对提升国家外语能力提出战略转型和改革的建议,需要从国家战略与外语国情方面,通盘考虑现有外语规划的战略走向,为制定和调整国家外语规划提出对策和建议。近年来,笔者带领研究团队一直致力于在这方面进行探索,努力为国家外语能力建设提供高水平的决策咨询服务。

面对百年未有之大变局,国家外语能力建设应从全球治理、"一带一路"倡议、全球话语体系和全球胜任力等多方面将国家外语能力体系细分为外语语种能力和领域外语能力等多个维度。在实践和应用研究层面,国家外语能力建设应从语种需求到外语质量,从领域能力到话语能力,从学校外语教育到公民外语能力等多方面进行考察,涉及部分关键领域、重要行业和不同层级的外语能力现状调查,形成融理论与实践于一体的研究体系。

本书的出版,既是笔者多年来在国家外语能力建设领域的研究成果的系统总结,同时也凝聚了众多参与相关课题研究的师生的辛勤汗水。本书分理论与实践两篇,理论篇是笔者近年来对国家外语能力建设的理论体系的思考,希望能够为后学提供继续深入研究的知识和方法。实践篇是在课题研究中形成的部分调查研究报告,囿于篇幅,还有十余项调查研究报告无法收入呈现。在这里笔者需要特别感谢华中农业大学龚献静教授承担涉外法治领域外语能力的调查研究,博士生陆珏璇和康铭浩承担非通用语种外语人才的调查研究,研究生张文同学承担涉外酒店外语服务能力的调查研究,博士生孙雨和李晓阳同学先后对书稿进行细致整理和精心校对,感谢上述各位老师和同学付出的学术劳动。本书在出版过程中,得到了上海交通大学出版社张冠男编辑的大力支持和宽容,在此一并致谢。

2023 年是笔者开展国家外语能力研究的第十个年头,面对百年未有之大变局,面向新征程,国家外语能力建设将肩负更为艰巨的新任务和新挑战,希望本书的出版能推动更多外语学人投入到这一领域的研究之中。

定稿于 2021 年立秋日

修改于 2023 年 2 月 10 日

目　　录

理论篇

实践篇

理论篇

　　参与全球治理需要一大批熟悉党和国家方针政策、了解我国国情、具有全球视野、熟练运用外语、通晓国际规则、精通国际谈判的专业人才。要加强全球治理人才队伍建设，突破人才瓶颈，做好人才储备，为我国参与全球治理提供有力人才支撑。

——习近平①

① 节选自 2016 年 9 月 27 日习近平总书记在中共中央政治局第三十五次集体学习时的讲话。

国家外语能力的概念内涵与外延

改革开放以来,中国逐步走向世界舞台的中央,正从"本土型"大国向"国际型"强国转变。党的十八大以来,中国以更加自信、更加主动的心态在全球治理中发挥了重要参与者、建设者和贡献者的作用。2022年党的二十大报告更是明确提出以中国式现代化全面推进中华民族伟大复兴,为应对人类社会所面临的前所未有的挑战,积极参与全球治理体系改革和建设,坚持真正的多边主义,推进国际关系民主化,推动全球治理朝着更加公正合理的方向发展。

在全球治理议程上,中国正从规则接受者向制定者转变,从被动参与者向主动塑造者转变,从外围协商者向核心决策者转变。近年来,随着"一带一路"倡议被越来越多的国家接受,中国参与和推动全球治理格局变革的步伐不断加快。在这样的战略机遇之下,提高我国参与全球治理的能力,着力增强规则制定能力、议程设置能力、舆论宣传能力、统筹协调能力已成为当务之急。我们认为全球治理所需要的上述各种能力,都离不开语言的作用,都离不开一种不可或缺的能力——国家外语能力(national foreign language capacity)。国家外语能力是建设和提升这几种能力的基本前提和重要基础,也是实现和检验这些能力的核心指标和关键表征。正如美国加州大学伯克利分校政治学家马克·贝维尔(Mark Bevir)教授(2013)在其专著《治理理论》中提到,治理(governance)是涉及不同主体通过法律、规范、权力、语言等手段实现社会实践中规则和秩序生成的所有过程,从哲学角度看,治理需要通过语言、意义和信仰完成。在积极参与和推进全球治理规则和秩序完善与改革过程中,国家外语能力的建设和提升是一个不折不扣的战略问题,事关外语学科创新发展和变革重任。

中华人民共和国成立70多年来,中国外语规划在国家发展进程中发挥着重要作用。国家外语能力的不断提升,有力地支撑和服务于国家改革开放事业的繁荣与发展。中国国家外语能力建设与国家和社会发展同呼吸、共命运,与祖国同行,服务国家战略,取得了举世瞩目的成就。70 年多来,国家外语能力建设不仅推动了中华人民共和国初期自力更生的本土化建设,也在改革开放以来的现代化建设中发挥了重要作用。21 世纪以来,随着中国国力提升,逐步从本土型国家向国际型国家转变,外语教育规划经历了范式变迁和战略转型,全面对接国际化对外战略,积极参与全球治理格局的变革,维护与拓展新时期的国家利益。

随着"一带一路"倡议被逐渐接受,中国参与和推动全球治理格局变革的步伐加快,构建人类命运共同体已经成为国际倡议。在这样的新时代,中国国家外语能力建设的战略需求与日俱增,是中国外语规划的首要任务。目前国内研究主要分为三个方面:一是理论探索研究。李宇明(2011)、文秋芳等(2011)、文秋芳(2016、2017)和沈骑(2015)均探讨了国家外语能力的概念和理论框架等问题,特别是文秋芳与张天伟两位学者对国家语言能力的基本理论问题做了较好的探讨(文秋芳、张天伟,2018)。二是国际比较研究。不少学者对美国、俄罗斯、法国等国家的高校与军队外语能力建设及其经验做法进行了较为全面的介绍(如文秋芳、张天伟,2013;龚献静等,2014;李迎迎,2014;张天伟,2016 等)。三是战略规划研究。基于国家转型与战略发展需求,学者们提出了提升国家外语能力的战略建议(沈骑,2015;戴曼纯、潘巍巍,2018)。上述三方面研究不仅有理论深度和国际视野,同时兼具问题意识和战略思维,这些有益的思考为后续研究打下了坚实的基础。但是,笔者注意到学界对国家外语能力的概念内涵尚不明晰,该问题还存在较大争议,从实践层面探讨国家外语能力构成要素的研究不足。因此,厘清国家外语能力概念内涵及其构成要素,是国家外语能力建设理论研究的一个核心问题。那么,国家外语能力的概念内涵、构成要素和理论外延有哪些? 这是国家外语能力理论体系中必须明确的基本概念问题。

1.1 国家外语能力的概念内涵

国家外语能力是一个国内外学界谈论的新概念,尽管这一提法最早是由美国学者提出的,但是,我们并没有在正式学术出版物中找到相关概念的界定。从语言学角度看,语言能力,包括外语能力本不是一个新鲜的概念,但是当外语能力的主体变成国家之后,这一概念的内涵与外延也就发生了重要的改变,从而将概念从专业的二语习得领域拓展并延伸到人文社会科学的诸多范畴之中。那么,究竟什么是国家外语能力?

　　美国国家外语中心(National Foreign Language Center)的网站给出了一条较为简短的定义。该网站将国家外语能力定义为:"国家对特定语言需求的应对能力。"[①]近十年来,随着中国外语战略研究的发展,国家外语能力这一概念受到国内学者的重视,不少学者对这一概念与相关理论进行了必要的拓展。文秋芳(2012)提出,国家外语能力是指国家处理海内外各种外语事件、或是运用外语处理各种事务的能力,衡量国家外语能力高低的重要标志是一个国家能够掌握并使用外语资源的种类和质量。文秋芳的这一概念是在美国国家外语中心的定义基础上,跳出语言工具观的范畴,将语言视为重要的资源,并针对语言资源存在的冲突性,从国家战略角度,对国家外语能力建设中就现有和潜在语言资源发展和掌控能力提升问题进行的深入思考。应该说,文秋芳对国家外语能力的概念内涵做了必要的拓展。她非常重视国家外语能力与语言资源之间的关系,将外语能力视为国家重要的语言资源,同时从语言应用角度提出了国家外语能力的两个重要维度:种类和质量。近年来国内其他学者(如李宇明,2011;赵世举,2015;魏晖,2016)也从国家语言资源存在的冲突性和风险性角度入手,针对国家潜在语言资源发展和掌控能力提升,提出了不少构成国家语言能力的要素,这对于我们理解国家外语能力的内涵具有重要意义。文秋芳(2017)将这些能力要素归结为国家语言资源能力,同时又提出国家语言能力的新维度,即国家话语能力。这一新维度将国家语言能力的应用提到了极为重要的战略高度,极大丰富了国家外语能力的战略内涵,正如文秋芳(2017)所言,唯有国家话语能力才是检验与国家战略相关的语言事务处理是否有效的终极能力。综合上述观点,我们认为国家外语能力的概念内涵是指:国家掌控和应用各类外语资源,为在特定情况下处理和应对海内外各类外语事件或运用外语处理各种事务,服务于国家战略的能力。

1.2　国家外语能力的构成要素

　　从概念内涵的分析看,国家外语能力建设的核心目标是开发、建设、掌控并

---

① 国家外语能力的提法借鉴了美国国家外语中心(NFLC)对国家语言能力的界定,从该中心的研究主旨和系列文本来看,这里的国家语言能力主要指国家外语能力。

应用各类外语资源,彰显出将语言资源作为战略要素的语言规划观。自 20 世纪中后期以来,随着生态语言学的发展,人们越来越认识到语言与生态环境一样,需要像保护生态物种一样珍惜语言的多样性,保持语言生态平衡。因此,现代社会的语言观已超越将语言作为工具和问题的范畴,进入将语言作为资源的新领域。美国最早提出国家外语能力这一概念时,对语言的战略资源价值的强调并不是偶然的。早在第二次世界大战期间,面对海外作战使命与战略布局需要,美军就致力于加强对军队外语能力的投入。第二次世界大战后至今,美国政府始终为国家外语能力严重不足所困扰。从 1957 年苏联卫星上天给美国带来的"卫星时刻",到 20 世纪 80 年代日本经济实力上升,在国际竞争领域美国感受到的"丰田时刻",再到 2001 年美国遭遇恐怖袭击的"9·11 时刻",这些外来的全球竞争压力,甚至是威胁,都暴露出美国国家外语能力存在重大缺陷的问题。在这样的现实背景下,不少有识之士开始从语言资源角度思考语言规划的范式转型问题。

在语言规划理论中,语言一直是被作为一种重要的社会资源看待的。颜诺和鲁宾指出,语言作为一种社会资源,是语言规划的起点,也是语言规划的基本逻辑,语言作为资源的重要性在于其在多语社会中的交际和身份价值(Jernudd & Rubin, 1971)。1984 年,理查德·鲁伊兹(Richard Ruiz)提出将语言作为问题、语言作为权利以及语言作为资源的语言规划价值取向三分法(Ruiz, 1984)。语言资源观认为语言不仅具有明确的工具性价值,同时还具有智识、文化、政治、社会、权利等价值形式(Ruiz, 2010)。鲁伊兹对于语言工具性和资源性的辩证论述阐明了两者之间存在博弈关系,而非二元对立关系,对于语言资源价值取向的研究影响深远,成为当前国际语言规划领域具有划时代意义的新范式(Hornberger, 2017)。鲁伊兹认为语言资源性具有外在性价值与内在性价值两类,外在性价值包括语言在国家安全、外交、军事、情报、商务、媒体、公共关系等领域的实用价值,内在性价值在于文化传承、社区关系维系、身份构建、建立自信、智识体系构建、民主参与等价值(Ruiz, 1984)。根据鲁伊兹提出的语言资源观,我们认为国家外语能力建设的构成要素包括外语资源的种类与语种布局、外语资源的质量与标准、外语资源的类型与领域以及国家对外话语能力四个方面。

第一,外语资源的种类与语种布局。语言资源观重视语言多样性问题,把人类语言视为全社会,乃至全人类共同的珍贵资源。国家外语能力建设对语言文化多样化的安全价值更为强化,它需要形成对国家外语资源开发和利用的规划共识,充分提升国家外语资源整体安全,提高对外语资源的安全意识。具体而言,国家外语能力建设需要切实注重外语资源的种类与语种布局问题,既要考虑到国际通用语和区域通用语的建设问题,也要关注与国家利益相关的非通用语种甚至是非官方的关键战略语种的布局。

第二,外语资源的质量与标准。语言资源观的外在价值取向要求国家外语能力建设坚持实用主义的效率优先原则,关注外语能力建设的质量与标准问题。国家外语能力建设需要大批高层次外语人才,这就要求国家针对各类外语人才的培养规格,确定国家外语能力建设的不同语种的专业标准与评价体系,使之成为选拔和培养国家战略需要的外语人才的质量评价体系。

第三,外语资源的类型与领域。语言资源观要求国家外语能力建设重视语言能力的多元化问题。在全球化时代,语言规划已经不再追求语言的同一性与同质化,也不再追求规划层面的形式统一性,一种多元化、差异化与生态化的规划价值范式正在逐渐兴起。国家外语能力建设需要综合考虑语言社区、行业和领域差异,以及相关的各种社会政治因素的差异性。例如,不同类型的外语能力建设就需要考虑到翻译能力和外语信息技术能力的具体特征;又如,不同专业、行业和领域对于外语能力也有具体的需求和指标体系。如果不关注和解决这些现实环境对于外语能力需求的差异问题,就会造成外语规划的无效性,甚至是决策困境。

第四,国家对外话语能力。语言资源观注重智识、文化、政治、社会、权利等内在价值,要求国家外语能力建设重视对外话语能力培养。国家对外话语能力建设是对外话语体系建构的基本条件。一方面,从语言资源的文化与智识价值维度看,中国文化和学术"走出去"都需要强大的对外话语能力作为支撑,话语规划将助推中国学界树立文化自信与学术自觉,提升中国文化与学术的国际影响力。另一方面,从语言资源的政治、社会与权利维度看,国家对外话语能力建设关涉国际话语权。国际话语权的获取和争夺,在很大程度上受制于经济、政治、文化、教育、科技、军事等因素,但是语言文字也会起到很大作用,因此对外话语能力至关重要。

1.3 国家外语能力的理论外延

国家外语能力概念从提出到发展,并不是偶然的,而是来源于国家外语战略规划实践,其本质就是国家外语战略。它是在特定的国际环境下,相关国家基于对国家安全等涉及根本国家利益的重大现实考虑,从战略高度全面规划国家外语战略的背景下提出的,其理论外延主要分三个方面:一是将外语战略作为国家主导或参与全球治理格局变革的重要手段之一;二是把提升国家外语能力作为构建全球话语体系知识库的一项基础工程;三是将国家外语能力建设作为构筑和增强国家全球胜任力的核心要素。

第一,国家外语能力建设是全球治理体系中的重要战略。

国家外语能力这个概念最早出现在"冷战"时期,服务于全球治理格局的形成。第二次世界大战结束之后,"冷战"铁幕降落,美苏两国及各自阵营都进入互相敌对和竞争状态,各类军备竞争更趋激烈。1957 年 10 月 4 日,苏联卫星(Sputnik1)上天,震惊美国朝野上下,在随后实施的《国防教育法》(1958)中,美国将数学、科学和外语列为"新三艺",将外语教育目标确定为为满足国防需要培养合格和足够的人才。1978 年,美国白宫成立的总统特别委员会着手调查国家外语能力和需求,国家外语能力这一提法第一次出现(Burn, 1980)。1979 年该委员会在提交的报告中,首次反思美国国家外语能力与国家安全需求之间的差距正在加大这一问题,并将提升外语能力的目标定位于"沟通同盟,分析敌对国家,并赢得自由国家的信任和支持"。值得注意的是,这份报告完全将外语视为当时"冷战"时期美苏对抗的工具,其实质就是将外语置于冷战框架体系,将国家外语能力的提升作为美国国家战略的重要组成部分,完全服务于当时美国的战略野心。由此可见,国家外语能力实质上是一个政治性术语,它是国家在特定环境下,通过自上而下的外语政策与规划行为,动员国家外语资源,服务于国家重大战略需求,维护和拓展国家利益的一个战略性概念,其本质就是一种外语战略。"冷战"结束之后,美国试图主导全球治理的野心不断膨胀,但是随着"9·11"恐怖袭击的发生,美国苦心经营的全球霸权格局遭到了前所未有的挑战。在随后美国推动的全球反恐行动中,美国又一次认识到国家外语能力的匮乏。这一事件触发了美国在关键语言能力方面进行战略规划,自 2002 年起,美国国会通过立法,加快关键语言人才培养和完善语言人才库建设。2006 年,美国正式启动"国家安全语言倡议",投入 1.4 亿美元支持国家关键语言能力的提升。这一倡议,正是美国应对国家安全利益,增强国家全球治理能力的重要战略之一。更为重要的是,近十年来,美国教育部通过各类资助计划,形成滚动竞争机制,大力扶持和资助各类语言资源中心和语言区域研究中心发展,对国家语言资源的掌控和国家外语能力的建设逐步走向制度化。由此可见,美国政府充分意识到国家外语能力的提升是维护并主导其全球治理格局的一项长期的战略工程。

"冷战"结束之后,世界进入多极化格局,全球治理面临着重大变革,不再是美英等国的"独角戏"。世界经济发展的动力主要来自以中国为代表的亚太和非洲地区的新兴发展中国家。中国作为世界上最大的发展中国家,理应在全球治理变革新格局中扮演重要的角色。

党的十八大以来,习近平总书记多次提出要共同完善全球治理,他强调,全球治理格局取决于国际力量对比,全球治理体系变革源于国际力量对比变化,他明确指出必须在各个不同领域提升参与和推动全球治理的能力①。党的二十大系统提出的全球治理观,更是要求国家外语能力建设从战略高度提升中国在不同领域参与和推动全球治理的能力。一方面,从履行国际义务的角度看,我国参与全球治理的任务和活动日益频繁,在国际维和、反恐和国际救援等领域履行大国义务都需要外语服务支撑。但是到目前为止,我国国际公务员队伍整体偏小偏弱(李宇明,2017),这说明在一定程度上,国际政治与公共事务领域的外语能力建设还有待增强。另一方面,在"一带一路"倡议下,中国企业"走出去"战略步伐加快,中国500强企业中已有70％以上的企业提出了国际化战略,外语能力建设作为国际商务经贸活动中不可忽视的要素,是企业实现全球化战略无法逾越的一道障碍。管中窥豹,上述两个方面存在的问题说明不同领域的国家外语能力建设事关全球治理大局,任重而道远!

第二,国家外语能力建设是构建全球话语体系知识库的基础工程。

众所周知,语言不仅是人们交流和沟通的工具,外语能力也不仅仅是一种简单的语言技能,国家外语能力建设更不仅仅是培养一些懂外语、能从事外交外事工作的翻译人员,尽管在特殊阶段或特殊时期,关键语种的外语人才的确是国家外语能力建设的重要内容之一。国家外语能力建设应该被视为一个大国,特别是亟待参与和推动全球治理,在国际社会扮演重要角色的大国,构建全球话语体系知识库的一项基础工程。

在第二次世界大战中,随着美国的军事行动从本土扩展到欧洲、亚洲,乃至广袤的非洲和太平洋地区,这个年轻的国家第一次认识到了对全球知识严重匮

---

① 参见习近平总书记在2016年9月27日中共中央政治局第三十五次集体学习时的讲话。

乏的问题。美国由于在上述海外很多地区与日俱增的军事占领、直接控制和管理任务，对海外知识和外语能力产生了重大战略需求。彼时的美国，囿于建国时间较短，对于世界知识的储备和研究，远远落后于欧洲老牌国家那种从殖民地时期就积累起来的国别区域知识库系统，也缺乏对于不同国家语言文化的"战略情报"观念，从而无法了解世界不同国家、地区和民族独有的观念、思想、文化等话语体系。为此，自1942年以来，美国军方与美国大学合作，启动了以"地区与语言"为名的海外知识培训项目，其中就包括大量关于外国地区与语言的课程。当时参与军方项目的美国众多高校由此经历了在全球范围内语言、文化和社会科学(尤其是地理学与人类学)课程方面史无前例的扩张，从而为第二次世界大战后美国逐步完善区域国别研究体系，建构全球知识话语系统知识库打下了坚实的基础。到20世纪60年代末，美国区域国别研究已在社会科学各学科和高等教育的知识体系中占据很大的比重，在全球知识库建设过程中，美国一改其素来虚弱、零散的研究格局，在规模和水平方面均有长足的进步。从美国国家外语中心对于国家外语能力的定义中，我们不难发现其定义特别考虑到了国家在不同领域和部门对于外语能力的需求，如学术、政府行政、个人应用、文化遗产和海外拓展等部门的外语需求，这其实也说明国家外语能力蕴含着不可或缺的领域外语能力。而这些领域外语能力恰恰是构建全球话语体系知识库最为重要的基础。

在中国，早在改革开放初期，许国璋先生就对外语院校只重视培养"翻译干部"的做法提出不同看法。1992年，他深刻反思"外语界人才，只要求你会外语，此外别无所求"的培养目标，警告外语院校这种单一狭隘的培养模式会导致"生源愈来愈狭窄，档次愈来愈低，陷于困境而不知自拔，背于时代而不知转身，徒唤奈何而已"的现实困境。面对国内外语院校和院系单一化的人才培养模式，他甚至发出"我们不曾听见培养出英国通、美国通、法国通，也没有听说有什么国际法专家、海事法专家、保险法专家，只听见培养出翻译干部"的质疑之声。

这里我们不敢妄断的是，许先生是否有所预见，经过改革开放40多年，中国逐步从本土型国家向国际型国家转变，对于国家外语能力建设的要求与日俱增，但对于外部世界缺乏全面而必要的了解，亟须构建面向全球的话语体系知识库。除了需要对传统的欧美国家进一步增加了解和认知之外，我们对于周边国家以及亚非拉国家的了解也很缺乏，这些国家和地区与欧美发达国家在文化、社会和历史上差异明显。近年来，中国与这些国家和地区的交流和接触日益增多,但是无论是在政府之间还是民间层面,我们都对这些国家和地区知之甚少,缺乏起码的区域和国别知识储备。精通和熟稔这些国家的语言文化,是一项重要的基础工作。

第三,国家外语能力建设是提升全球胜任力的根本保障。

2006 年,一本美国畅销书在中国走红,书名是《世界是平的:21 世纪简史》。该书将全球化进程按照行为主体的不同,划分为三个阶段:即全球化 1.0 版(1492—1800 年),在这个阶段,劳动力推动全球化进程;全球化 2.0 版(1800—2000 年)是"企业"的全球化,工业革命扮演主要角色;全球化 3.0 版(从 2000 年至今)指的是在互联网时代,人与人之间沟通无界限,全球融为一个市场,劳动力和产品均可全球共享,国际竞争加剧,地球由此被"铲平"了。2016 年,国内也有一本畅销书问世,书名是《世界是通的:"一带一路"的逻辑》。这本书从全球化发展格局的地缘变迁视角提出了新的全球化 3.0 版本:继以欧亚大陆为载体的"古丝绸之路"带来的全球化 1.0 时代和以海洋为载体、以西方国家为中心的全球化 2.0 时代之后,以由中国首倡,联合国安理会以决议形式通过的"一带一路"倡议为载体的全球化 3.0 时代正在到来。

我们无意评论与比较世界是"平"还是"通",中外两个全球化 3.0 时代的表述,其立场和动机虽有不同,但都不约而同地将世界关注的目光投向了中国。随着中国参与和推动全球治理格局变革的步伐逐步加快,在世界舞台上的"朋友圈"日益扩大,当下的中国比任何时候都需要提升和加强国际沟通和交流对话的能力。对于中国外语教育规划来说,这其中的核心要素就是提升人的全球胜任力,而国家外语能力建设的根本任务就是提升各类人才的全球胜任力,这更是提升国家整体全球胜任力的根本保障。

在世界发展速度越来越快,全球互动和联系日益频繁的 3.0 时代,我们光了解世界知识,放眼世界已经不够了,还必须参与全球治理,参与世界的运行,不管是主动参与还是被动参与。国家外语能力建设对于各类人才来说,对其提升全球胜任力,主动融入新型全球化有重要价值和现实意义。所谓全球胜任力,是指个人参与全球合作与竞争的能力。2016 年 5 月底,经济合作与发展组织(OECD)官方宣布,正考虑在 2018 年国际学生评估项目(PISA)测试中增加全新的一项——全球胜任力(Global Competence),以考察各国 15 岁学生对全球和跨文化议题的知识掌握与理解,与多元背景的人们共处、互相学习的能力,以及与他人互动所体现的态度和价值观。

全球胜任力不仅是青少年培养的重要目标,同时也是加快"双一流"建设,培养世界一流人才的核心。2017 年,为推动中国"两个一百年"建设的宏伟目标,中央正式启动了"双一流"高校建设。我国在新形势下着眼于国家"两个一百年"战略目标,在《统筹推进世界一流大学和一流学科建设总体方案》(以下简称《方案》)中指出,要加快世界一流大学和一流学科建设,制定"双一流"实施办法,以提升中国高等教育综合实力和国际竞争力[①]。近年来,国内诸多一流高校陆续发布建设蓝图和方案,其中清华大学前党委书记陈旭就在当时提出,"清华大学将全面推动学校综合改革和'双一流'建设,加快推进全球战略,推动高层次国际化办学与科技国际合作,把学生培养成具有全球胜任力的人才。"

个人外语能力是全球胜任力的重要组成部分,也是个人拓展国际视野的核心要素之一。根据全球胜任力的定义,我们可以看出这是一个有多重维度的终身学习领域,其中包含了知识与理解力、技能和态度这三个维度。从国际化教育层面看,外语不仅是一门国际化的基础主干课程,同时也是各类专业和课程国际化的重要途径,是学科、专业和课程内涵拓展,融入国际和全球视野的关键信息载体和传播渠道。从美国前往国际学院(VIF)国际教育机构开发的基础教育阶段各年级全球胜任力培养指标体系看,外语能力是一个关键指标,贯穿于各年级主题教学之中(徐星,2017)。

国家外语能力建设需要充分考虑其与公民外语能力的关系,形成个人外语能力与全球胜任力的直接关联。从外语教育与跨文化角度看,在全球化 3.0 时代,公民除了加强国家认同、民族认同、文化认同,还需要提高全球认同和人类认同,着眼于建立人类命运共同体,提升全球胜任力。通过国家外语能力建设,加强外语教育,推进外语教学改革,培养各类外语人才,是提升全球胜任力的根本保障。

---

① 参见中华人民共和国中央人民政府网(http://www.gov.cn/zhengce/content/2015-11/05/content_10269.htm)。

中国国家外语能力建设的历史演进

改革开放40多年来,中国国家外语能力建设服务于国家战略,与经济繁荣和社会发展"同频共振",国家外语能力建设的需求与国家综合实力提升是正相关的,也和国家的战略定位关系密切。随着改革开放不断向纵深推进,国家转型和战略定位变迁,国家外语能力建设经历了"引进来""供内需""促外向"和"走出去"四个历史阶段。基于上述国家外语能力的概念内涵与构成要素,本文对改革开放以来国家外语能力建设的成就与不足进行简要回顾。

2.1 "引进来"阶段:国家外语能力建设的恢复期

自中华人民共和国成立以来,党和国家领导人都很重视外语教育,在国家外语能力建设方面也做出过战略指示。中华人民共和国成立初期的国家外语能力建设主要是为了满足国家外交外事工作需要,但是由于当时政治和社会条件限制,国家外语能力建设在外语语种方面明显不足,语种单一且不均衡问题严重(张治国,2017)。当时的外语规划工作尚不完善,1964年《外语教育七年规划纲要》发布,但由于历史原因未能付诸实施。20世纪70年代,随着中国重返联合国,以及中美建交等一系列国际事务出现,国家外语能力建设开始被提上议事日程。1978年,在改革开放的新形势下,中国国家外语能力建设正式进入恢复发展时期。

在改革开放后的第一个十年,国家外语能力建设的主要任务就是为"引进来"服务。自1978年开始,中国打开国门,开始积极引进和吸收国外先进的科技文化,逐步融入全球社会。为了全面启动国家外语能力建设,中国改革一度发展停滞的外语教育,1978年8月至9月,全国外语教育座谈会在北京召开。

这次会议讨论了关于加强外语教育,提高外语教育水平,为早日实现四个现代化培养各方面外语人才的办法和措施(付克,1986)。

这一时期国家外语能力建设的重点在外语资源的种类与语种布局层面上。一方面,为了服务"引进来"战略,提升公民外语能力被视为国家外语能力建设的基础。为此,这一时期首先恢复了基础外语教育规划工作,如改革开放初期对全国中学外语师资进行调查,制订及修订《全日制十年制中小学英语教学大纲》(试行草案)。1986年国家教育委员会颁发了《全日制中学英语教学大纲》(刘道义,2008)。另一方面,高校外语教学规模与语种规划也有了较大发展,1983年,外语专业在校生共有3万余人,外语专业研究生500人,高等师范院校外语系的在校生近3万人,这一总数是中华人民共和国成立前的近十倍(戴炜栋、胡文仲,2009)。在语种布局上,除了英语及通用语种外,非通用语种也有计划地开设与布点,"至1984年底,全国开设的外语语种多达34个"(戴炜栋、胡文仲,2009:63)。

外语资源的类型与领域问题在这一时期也受到重视。在外语专业人才培养上,1982年,在教育部制订的专业目录中,外语学科被分为四个大类,即外国语言文化类、外国语言文学类、专门用途外语类与语言学类(李传松、许宝发,2006)。这一分类不仅将语言、文学与文化进行了区分,还在专门用途外语类别下设置了科技、旅游、外贸与外事管理四个方向,充分体现出外语人才服务于国家"引进来"战略目标,也体现出当时外语资源建设在重要领域的规划初衷。与此同时,高校公共外语教育作为国家外语能力资源建设的一个重要类别,也被提上议事日程。1979年教育部下发的《加强外语教育的几点意见》中,明确提出中华人民共和国初期外语教育注意了专业外语教育,但对高校公共外语教育注意不够,其定位就是培养既懂专业又懂外语的科技人才,除了英语之外,还要开日、德、法、俄等语种的课程(李传松、许宝发,2006)。

客观地看,这一时期国家外语能力建设由于缺少对外语教育基本情况的全面性调查,更缺少关于外语使用、外语需求、外语能力等方面的情况调查,还存在很大不足。一是外语资源的质量与标准建设还没启动,因为当时建设的重心还在制定大纲和编写教材上;二是我国在外语测试理论研究上还未深入,大规模的数据统计也缺乏科学的技术支撑。因此,到了20世纪80年代中期,我国外语教育中的问题逐渐显现。例如,外语院校的专业方向不够明确,毕业生无法适应工作需要。随着我国经济建设的发展和国际交往的增加,国家外语能力建设的调整势在必行。

2.2 "供内需"阶段:国家外语能力建设的调整期

经过近十年的改革开放,中国经济建设进入结构和体制改革的新阶段,国民经济与社会发展对于国家外语能力的需求明显提高,随着国家不断扩大开放,各行各业都不同程度地涉及外语的社会使用问题。学习外来科技文化和社会思想,已经成为这一时期中国现代化建设的重要组成部分,外语生活开始进入"寻常百姓家",外语学习蔚然成风。这一时期国家外语能力建设主要解决的是通过外语教育改革,提高国民文化素质,培养与选拔各类外语人才的"内需"问题。

外语资源的质量提升与标准制定是这一时期的亮点。在质量提升方面,自20世纪80年代后期到90年代初,全国范围的外语专业专项调查、中学英语教学调查等多项调查,为我的外语教育改革提供了详实的数据支撑(李传松、许宝发,2006)。在此基础上,我国不同学段和语种的外语教学大纲逐步制定与完善。基础外语教育领域的改革一方面修订了九年制义务教育的大纲,另一方面则调整了高中外语课程,使之与义务教育阶段的初中课程相衔接(刘道义,2008)。这一阶段的大学英语教学进行了全面改革,意味着高等外语教育规划从过去注重外语专业人才培养,开始拓展到非外语专业人才的外语教育问题上来,意义重大,影响深远。这一阶段外语资源标准制定的标志,在于测试考试制度的逐步建立。1987年9月,大学英语四级考试第一次实施,考试规模约为10万人(王守仁,2008)。1989年1月大学英语六级考试开始实施,第一次考试规模约为6万人(戴炜栋、胡文仲,2009)。大学英语四、六级考试发展对中国外语教育产生了重要影响,这意味着在高等教育发展中,大学生外语水平的培养和考核受到重视。在相当长的历史时期内,这一考试制度对中国外语教育发展产生了积极作用和意义,也是这一时期国家外语能力建设的重要成就。同样地,自1990年起,专业外语水平测试制度也逐步建立健全(王佐良,1992)。

这一时期外语资源建设在类型与领域上的一大创新与突破在于"复合型"外语人才培养模式的启动。20世纪90年代初期,为了顺应市场经济建设对于"语言+专业"复合型外语人才的需求,一些外语类院校开始探索外语人才多元发展的道路,突破单一语言文学人才培养格局,开始"试水"改革,外语人才培养真正融入到与国民经济和国家战略发展密切相关的专业领域,着力培养涉外专业人才,如国际新闻、国际政治、国际贸易等复合型专业人才。这些人才在市场经济发展的大潮中备受青睐,一度成为就业市场的"香饽饽"。

但是,这一时期国家外语能力建设也暴露出明显的时代局限性,以市场经济需求为导向的内需型外语资源建设存在如下问题。一是缺乏长期整体战略性规划,外语教育各学段、各层次乃至各外语语种专业和学科"分而治之"的趋势明显,从规划制定、政策实施到规划评估等环节都出现了"各自为战"的倾向。二是在高校外语专业建设同时,出现了语种差异和不同外语学科之间的壁垒,随着外语人才走出计划经济统包分配,一些小语种的发展在市场经济大潮中,受到了一定的冲击(丁超,2016),非通用语种建设一度受到限制。上述问题的出现,都给这一时期国家外语能力建设的变革提出了新的挑战。

2.3 "促外向"阶段:国家外语能力建设的变革期

进入 21 世纪之后,随着中国成功加入世界贸易组织,北京申奥成功,世界的目光开始转向中国,中国对外开放格局逐步扩大。中国作为一个大国,如何走向国际,参与国际竞争,已被提上议事日程。尽管当时外语教育界没有使用国家外语能力建设这个说法,但是培养外语人才已经不仅仅是外语教育需要实现的目标,而是关系到国家发展,关系到国民经济发展,关系到中国在亚洲,乃至国际竞争力的重要战略。因此,国家外语能力建设面临着全球化背景下参与国际竞争的"促外向"变革重任。

首先,在外语资源的语种布局方面,这一时期国家非通用语种资源建设开始受到关注。2001 年,教育部设立"非通用语种本科人才培养基地",开始小语种人才培养布局工作;2007 年教育部设立"特色专业建设点"等扶持计划,推动非通用语种学科发展(丁超,2016)。

其次,外语资源的质量和标准建设是这一时期改革的重点。1998 年 12 月,教育部颁布《关于外语专业面向 21 世纪本科教育改革若干意见》,提出在外语专业人才培养方面的问题、培养规格和如何进行复合型外语人才培养的思路(何其莘,2001)。外语专业教学指导委员会于 2009 年 9 月完成学科专业规范,同年也开始研制外语专业评估方案,英语及其他语种(包括非通用语种)的专业规范得到完善。

与此同时,大学外语教学改革不断深化,以适应 21 世纪对高校各类人才外语能力的需求。2002 年 12 月教育部下发《关于开展大学英语教学改革试点工作的通知》,开始着力建设大学英语网络与多媒体教学体系。2004 年《大学英语课程教学要求(试行)》强调要加强英语听、说能力。另外,大学英语四、六级考试的改革也在同时进行,考试题型和形式更为优化,适应了语言测试社会应用性的改革要求。

在 21 世纪的前十年,国家外语能力建设的主要任务在于提升质量与标准,深化教学改革,进一步完善外语教育体制。但是,随着高校大幅扩招,外语教育规模不断扩大,外语教育同质化问题日益严重,各校外语专业办学特色不足,"千校一面",致使外语资源在类型与领域方面无法满足现实需求,各地区教育资源不平衡。更为重要的是,在外向型外语能力建设的同时,国家外语能力建设开始逐步关注如何促进中外语言交流,扩大国际话语权,国家对外话语能力建设显得尤为迫切,战略转型已是"呼之欲出"。

2.4 "走出去"阶段:国家外语能力建设的转型期

近十年来,特别是党的十八大以来,中国正以更加自信、更加主动的心态在全球治理中发挥重要参与者、建设者和贡献者的作用。在这样的战略机遇之下,提高我国参与全球治理的能力,着力增强规则制定能力、议程设置能力、舆论宣传能力、统筹协调能力已成为当务之急。在这样的历史新定位中,国家外语能力建设作为一个正式概念得以确认(文秋芳等,2011),全球治理所需要的上述各种能力,都离不开语言的作用,都离不开一种不可或缺的能力——国家外语能力。国家外语能力是建设和提升这几种能力的基本前提和重要基础,也是实现和检验这些能力的核心指标和关键表征。

2013 年以来,国家外语能力建设首先在语种能力方面有所增强。2014 年底,在全国留学工作会议上,小语种人才培养被提上了重要议事日程。2015 年 9 月,《教育部关于加强外语非通用语种人才培养工作的实施意见》正式出台,国家外语能力建设成为推动国家战略转型的一项基础性工作。自 2015 年起,全国外语院校和综合性大学纷纷开设"一带一路"沿线国家语种专业或课程,一批多语种外语教学中心先后设立,掀起了一股"小语种热"。2014 年以来,国内小语种专业和布点都出现"井喷"式增长。从 2019 年公布的新增专业情况看,全国小语种专业一下子就增加了 47 个专业教学点。

在外语资源质量与标准方面,外语高考改革趋向于建立更为公平的考试测评机制,2014 年国务院颁布《关于深化考试招生制度改革的实施意见》,提出要加强外语能力测评体系建设,为人才选拔提供了重要基础。2018 年 6 月,作为整个测评体系的基础,中国英语能力等级量表完成研制并正式发布,有望为我国英语课程大纲、英语教学、英语考试提供一套适合我国国情的能力参照标准。2018 年,教育部发布《普通高等学校本科专业类教学质量国家标准》(简称“国标”),这是我国第一个高等教育教学质量国家标准,涵盖了 92 个本科专业类,587 个专业,其中包括适用专业范围、培养目标、培养规格等八个方面。“国标”的出台为我国培养外语专业人才提供了统一的标准,也标志国家外语能力建设在外语资源标准层面有了重要依据和参照。

值得注意的是,为了服务“一带一路”倡议,推动国际组织人才的培养,国家外语能力建设在外语资源的类型与领域上开始发力。2018 年 9 月和 2019 年 3 月,中共中央组织部、中华人民共和国教育部等三部委先后两次召开专项会议,要求在 22 所试点高校推进公共外语教学改革,通过试行在非外语专业开设第二外语或第三外语课程,培养“一精多会”(精一门外语,会多门外语),“一专多能”(懂专业,能多语种沟通写作)的高层次国际化复合型专业人才。公共外语教学被纳入国家战略,这对新时期推动大学外语教学改革具有里程碑意义。

2010 年以来,国家外语能力建设步伐明显加快,成效卓著,但在实际建设过程中,也暴露出一些问题。一是在小语种人才培养上,存在师资匮乏、课程体系不完善、人才培养类型定位不明等结构性问题;二是外语专业标准与国家外语能力需求尚未形成互动发展的态势,现有标准并没有充分考虑到外语资源类型与行业的现实需求;三是国家对外话语能力建设还没有得到应有重视,还没有从外语资源层面对国际话语传播人才培养予以重视。这些问题都需要在新时代国家外语能力建设中改善与解决。

中国国家外语能力建设的转型任务

国家外语能力研究是国内外语言政策与语言战略研究的重要领域之一，近几年这一领域的研究受到较为广泛的重视，成为宏观语言学研究的新热点。目前国内研究主要分为以下三类：一是理论建构研究。这类研究主要从理论角度探讨国家外语能力的概念及内涵，如李宇明（2011）、文秋芳（2011）、张西平（2011）和沈骑（2015）都探讨了国家外语能力的概念、理论框架以及能力分类等问题。二是国际比较研究。这类研究主要描述和介绍了国际外语能力研究的最新成果和相关外语战略，如赵蓉晖（2012）从国家战略视角，对世界主要国家和地区的外语能力进行了比较研究，戴曼纯（2011、2012）对美国国家外语能力及外语教育政策进行了较为详细的论述，沈骑（2009、2012）对亚太经合组织外语战略以及东亚国家提升国家外语能力的政策和经验分别进行评介。三是国民外语能力需求研究。这类研究主要以社会调查形式，对我国国民外语能力需求进行初步调查，例如鲁子问、张荣干（2012）选取 10,000 人为调查样本，以受访者自述的方式，对江苏、安徽以及河南部分地市的国民外语能力进行了调查。以上三类研究都是我国学者对国家外语能力研究进行的有益探索，为后续研究打下了坚实的基础。但是现有研究的不足之处在于：一是对国家外语能力与公民外语能力的关系研究略显不足，还没有提出较为有效的提升公民外语能力的策略及建议；二是现有外语能力需求调查样本较小，调查地区尚不具有典型性，调查方法也有待进一步科学完善。由此可见，较大规模的国家外语能力调查亟待开展，外语能力的提升策略研究也有待加强。

国外相关研究的特点如下：第一，基于系统的国家外语能力调查，在国家外语语种能力、关键语言能力以及语言安全能力等方面的研究成果显著。以美国为例，自 21 世纪以来，美国在全国范围内定期开展外语能力调查，相关研究机构提交的研究报告为"关键语言战略"的出台提供了翔实的数据支持,也为美国形成以国家安全为取向的外语能力观奠定基础。第二,研制公民外语能力标准,推动外语能力在多语多元环境中提升区域一体化以及促进社会经济繁荣发展的核心竞争力。欧盟研制并推广的《欧洲语言共同参考框架》(CEFR)就是外语能力国际标准的一个典范,此外,加拿大、澳大利亚、英国以及亚太经合组织也都积极研制外语(二语)能力标准。第三,推进国际化战略,探索提升公民外语能力的策略与评价体系。提升公民外语能力是目前不少国家国际化战略的一个重要任务,发达国家中,除了美国之外,日本、英国以及韩国都先后提出以提升公民外语能力为目标的语言战略,并致力于建立和完善外语能力的评价体系。例如,英国近年来出台相应的关于国家外语战略的规划文件,提出面向日益多元的全球竞争,英国必须大力提升国家和公民外语能力,维护国家利益。综上,国外在国家外语能力调查以及公民外语能力提升策略等方面的研究具有一定的优势,值得借鉴,但是国外研究对国家外语能力的概念,以及其与公民外语能力之间互动联系的阐释明显不够,并没有将国家外语能力与公民外语能力协调一致并予以考察。

需要指出的是,国家外语能力建设从来都是服务于国家和社会整体发展战略。中国汉唐盛世的"译经"运动,首开早期中国国家外语能力建设之先河,是致力于丝绸之路"语言互通"之创举;晚清"同文馆"等洋务学堂中的外语教育机构,是服务于"洋务运动"需要的国家外语能力建设之举,对中国近代化进程影响深远;改革开放以来,我国外语教育事业繁荣发展,国家外语能力建设方兴未艾,有力推动了国家现代化建设。在全球化时代,国家外语能力更是国家战略能力和国际竞争力的重要组成部分,维护和拓展国家利益,服务于国家安全和发展战略。同时,国家外语能力建设需求与国家综合实力提升是正相关的,也和国家的战略定位关系密切。改革开放以来,随着中国综合国力大幅提升,国家战略定位处于变迁之中。中国的国家定位从传统大国到现代大国、从封闭大国到开放大国、从一般大国到重要大国,逐渐定型为"具有重大世界影响的亚太大国"(门洪华,2014)。"一带一路"倡议、"全球治理观"、构建"人类命运共同体"等"中国主张"的提出,是中国四十多年改革开放向纵深推进、转型升级的需要。在如今国家战略定位发生重大转型的背景之下,国家外语战略规划必须审时度势,谋定而动,认真思考新形势下国家外语能力提升和发展的重要任务。具体而言,当前国家外语能力建设面临如下四个方面的战略转型任务。

3.1 国家外语能力导向从"引进来"向"走出去"转型

在中国外语教育史上,中华人民共和国成立以来,先后有两次国家外语战略规划。第一次是 1964 年颁布《外语教育七年规划纲要》(以下简称《纲要》),但是该《纲要》因为"文化大革命"而中断。另一次是 1978 年召开全国外语教育座谈会,这次会议的重要战略意义在于它确定了在相当长一段时间内,我国外语战略方针就是服务于改革开放,为"引进来"大局服务。1977 年 7 月至 9 月,邓小平同志多次强调教育改革问题,其中特别提到要加强外语教学(付克,1986)。自 1978 年开始,中国在改革开放的大潮之下,打开国门,开始融入国际社会,接受全球化的挑战。国家经济、科技、政治、社会和教育等诸多领域都开始进入高速发展阶段,亟须向先进发达国家学习优秀文化和思想,引进国外最新科技和经验,开展国际交流与合作。在这样的历史转折时刻,经国务院批准,教育部于 1978 年 8 月 28 日至 9 月 10 日在北京召开了全国外语教育座谈会。会议提出加强外语教学的建议,明确外语教学的方针就是"学好外语以汲取外国科学文化知识",为国家对外开放,学习先进发达国家的科学文化知识和技术服务。从战略角度看,这就是坚持取长补短的"引进来"战略和定位,这在当时是一项"政治任务"(许国璋,1978)。

改革开放以来,中国在发展外语教育上投入了巨大的力量,国家外语能力建设随着国力提升得到长足的进步,成就斐然。可以说,中国改革开放以来的经济腾飞和社会发展取得举世赞叹的进步,与外语教育的普及和提高不无关系。"引进来"的外语战略为对外开放和现代化建设培养和输送了一大批懂外语的科学技术人才,国家掌握的外语资源有了一定数量和质量上的积累。

然而,进入 21 世纪以来,随着中国国际地位日益提高,国际影响力不断扩大,中外交流互动增多,参与国际事务和国际竞争日趋频繁,原来以"引进来"为主的外语战略已经明显不能适应国家战略转型的需求。国家外语能力建设导向必须在"引进来"的基础上,考虑向"走出去"转型,实现国家外语能力建设的"双向互动"。中国作为发展中国家,国家外语能力建设不仅要满足"引进来"需求,有海纳百川的胸怀,还需要明确服务中国走向世界的外语战略导向,服务于"走出去"大局。在新时期,国家外语能力建设必须提升到国家战略高度,为中国在"一带一路"上行走,推动中国文化"走出去",传播中国声音,讲好中国故事,构建融通中外的对外话语体系服务,为"一带一路"新格局架设中国走向世界的"桥梁"。

3.2 国家外语能力需求从"内需型"向"外向型"转型

外语需求分析和调查是外语规划的重要依据,国家外语能力建设的基础是科学准确的需求分析。需求是分类型分层次的,根据需求对象和属性,外语需求可以分为战略需求与现实需求、社会需求与个体需求两大类别。近几年社会对中国外语教育非议不断,"外语无用论"甚嚣尘上,其中一个理由就是"个人在工作和生活中不需要使用外语"。我们必须科学客观地对待这种论调。个人需求和当下需求确实值得重视和考虑。从世界范围来看,外语教育是国民通识教育的重要组成部分,关系到整个社会文明水平和文化素养。但是基于"公平""正义""效率"和"可选择性"四个教育价值取向,我们的确需要反思"全民学外语"热潮背后的外语教育价值取向问题。从国外经验看,外语需求研究除了针对学习者进行调查之外,更侧重公司企业对员工当下外语能力的需求调查,重点考察学校外语教育与社会和企业需求的衔接问题。同时,国外研究也从宏观层面考察国家和军队对外语能力的战略需求。相比之下,国内目前对于学校外语课程需求调查较多,很少关注学校与社会、学校与企业需求对接问题。此外,在战略需求和社会需求方面,国内研究起步较晚,仅有个别学者曾对国民外语能力需求进行较为细致的研究(鲁子问,2012)。根据笔者在上海市民中开展的外语能力调查,基于网络的外语需求调查显示,在超过 10,000 人的受访者中,88%的上海市民表示在日常生活中会用到外语。这说明随着对外开放的深入,绝大多数上海市民已经有了有限的"外语生活"。随着上海逐步迈向全球化城市,国际交往日趋频繁,外语能力的需求会日益影响到"寻常百姓家"。但是调查也发现,上海市民外语能力的实际需求主要来自单位求职或学校考试,并不是由于直接对外交往的需要。市民学习外语的动机也以工具性为主,即为了顺利求职或通过考试。这种外语能力需求就属于"内需型",且对外语能力要求相对不高,主要满足国民有限的外语生活需要,服务于现代化建设的国内需求。

新形势下的国家外语能力建设,不仅要满足内需的外语教育,提高全民外语水平和文化素养,而且要以"外向型"需求拉动"内需",倒逼外语教育改革。"一带一路"倡议需要我国从外语教育大国向外语强国转变,"外向型"需求日益增多。例如,亚洲基础设施投资银行、中美科技竞争、自贸区建设、中国高铁出海、企业海外投资等重点战略领域和行业对外语能力的种类和质量需求可能更高。相比之下,目前相关研究仅针对城市居民日常外语能力需求进行调查,这是远远不够的,无法应对"外向型"外语能力需求提出的挑战。更为系统全面的外语需求调查亟待开展。

3.3　国家外语资源种类从"单一型"向"多元化"转型

外语语种规划是外语教育规划的重要任务之一。"一带一路"沿线语言多元化格局要求中国大力建设多元化的国家外语资源种类。1949 年之后,我国曾经出现"一边倒"的俄语单语种外语教育规划的重大失误。改革开放以来,中国在外语语种规划中注意到语种多样化问题,一部分通用语种得到发展,目前中国能够开设的外语语种约有五六十种,经常使用的也就十来种。近十年来,国家逐渐重视外语语种规划工作,建立一大批非通用语种人才培养基地,在语种规划、资源投入等方面都有了很大改善。但在新的战略形势下,"单一型"语种结构失衡和非通用语种人才缺乏的问题变得更严重了。中国的外语语种储备显然是不足的,国家发展和国家安全十分需要的许多非通用语种人才稀缺(李宇明,2010)。

首先,在语种选择方面,英语"一家独大"的局面令人担忧。英语在外语专业教育中的比重竟高达 95% 以上,一些办学水平一般的高校,没有经过科学论证,动辄招收上千名英语专业学生。不少综合性大学和地方高校的小语种专业和课程相对匮乏,很多高校的外语学院,仅能开设英语、日语等通用语种专业。外语语种单一,势必导致学科同质化倾向明显。

其次,在语种数量和布局方面,我国目前开设的小语种专业和课程设置单一,数量明显不足。与我国建交的国家高达 175 个,其中至少涉及 95 种官方语言,这还没有涉及这些国家非官方的通用语种。从开设语种的对象国和地区看,现有非通用语种主要集中在欧洲,面向"一带一路"等语言资源丰富,语言文化多样化的地区,如中亚、南亚和非洲的语种却很少,这反映出现有非通用语种分布和布局存在不均衡之处。

更为重要的是,我国战略语言规划起步较晚,关键战略语种建设工作滞后。我国没有借鉴国外语言规划经验,开展基于非传统安全威胁和风险的战略性语种规划工作,这与国家安全和利益攸关。我们必须清醒地看到,在推动"一带一路"倡议过程中,传统安全与非传统安全问题此消彼长,若隐若现,恐怖主义、跨国犯罪、非法移民、国际维和、国际人道救援和搜救等突发事件此起彼伏,交织复杂。语言在防范、规避、预警及保障丝路安全问题时,在消除和化解非传统安全威胁和风险过程中,都具有无可替代的战略价值,"一带一路"非传统安全战略性语种规划必须尽早实施。

3.4 国家外语资源质量从"工具型"向"专业型"转型

外语资源质量决定国家外语能力建设的纵深发展,其质量高低取决于国家外语人才规划。在不同历史时期,外语人才的定义不尽相同,这与具体历史和现实背景有关,同时也是外语教育规划使然。有学者指出,晚清洋务运动对于外语人才的定义是通晓西学之才;民国时期注重博雅教育,外语人才被界定为精通中西文学之才;1949 年以来,受学科观念束缚,我国外语人才规划主要强调的是语言知识和技能培养,工具性和实用性取向明显(吴宗杰,2009)。这种工具性人才规划的优势毋庸置疑,但是由此带来的负面影响是,外语人才仅能满足一般通用性语言沟通和交流的需要,缺乏人文知识积淀和专业知识培养,无法从事国际专业领域工作和学术研究,这样的外语人才规划导致外语市场上出现"小才拥挤,大才难觅"现象,每逢重大国际场合和重要国际谈判时,都会频频出现高水平外语人才"一将难求"的现实窘境。因此,"工具型"外语人才规划不能完全解决"一带一路"对于国家外语能力建设的迫切需求。

"一带一路"外语能力建设要求外语人才规划从"工具型"向"专业型"转变,需要重新定义新时期外语人才,我们不仅需要培养出更多精通沿线国家语言的高层次外语专业人才,还需要更多熟悉"一带一路"的国别区域研究人才,更需要语言能力过硬、具有国际视野、能进行有效的跨文化沟通的领域和行业专才。面对"一带一路"国家外语能力建设这一重要契机,提升我国外语资源质量,更新并探索服务"一带一路"倡议的外语人才规划新路,迫在眉睫!

4

国家外语能力战略规划的基本问题

自 21 世纪以来，外语战略规划研究成为我国外语研究的一个热点领域，越来越多的学者开始致力于外语战略规划研究，现有研究主要集中于三个方面。第一，政策建议。不少学者重视外语教育政策与外语规划中的现实导向，提出不少外语战略规划的改革意见。例如，李宇明(2006、2010)、黄国文(2009)、戴炜栋(2010)、胡文仲(2011)、王克非(2011)、束定芳(2013)与仲伟合等(2016)均指出外语教育政策的制定与规划需要对接国家战略，服务社会经济发展大局。第二，问题聚焦。国内学者都将国家外语能力建设作为外语战略规划的重要问题，国家外语能力理论渐具雏形，拓展了外语战略规划研究的问题导向。例如文秋芳等(2011)、李宇明(2017)提出外语规划是国家外语能力提升的必要基础。在实践应用层面，沈骑(2015)和孙吉胜(2016)对提升国家外语能力，服务"一带一路"倡议的策略与途径进行初步探讨。第三，外语战略规划国际比较研究。不少学者通过国际比较，对国别与国际组织的外语战略规划及其特点做了全面细致的评介和分析，如蔡永良(2007)、王建勤(2010)、文秋芳(2011)、沈骑(2012)与龚献静(2013)等，这些研究在很大程度拓展了外语战略规划研究的国际视野。上述研究表明我国外语战略规划研究正从外语教育层面向整体战略规划聚焦，从现实问题层面向宏观政策领域探索，体现出外语研究者的家国情怀、大局意识和战略视野。然而，由于我国外语战略规划研究刚刚起步，现有研究一方面受制于外语学科局限，将外语战略限定在外语教育发展和外语人才培养等教学实践层面，外语规划也局限于外语语种规划和外语专业设置等具体问题(如束定芳，2012；王银泉，2013 等)，这样就难免忽略外语战略的宏观价值和顶层设计维度，窄化外语战略研究的问题领域。另一方面，个别研究泛化或模糊战略规划的范畴，将语言战略等同于社会语言学研究(王晓梅，2014)，甚至将外语战略等同于外语教育产业(李雪岩,2012),这无法揭示外语战略规划的内涵。这些问题和不足在一定程度上影响并制约我国外语战略规划发展,也暴露出我们对于外语战略规划理论的认识还很不够。到目前为止,外语战略规划的概念内涵尚未厘清,外语战略规划的基本内容也有待系统阐述。本文将从语言规划和战略规划等理论着手,探讨外语战略规划的概念内涵,提出外语战略规划的基本内容,希冀对这两个理论问题的讨论,有助于我国外语战略规划研究进一步发展。

4.1　外语战略规划的概念内涵

外语战略规划作为国家语言战略的重要组成部分,是语言规划的一种基本类型,体现出语言战略规划活动的明显特征,但它同时还兼具战略规划(Strategic Planning)性质。从概念史角度梳理战略规划概念的发展,有助于我们厘清外语战略规划的基本概念。

4.1.1　战略规划概念史梳理

在西方,"战略"一词源于古希腊时期,被称为"将帅之道"。中国春秋战国时期的《孙子兵法》中就有关于战略思想和实际应用的记载,而"战略"一词为晋朝司马彪所创(钮先钟,1995:3)。但是从学科角度研究战略规划,始于二战中期,兴盛于"冷战"时期。最初的战略规划主要致力于研究军事及战争问题,在纷繁芜杂、形形色色的各种战略定义中,美国海军将领威利从军事角度给出了一个较为清晰的定义:"战略是一种为了达到某些目的所设计的行动计划,也是一系列完成该意图的措施和步骤。"(Wylie, 1989:14)该定义突出强调了战略具有目的性和价值取向,奠定了战略规划的基本特征。

自 20 世纪 60 年代起,战略研究不再局限于军事层面,成为跨越政治、经济、历史、外交、科技、文化和教育等多个领域的跨学科研究。英国政治学者布尔认为:"战略是在任何领域的冲突中,如何运用手段达成目的的艺术或科学。"(Bull, 1968:593)这一定义凸显了战略规划跨领域和冲突性的特点。还有政治学者认为战略研究深受政治结构和科技发展影响,其实质是"一种程序,也是一种在经常面对机遇、不确定性和模糊性的环境下,不断适应变化的过程"(Murray & Gramsley, 1994:1),这一定义表明战略规划是不断适应变化的一个过程,而不仅仅是一个静态文本。

经济学研究更侧重对战略规划价值的解读。哈佛大学商学院教授迈克尔·波特认为"战略讨论的是如何界定独特的战略定位,如何做出明确的价值取舍以及如何加强各项活动之间的配称性和可持续性"(Porter,1996:72),他着重提出战略定位和价值取舍的重要性,同时也将各项活动合理调配和持续发展视为战略的价值链。2005年诺贝尔经济学奖获得者、美国著名经济学家谢林从博弈论角度探讨战略研究的意义,他指出:"战略关心的并不是各种力量使用的效能,而是如何运用和发掘潜在的能力和优势。"(Schelling,1989:5)博弈论视野下的战略研究面向未来,以战略潜能提升和建设为己任。

20世纪70年代以来,文化正式进入战略研究视野。文化不仅是了解战略建构和运用的背景因素,同时也被视为战略思想的重要组成部分,正式进入战略研究的范畴之中,并被应用于第二次世界大战后的战略实践之中。美国充分利用其战后主导全球治理的政治和经济优势,通过一系列的文化战略,逐步构建了一个所谓的"全球美国化"的文化帝国(刘永涛,2001;王晓德,2011)。英国学者提出:"文化战略是一个国家利用符号或图腾等文化力量的战略思想或决策,也是一个民族通过其价值观、态度习惯和行为模式解决问题的手段。"(Booth,1990:121)

4.1.2　外语战略规划的概念厘定

在文化战略研究兴起的同时,国外研究者也很早提出语言规划的产出除了具体政策之外,也会以战略形式出现(Rubin & Jernudd,1971),但并没有特别关注战略内涵。自21世纪以来,语言战略规划受到国内外研究者的关注,成为一项关注社会现实,并以现实重大问题为导向,为认识和解决客观事实提供理性思考的学术活动。国内学者蔡永良提出"语言战略是一个国家或政体根据特定语言理念和需要,对语言关系及其问题所做出的总体安排和计划,语言战略由语言规划与语言政策组成,处理语言问题的所有行为举措及其理念可统称为语言战略"(蔡永良,2012:171)。这一定义看到了语言战略的整体性和系统性特点,但是并没有明确揭示出语言战略与语言规划和语言政策的区别,缺乏战略规划的诸多特征。无独有偶,由著名语言学家博纳德·斯波尔斯基(Bernard Spolsky)主编的《剑桥语言政策手册》一书中,语言战略被定义为:"语言政策或语言管理被赋予重要的价值取向,根据具体变化的形势进行不断调适的一系列可持续的规划方案和途径"(Spolsky，2012：5)。斯波尔斯基这一定义整合了语言规划理论和战略规划的概念，体现出语言战略规划具有价值取向、适应性、可持续性等特征。但是，这一定义忽视了战略研究对冲突性和潜在能力的考虑，问题指向不明确。针对这一问题，近年来中国学者对国家语言能力的理论贡献(李宇明，2011；魏晖，2016；文秋芳，2016、2017)，正是对语言资源存在的冲突性、潜在的资源发展和掌控能力提升的思考，凸显出这类研究的战略特征，是对语言战略理论的有益补充。结合国内外理论观点，笔者认为语言战略的定义应增加"提升对语言资源的发展和掌控能力"这一表述更为合适。外语战略规划作为从属于语言战略的下位规划，在补充上述表述基础上，外语战略规划的概念内涵就应当是：外语政策或外语管理被赋予重要价值取向，为提升对外语资源的发展和掌控能力，进行不断调适的一系列可持续的规划方案和途径。厘定外语战略规划的概念内涵，对于全面认识和理解外语战略规划的基本内容有重要作用。

4.2 外语战略规划的基本内容

众所周知，语言规划是分层次的，规划组织从超国家组织到家庭，规划行为从宏观、中观到微观，规划内容也不尽相同。外语战略规划源于语言规划，但在规划层次和组织上明显属于宏观层面的语言规划，属于典型的自上而下的(超)国家、政府或是机构组织的规划行为。西方语言规划学科已经有 60 多年的发展历史，关于语言规划活动分类的讨论较多，限于篇幅，本书不再赘述。澳洲学者约瑟夫·洛·比安科(Joseph Lo Bianco)梳理了具有代表性的六种语言规划活动类型，即语言地位规划(Status Planning)、语言本体规划(Corpus Planning)、语言习得(教育)规划(Acquisition Planning)、语言声望规划(Prestige Planning)、语言功能规划(Usage Planning)和话语规划(Discourse Planning)(Lo Bianco，2010)，是对国外语言规划分类较为全面的总结。国外关于外语战略规划活动的讨论多以前三类为主，尤以外语教育规划为最多，后三类研究尚不多见。近年来，国内对外语规划活动的研究不断深入，李宇明(2010)对外语规划的层次和功能领域做了系统界定和区分，提出外语功能规划、外语教育规划、外语领域规划、翻译规划和特殊外语规划等规划活动，大大拓展了外语规划的活动空间。鲁子问等(2012)提出外语规划主要涉及外语地位和本体规划两个基本类型,同时也提出外语的社会发展规划、社会安全规划与外语教育规划三个规划维度。中国学者对外语规划活动的思考,在涉及外语本体、地位和教育规划领域的同时,也关注外语功能规划和外语生活等多个方面,为全面探讨外语战略规划活动奠定了良好基础。外语战略规划是外语规划中具有战略意义的问题,基于外语战略规划的概念内涵,我们可以初步构建出外语战略规划的主要活动分类。

4.2.1 外语地位战略规划

语言地位规划是指社会通过法律或相关规定对语言角色和功能进行确定的活动(Lo Bianco, 2010),例如对什么样的语言赋予什么地位,什么语言是官方语言,什么是非官方语言但是通用语言,以及在什么场合下可以使用什么语言等规划活动。语言地位规划的实质是对语言的用途或功能进行分配,对语言使用的场合进行规定。外语地位规划中的战略问题就是外语功能和用途选择中具有战略意义的问题,既包括外语功能的战略规划,也包括外语语种的战略规划。第一,外语功能的战略规划涉及外语在国家政治、经济、教育和社会生活中的地位问题。以日本为例,2000年,日本政府曾就是否将英语列为国家第二官方语言,并将其作为日本面向21世纪的重要国家战略,进行过战略规划的讨论,在日本朝野引起轩然大波(沈骑,2012)。第二,外语作为教学语言的战略规划更为普遍。在高等教育国际化大潮之下,英语作为教学语言(English as Medium of Instruction)的规划,已经是一个全球非英语国家在高等教育领域中不得不面对的战略挑战。这不仅关系到英语作为一种国际学术通用语言在高等教育领域的功能和地位问题,还关系到在大学中外语和本国母语地位的高低,更关系到语言所承载的知识和文化的价值优劣问题(Shohamy, 2013)。说到底,高校语言功能的选择不啻为一个知识和权力博弈的战略问题。第三,外语语种的战略规划更是各国外语战略规划的"重头戏"。美国早在"冷战"时期就开始以"(假想)敌对国"语言作为事关国家安全的"关键语言"开展战略规划,半个多世纪以来,美国"关键语言"的语种规模、投入和对相关语言区域研究中心的投入从未减少,这对国家外语能力建设起到至关重要的作用(刘美兰,2016)。

综上可见,外语地位战略规划主要满足规划主体出于国内外现实和社会发展需要,赋予某些(种)外语在特定时期或特定领域以优先或战略发展的地位。中华人民共和国成立初期,将俄语作为主要外语语种,以及在改革开放时期,确定英语作为第一外语的地位,都是为了满足国家在特定历史时期的战略需要。近年来在全国"两会"期间,不断有人大代表或政协委员提出涉及外语在社会和教育领域地位问题的"议案",有些意见引起很大争议,这反映出社会对于外语的功能、地位与价值的认识并不一致,需要引起重视。在当前国家整体实力上升,对外开放格局不断扩大的新形势下,外语功能、地位和语种的战略规划问题,又一次摆在我们面前,需要尽早谋划布局。

4.2.2　外语本体战略规划

语言本体规划指的是对语言本身的改造,如词典的编辑、语法的说明、借词的规定、术语的修订以及书写系统的完善和规范等。外语本体规划主要包括对外国语言文字的使用标准、规范和信息化规划,如外来术语和借词标准规范、计算机语言标准化,也包括外(多)语辞典、语法书等外语材料的编写。外语本体规划中的战略问题涉及国家安全和社会发展等重要领域。例如,外来术语、借词标准规范历来都是技术传播的关键内容,事关语言主权。在全球化时代,现代科技日新月异,外来科技名词层出不穷,术语统一和规范等过程中充满了语言竞争。非英语国家的科技研究人员遇到新名词和新术语,就面临着是直接采用英语还是翻译或另造新词(字)的艰难抉择(赵守辉、张东波,2012)。再如,计算机语言标准化在很大程度上决定了国家信息化的水平,是国家信息安全的保障。在非传统安全风险日益复杂的新形势下,计算机人工智能的多语种语音识别技术的重大技术突破,对于防范和应对跨国跨地区反恐和国际犯罪等活动的情报侦听和技术分析,具有重要战略意义和安全价值。此外,双(多)语辞典和语法书等外语材料编纂对于语言传播和学习普及的意义也不容忽视。1823年,外国来华的第一个基督教传教士马礼逊,编撰了世界上第一部汉英对照字典《华英字典》,为当时欧洲传教士学习汉语和从事翻译工作提供了极大便利,在中西文化交流史上发挥了重要作用。值得一提的是,已故外语教育家、复旦大学教授陆谷孙是中国外语本体战略规划史中不能忘记的人物,他主编的《新英汉大辞典》在很大程度上缓解了改革开放初期中国放眼看世界、广大学子英语学习条件极度匮乏的燃眉之急。陆先生晚年领衔主编《中华汉英大辞典(上)》,更体现出他为中华文化走向世界,促进中外文明交流互鉴的远见卓识。

随着我国提出的"一带一路"倡议的大幕渐次开启,外语本体战略规划也面临着艰巨任务,除了需要加强对内型本体战略规划之外,为推广汉语国际传播,当前急需考虑开展对外型本体战略规划。例如,国家汉语国际推广领导小组办公室在众多海外孔子学院教学实践中发现,外向型双语学习字典对外国人学习汉语很有意义,如何编纂适合"一带一路"沿线不同国家和满足不同语言文化背景学习者需求的双语辞典,已经成为新时期外语辞书编纂规划的重要任务之一,事关重大。

4.2.3　外语教育战略规划

　　语言习得规划,也被称为语言教育规划,主要研究教育(中)语言规划问题。它与地位规划和本体规划是密切联系的,语言规划学者罗伯特·库珀(Robert Cooper)认为语言教育是语言规划活动中一个不可忽视的目标和焦点,他提出这一新领域是因为在语言交流和使用过程中,必然产生语言学习和传播等具体活动(Cooper, 1989)。语言教育规划包括制定宏观政策和具体的方案,以及编写学习材料,以促进个体和群体语言能力的发展,从而实现该语言日后的各种用途,来满足社会、机构和个体的需要(Kaplan & Baldauf, 2003)。外语教育战略规划不仅体现外语教育规划的特征,而且还与宏观教育政策密切相关,其焦点在于提升国家和全民整体外语能力所采取的教育规划和措施。根据语言教育规划框架(Kaplan & Baldauf, 1997、2003),外语教育战略规划不仅是国家语言战略的一个分支,还是一项重要的人力资源发展规划,首先需要与宏观教育政策形成联动机制,确定外语教育战略目标。在此基础上,外语教育战略规划还需要战略统筹课程对象、师资队伍、课程政策、教材教法、资源配置、测试评价以及社会需求等规划内容。更为重要的是,外语教育战略规划还需要遵循规划预制—实证调查—分析报告—战略制定—战略实施—战略评估等一系列战略规划流程。

　　在世界外语教育规划历史上,较有战略借鉴意义的案例当属美国在"冷战"时期的外语教育战略规划。首先,1957年苏联率先将第一颗人造卫星(Sputnik1)送入太空轨道,让美国举国震惊。出于对在军备竞争中落后的恐惧,美国开始在数学及国家外语能力方面进行自我反省。从宏观教育规划层面看,美国1958年出台的《国防教育法》是旨在保障其应对国家安全的人力资源战略规划。该教育法案的第五部分,即"后中等教育阶段的语言发展",将重点放在教授非通用语种、语言师资培训及教学和测试材料的开发上,同时,该战略规划全力支持全美学术机构的全球及区域研究和从事外语教学,包括将英语作为二语教学的众多语言资源中心（Kramsch，2005）。它同时资助学者学习外语，和从事相关的区域研究，最终形成了外语语种齐全，并以世界不同语言文化为主要切入点，覆盖整个社会科学领域的全球知识体系，有力支撑了美国在不同时期的国家战略。这种以服务于国家利益和战略安全为目标的外语战略，对于当前致力于全球治理战略的中国来说，具有重要借鉴意义，中国外语教育研究者必须直面国家战略转型的时代重任，加强外语教育战略规划研究。

4.2.4　外语服务战略规划

语言服务是面向社会应用进行语言资源合理配置和规划的活动，语言服务研究涉及语言研究、行业领域的语言需求、语言支持、语言资源配置、语言能力等诸多方面。洛·比安科提出的语言使用规划（Usage Planning）正是拓展语言在不同行业或领域中的用途与作用的规划（Lo Bianco，2010）。外语服务规划作为语言服务规划的重要分支，涉及的行业领域众多，如外语翻译、在线外语教育培训、外语技术支持以及外语咨询业等产业类型。在世界贸易史上，外语服务规划早已有之，最早可以追溯到古巴比伦汉谟拉比国王利用当时巴比伦城的多语者资源，选用精通双语者作为商品交易经纪人，这些人的语言技能为当时贸易和商业发展起到了重要战略作用（Hogan-Brun，2017）。目前国内对外语服务产业的研究较多，但是对外语服务战略规划的讨论却明显不足。虽然两者在内容上有重复，但在语言资源配置对象和规划的战略价值上区别较大。囿于篇幅，笔者仅从政治公共事务和中国企业"走出去"两个方面来讨论，将外语服务战略在政治、经济和文化领域的规划分析如下。

一方面，政治公共事务领域亟待外语服务战略规划。首先，我国参与全球治理的任务和活动日益频繁，在国际维和、反恐和国际救援等领域履行大国义务都需要外语服务支撑。但是到目前为止，我国国际公务员队伍整体偏小偏弱（李宇明，2017），这说明在一定程度上，国际政治与公共事务领域的外语服务能力还有待增强。其次，城市公共服务领域的外语服务能力，是衡量一个城市国际化水平和文化开放程度的重要指标之一，多元化国际化城市的外语规划，已经成为体现城市国际竞争力的治理水平和社会规划的一个战略问题。以美国西雅图为例，作为美国西海岸的一个国际大都市和重要移民城市，其主要公共服务门户网站的重要资讯和信息能够提供不少于 30 种语言支持，城市的文化包容和开放程度由此可见一斑。在全球化进程中，我国不少城市国际化脚步日益加快，来华外国人数也明显增加，这对城市外语服务能力也提出更高的要求，亟待启动相关研究。

另一方面，中国企业"走出去"需要外语服务战略规划。2014年，《哈佛商业评论》刊出《你们公司的语言战略是什么？》一文，提出跨国企业和公司需要重视语言在全球经济战略中的地位，其中尤其提到企业精英人才需要不断加强对语言文化技能培训，包括国际通用语言能力、外派国家当地语言能力和跨文化能力的学习（Neeley & Kaplan, 2014）。以IBM为例，该公司不仅指定英语作为公司通用语言，同时还确定其他八种语言作为公司沟通语言，为跨文化团队管理和沟通，以及本地化战略积极开展规划。自21世纪以来，中国企业"走出去"战略步伐加快，中国500强企业中已有70%以上的企业提出了国际化战略，语言作为国际商务经贸活动中不可忽视的要素，是企业实现全球化战略无法逾越的一道障碍。"一带一路"倡议提出后，中国企业"走出去"将会面临更多跨语言和跨文化沟通问题。2002年到2015年，中资企业对外投资总案例数为2,018起，其中跨国并购案例数为1,817宗，企业在"走出去"的过程中，往往面临语言文化的障碍，这能左右企业的兼并是否能够最终成功（徐蔚冰，2015）。在对我国海外直接投资风险评估中，与语言紧密相关的文化风险覆盖率高达71.3%，甚至高于主权风险（46.9%）（汪段泳、苏长和，2011）。为此，包含外语培训、外语技术和外国语言文化咨询服务等多层次的外语服务战略规划势在必行！

4.2.5　国际话语战略规划

洛·比安科是最早提出将话语作为一种规划对象纳入语言规划研究领域的学者。他认为话语规划是指研究语言表征与形象，并以劝说或教育方式将意识形态通过话语进行建构的一种语言规划，话语规划是一种以"对话协商、迭代反复或慎重思考"为干预特征的规划实践活动（Lo Bianco, 2005:262）。话语规划并不是一般意义上的话语制造，它主要涉及国家、机构等组织通过话语在意识形态层面建立国家、机构的世界观和形象。话语战略规划主要是国家或机构从战略利益出发，以提高话语能力，提升自身形象的一种规划行为。洛·比安科以自己亲身参与的澳大利亚语言战略长达15年的变迁过程为例，认为话语规划在国家语言问题和宏观政策之间起到了重要的现实话语建构作用（Lo Bianco, 2005）。在论述国家语言能力理论时，文秋芳专门提出国家话语能力是"检验与国家战略相关的语言事务处理是否有效的终极能力"(文秋芳,2017:69)。话语战略规划的目标之一就是提升国家话语能力,但其根本在于建构中国话语体系,这也是当前我国外语学科发展的责任和使命。话语研究历来是语言学研究的重镇之一,话语分析也是应用语言学实现跨学科研究,滋养和丰富其他人文社会科学研究的学术"利器"。话语战略规划研究则是话语研究与语言规划研究的"联姻",不仅可以扩展语言规划和语言战略研究方法,同时也是语言规划研究面向社会,并与政策和战略需求对接的关键纽带。

当前,国际话语战略规划的首要议题就是如何在全球治理新格局中建构中国话语体系。改革开放四十多年来,中国成就举世瞩目,经济实力更是令人刮目相看,正逐步成为参与和引导全球治理的重要建设者和推动者。然而,与之形成鲜明反差的是,中国在国际舞台上还不具备重要话语权,更没有设置话题的权利,甚至中国话语体系的国际影响力也是微乎其微(李宇明,2012)。以我国中医"走出去"为例,由于缺乏相应的战略规划研究,中医国际化困难重重,从中医术语国际标准的规划到中医文化的海外接受,都是任重而道远。事实上,以中医为代表的文化是一种不同于西方的话语体系,而中医语言的模糊性更是造成了西方世界理解上的困难。中医要为国际社会所普遍接受,必须要在概念和认知体系上进行中医话语的战略规划,这样才能实现良性传播和广泛普及。诚然,以中医为代表的中国话语体系处于全球竞争之中,必然受到各种客观历史条件的限制,突破和创新有待时日。但是,无论是从国家对外传播话语战略规划的种类,还是从话语规划的质量、类型乃至领域来看,现有规划还是缺乏战略考虑,规划语种匮乏、传播方式单一、目标群体不清、传播领域有限等问题都会严重掣肘中国话语体系的国际传播。因此,如何传播中国声音、讲好中国故事,是当前国际话语战略规划不容忽视的重要任务。

4.2.6 翻译战略规划

翻译作为跨语言和跨文化传播与交流的活动,并不是简单的文字转换过程,它至少涉及两个文化系统的交流、交锋与交融。事实上,正如语言规划史一样,人类为了解决语际交流的障碍,翻译规划实践久已有之,翻译规划也经历了从实践探索到理论思考的发展过程。从古巴比伦王国商业交易中的双语翻译规划,到中国唐代为"万国来朝"专门设立译馆,招募居于长安的外国商人为丝绸之路来客提供翻译,从罗马帝国大量译介希腊文明成果,掀起西方第一次翻译高潮,再到清末民初西学东渐下的中国近代翻译大潮,古今中外,翻译规划活动比比皆是。在全球化浪潮之下,国际翻译研究逐步进入描述性研究领域,实现"文化转向"以及"社会学转向"之后,翻译政策与规划研究被正式提出(Toury, 2002; Tonkin & Frank, 2010)。近年来国内翻译政策与规划研究方兴未艾(如滕梅,2009;黄立波、朱志瑜,2012;朱波,2016),翻译战略规划研究已是呼之欲出。翻译规划研究的兴起有其必然性,因为翻译史研究表明,一个国家和民族的文化发展与社会变迁往往求助于翻译,在不同程度上将之作为"填补缺漏"的途径,而翻译总是受到一定规范和准则的制约,以满足接受者文化和社会的某种需求,属于文化规划(Toury, 2002),同时也兼具语言规划的特性,是一种跨语言(文化)的规划。翻译规划是旨在干预或介入社会、群体或系统现状的,有目的、有计划的翻译活动和行为。它一方面涉及政府机构、教育机构、非政府组织、其他组织等的宏观计划和目的,另一方面也包括译者个人的选择,翻译策略等的计划与实施。

翻译战略规划主要涉及政府机构及相关组织出于战略目的开展的宏观翻译规划行为。从文化战略角度看,翻译对政治文化思想变革影响巨大。日本在明治维新时期通过翻译,大量输入并摄取西方先进思想,炼石补天,对社会文明开化起到了重要作用(王克非,1996)。翻译战略规划涉及诸多领域:①翻译本体规划,包括外来专有术语、宗教经典的翻译和传播,如佛经的翻译等。②翻译地位规划,涉及翻译在社会变革中的地位,如翻译职业化和专业化问题。③翻译教育规划,如翻译学科规划、翻译人才培养与培训等。④翻译声誉规划,涉及翻译产品或作品的市场和社会接受度、流通度和传播形象。⑤翻译话语规划,如翻译中的诗学、翻译与政治等问题。当前,中国翻译学科发展日新月异,无论是服务"一带一路"倡议,还是推动中国文化"走出去"战略,构建和发展系统科学的翻译战略规划变得尤为重要。在上述五类规划中,本体规划和教育规划是基础工程,地位规划是保障机制,声誉规划是评价机制,而话语规划则是终极目标。中国外文局原副局长黄友义先生近年来一直在呼吁有关部门加强党政文献的对外翻译工作,提升中国对外话语体系建设(黄友义等,2014)。在近几年的"两会"期间,他又一次提出设立一项重要文献外文同步发布的国家级长效机制,他从"翻译世界"走向"翻译中国"的观点,更是体现出其翻译话语规划的战略眼光。

面对百年未有之大变局,中国从本土型国家向国际型国家转变的步伐日益加快。在这样的新形势下,外语研究者开始思考在国际风云变幻、国家战略升级、社会转型变迁与教育变革创新的中国现实语境下的中国外语战略规划这一重大命题,这不仅仅是外语学科必须始终维护和拓展国家利益的重要使命,也是外语研究和外语学科自身发展的需要,是每一个外语教学与研究工作者的时代责任。外语研究者更需要以战略的眼光和思想,站在时代前沿,深刻思考外语学科与国家发展的战略关系,明确中国外语学科的时代使命与责任。本文基于国内外语言规划理论和实践研究,对外语战略规划的概念内涵进行初步探讨,并在此基础上,尝试构建外语战略规划的基本内容,希望以此抛砖引玉,能为国内外语战略规划研究提供理论视角和实践参考。

5

"一带一路"倡议下的国家外语能力建设

随着"一带一路"倡议下的"朋友圈"不断扩大,语言在推进"一带一路"沿线国家和地区互联互通、文明发展和社会进步中的作用日益凸显。作为推进"一带一路"倡议不可或缺的重要元素,语言会通中外思想,超越文化藩篱,推动文明创新,是促进人文交流、实现民心相通的重要工具,是服务互联互通建设的重要支撑,是蕴含安全价值的战略资源,更是彰显国家实力的重要标志。

5.1 语言是促进民心相通的根本保障

"一带一路"不仅是经贸通道,也是文明互鉴之路。"国之交在于民相亲,民相亲在于心相通"。民心相通是"一带一路"倡议的社会根基,内涵极为丰富,其实质是语言问题。中国古人云:"言为心声"。这一表述精炼地阐明语言与思维之间的密切联系。德国学者威廉·冯·洪堡(Wihelm von Humbold)认为:"语言是一个民族进行思维和感知的工具,每一种语言都包含着一种独特的世界观。"民心相通的深层基础是不同语言文化的相互了解、相互交流、相互理解和相互融合。只有在此基础上,各国人民才能产生思想上的共鸣,才有可能在一些重大问题上取得宝贵的共识。语言作为人类的伟大创造,是不同文化的交流合作、互学互鉴,是实现民心相通的根本保障。南非前总统纳尔逊·曼德拉曾说过:"若你用一个人能理解的语言与他交谈,可以传递至他的大脑;若你用一个人的母语与他交谈,可以传递至他的心灵。"2014 年,习近平总书记同德国汉学家和孔子学院师生代表座谈时指出,"在世界多极化、经济全球化、文化多样化、国际关系民主化的时代背景下,人与人沟通很重要,国与国合作很必要。沟通交流的重要工具就是语言。一个国家文化的魅力、一个民族的凝聚力主要通过语言表达和传递。掌握一种语言就是掌握了通往一国文化的钥匙。学会不同语言，才能了解不同文化的差异性，进而客观理性看待世界，包容友善相处。"语言教育的重要意义就在于，不同国家和地区的人民，通过掌握彼此的语言，可以获得一种观察世界的新途径和新起点，增进彼此的交流与对话。在推进"一带一路"倡议的进程中，加强语言教育与语言传播，能够促进沿线国家和地区的语言互通和文化交流，进而实现民心相通。

5.2 语言是服务互联互通的重要支撑

互联互通是"一带一路"倡议的重要内容和基础工程，涉及基础设施、制度规章以及人员交流等多方面的开放与合作，中国面对一个巨大的全球性市场，要学会同众多国家打交道，因此，扎实可靠的语言知识储备和外语能力将成为互联互通的重要支撑。欧洲有句古话："入境而不通其文，只能如孩提学话。"在全球化时代，欧美著名的跨国公司纷纷制定语言战略，用以处理和解决世界市场带来的跨文化沟通问题，从而消除误解，减少冲突。以近来中国企业在乌兹别克斯坦的生存和发展境遇为例，中国企业遭遇的语言障碍与语言知识储备、外语能力密切相关，这一障碍给合资企业或独资企业的生存和发展带来了消极影响，甚至导致企业的倒闭和破产。语言是互联互通基础工程的重要支撑，外语是建设的"先遣队"，"一带一路"延伸到哪里，外语就应当先走到哪里。

5.3 语言是确保丝路安全的战略资源

"一带一路"倡导共商共建共享，坚持合作共赢，是实现地区和世界和平、发展和共赢的新路。但是我们必须清醒地看到，在推动"一带一路"倡议过程中，传统安全与非传统安全问题此消彼长，若隐若现，恐怖主义、跨国犯罪、非法移民、国际人道救援和搜救等突发事件此起彼伏，交织复杂。丝路安全问题的跨国性和外溢性会使相关国家处于"一荣俱荣，一损俱损"的情况。语言在防范、规避、预警及保障丝路安全问题上，在消除和化解非传统安全威胁和风险过程中，都具有无可替代的战略价值。无论是在传统安全领域，还是在非传统安全领域，语言不仅关系到军事安全、政治安全、文化安全、经济安全、社会安全、公共安全和信息安全等领域，同时，语言本身就是一个重要的安全领域，不容忽视。美国素来重视语言与国家安全问题,在"冷战"期间,美国于 1991 年出台《国家安全教育法》,加强事关国家安全的"关键语言"的外语教育,并逐步形成了外语语种齐全,以世界不同语言文化为主要切入点,覆盖整个社会科学领域的全球知识体系,有力支撑了美国在不同时期的国家战略。这种服务于国家利益和战略安全目标的外语战略,对于当前致力于全球治理战略的中国来说,具有重要借鉴意义。"9·11"事件之后,美国政府提出"国家安全语言倡议",斥巨资加强对"关键语言"的教育投入,大幅增加美国急需语种(如阿拉伯语、中文、俄语、印度语、波斯语等)的学习者数量,以应对非传统安全的威胁。哈佛大学、伦敦大学亚非学院等欧美高校,开设了 100 余种外语课程,其中不乏"一带一路"沿线国家和地区的重要语言。面对"一带一路"的语言安全问题,我国在语种布局和规划方面还有待改善,尤其需要加强具有安全价值的战略语种规划和研究。

近年来,国家在语种规划和资源投入等方面都有了很大改善。根据教育部统一部署和规划,截至 2018 年我国高校在外语专业语种设置方面已将沿线国家官方语言全面覆盖,这对于我国扩展与"一带一路"沿线国家和地区交往意义重大。但是我们还必须关注当前外语语种结构失衡和非通用语言高层次人才缺乏的问题,还需要从国家安全的角度做好语言规划,确定我国需要的关键语言。

5.4 语言是彰显国家实力的重要标志

500 多年前,西班牙语言学家内布里亚将自己刚完成的欧洲第一部系统研究土语的著作《卡斯蒂利亚语语法》献给女皇伊莎贝拉。他在此书前言中写道:"语言永远与实力相伴。"这句话道出了语言的兴衰与国力强弱之间的正相关关系。历史告诉我们:"国之强,则语言强。"我国早期的外语教育肇始于汉唐盛世,昔日的陆上和海上"丝绸之路",就是中国与周边国家和地区早期外语生活与活动的历史见证。中国在汉朝与西域各国、各民族之间的政治和经济往来中,对外语人才的需求是可以想见的。例如,唐代玄奘西行取经归来,在长安设立译场,人员编制和规模宏大,致使梵文与巴利文翻译硕果累累。在汉唐时期的对外交流机构以及翻译组织中,外语教学活动早已存在,否则无法解释中国人何以理解和懂得其他民族和国家的语言,何以能够协助朝廷处理各类文书并与来使对话,甚至完成对现在来说,依然十分困难的经书翻译,体现出当时强大的国家外语能力。

然而,历史也警告我们,"国之弱,语言亦弱。"明清时期统治者奉行闭关锁国政策,致使泱泱大国裹足不前,国家外语能力极度匮乏。历史教训不胜枚举:1689 年在《中俄尼布楚条约》谈判中,葡萄牙人徐日升和法国人张诚担任翻译时,暗中与俄使勾结,受贿徇私并泄露机密;语言障碍致使 18 世纪英国政府所派遣的马嘎尔尼使团访华最终归于失败;在中国近代史上涉及签订的一系列不平等条约所进行的重大谈判中,中国谈判者深受语言障碍之害的事例更是比比皆是。这些状况都给近代中国带来严重后果,致使国家利权受损。

国家语言强弱,是国家盛衰的标志,国家语言能力的提升会促进国家的发展与强大,有利于维护和拓展国家利益。2002 年英国教育技能部颁发了一份题为"语言学习战略"的文件,该文件提出外语能力缺乏已经成为影响和制约英国经济发展及国民生活质量的一个重要因素。为此,该文件首次使用"语言战略"一词,提出英国外语教育改革的目标和总体设想,为提高英国国民外语素质提出战略性的规划。在"金砖国家"中,俄罗斯、巴西、南非和印度也将国际化作为语言教育战略变革的重要动因,关注外语教育的质量和效率问题。中国周边的日本和韩国也将外语教育提升到国家战略的高度:日本曾先后出台外语教育"战略构想"和"行动计划"等多项报告和文件,明确将外语教育作为国家战略进行发展。韩国更是明确国家对于外语教育有不可推卸的公共责任和义务,以"举国机制"推进外语教育改革,彰显韩国国际化战略的强大意志。国家外语能力建设是一个重要的战略命题,我们需要把包括国际中文教育在内的语言教育问题纳入国家发展规划,从政治和国家博弈的视角看待国家外语能力问题,着力增强语言实力,实施外语战略,建设语言强国,借语言助力"一带一路"倡议!

6

新时代中国公民外语能力提升路径

随着中国参与和推动全球治理格局变革的步伐逐步加快,在世界舞台上的"朋友圈"日益扩大,当下的中国比任何时候都需要提升和加强国际沟通和交流对话的能力,在这样的时代背景下,我们广大公民应该如何学习外语?

6.1 从语言知识到能力提升

在全球知识经济浪潮之下,外语学习不仅仅是一种语言知识的积累和储存,更应注重整体外语能力的培养和提升。在结构主义影响下,传统外语学习在教育理念、课程设置、教材编写、师资培养乃至专业建设等方面,都以语言知识为结构,以词汇、语法或基础语言技能为核心,外语考试则将语言知识点作为考察范围,由此形成了一个封闭机械的外语学习范式。这一范式的优点是满足了基础层次有限的外语学习需求,同时也便于外语评价和选拔。但是,这一范式却忽视了语言的社会应用价值,缺乏开放性和交际性。

当今世界的全球化以流动性和多样化为主要特征,传统学习范式无法应对这一新变化。当人们走出国门,仅仅依靠语言基本功并不能满足深入交往之需求。但凡有过海外生活经历的人,都会感觉到国外环境的复杂性,认识到提升实际语言能力的必要性。当下的外语学习应积极借助于以互联网为核心的现代教育技术,创设人机友好的外语学习环境,通过自主学习和有效教学方法,完成外语基础知识和基本能力的学习任务。在打好语言基本功的前提下,学习者应该将外语学习的重点放在提升语言应用能力上,注重不同层次的多种外语需求,制定个性化的外语能力提升规划。

这里所说的外语能力,不仅是指听、说、读、写、译等语言技能,也包括根据不同社会情境得体恰当的外语使用和交际所需要的跨文化综合能力和知识。例如,我国外语专业在校生的规模虽大,但是外语人才培养依然是"大才难觅,小才拥挤",不同国际领域和行业的高层次外语人才严重缺乏。针对这一现象,教育部门和各地高校需要开展人才培养规格和需求的调查工作,根据校本特色和学校定位,调整和改革专业建设方略。

6.2　从英语"独尊"到多语互补

在全球化3.0时代,全球治理不再是英美等国的"独角戏"。世界经济发展的动力主要来自以中国为代表的亚太和非洲地区的新兴发展中国家。但这些国家大多是非英语国家,而且和欧美发达国家在文化、社会和历史上差异明显。近年来,中国与这些国家和地区的交流和接触日益增多,但是无论是在政府之间还是民间层面,我们都对这些国家和地区知之甚少,缺乏起码的区域和国别知识储备。精通和熟稔这些国家的语言文化,是一项重要的基础工作。

如今越来越多的国民踏出国门学习深造或海外旅行,在感受世界文明之精彩,全球知识之浩瀚的同时,更能体会到了解和熟悉不同语言和文化的重要性。德国哲学家伽达默尔曾提出一个文本理解的概念——视域融合,如果将跨语言、文化沟通和解读视为不同文本的理解过程的话,那么学习外语就不仅仅具有一般意义上的工具主义价值,而是被赋予一种促进不同文化理解和交流的融合性价值。在融合性价值视野中,语言本身不是知识,不是专业,但人们需要最大限度地依靠语言去认识事物、理解世界、服务社会。外语学习的过程实质上是跨文化学习和国际理解的体验,它的融合性价值在于促进跨文化沟通,实现不同文明的"视域融合",增强中外人文交流,促使不同语言文化互学互鉴,会通中外思想,超越文化藩篱,提高对世界不同区域国别的智识水平,构建面向未来的全球知识体系。

当我们在规划个人外语学习计划的时候,不仅要关注国家战略转型的未来,也要着眼于城市国际化的发展愿景。2016年公示的"上海2040"城市总体规划,彰显出上海打造全球城市的创新气魄和"海纳百川"的城市精神。面对日趋频繁的涉外事务,上海对多语种外语服务的需求持续上升,城市外语治理服务水平亟待提高。因此,个人在重视英语学习的同时,结合自己专业和兴趣爱好,可以适当考虑学习更多的外语语种,尤其是一些小语种,扩展个人的外语资源库,这样有助于形成一个多语互补的外语学习社会,提升城市外语能力。

6.3　从"欧风美雨"到中国话语

有学者指出,全球化 3.0 是"中式全球化",这说明中国将成为未来全球化进程的重要推动者和建设者。在这样的历史背景下,外语学习的文化重心也需要从"单向输入"转向"双向平衡",改变过去外语学习"欧风美雨"的文化偏向,注重提升本土意识和中国话语传播问题。不可否认的是,长期以来,中国外语学习在教学理念、教学方法和教学内容等诸多方面照搬和借用西方的一整套话语体系,而中国本土话语则处于文化表达、沟通和解读的"失语"状态,中国本土的优良教育传统、思想和文化价值观严重缺失。不少外语教材奉行"拿来主义",未经充分检验就直接引进并采用英美国家用于第二语言情境,而非外语生活环境的英文教材。我们姑且不说其编写理念和使用对象是否恰当,单从其教材的文化导向看,本土意识就明显缺位。当我们在外语学习中充分领略"欧风美雨"和"甜美空气",满足于"字正腔圆""鹦鹉学舌"地谈论西方宗教节日和习俗时,有多少人能流利地向外国客人介绍中国的传统文化节日? 有多少人具备讲好中国故事,传播中国声音的能力? 这种能力是当下中国外语学习需要重点关注的问题。在全球化 3.0 时代,真正意义上的对外沟通和交往,应该建立在平等和尊重的双向互动基础上,曲意逢迎或盲目崇外都不是外语学习的成功之道。美国著名语言学家克莱尔·克拉姆契(Claire Kramsch)认为外语学习者通过学习一种新的语言,有助于其提升文化"移情"能力,走向一种既不同于母语文化,又区别于外国语言文化的"第三种位置",从而达到一种比较和互鉴的"超文化"新境界。这应当成为我们外语学习的新文化范式。

新时期,面向国家"一带一路"倡议和参与全球治理的国际使命,我国外语教育事业发展迎来了难得历史机遇,同时也面临着重大挑战。党和国家给外语教育提出了新的"政治任务",我们必须思考新时期中国外语教育改革和发展使命,全面服务国家战略。

6.3.1　统筹规划外语教育政策新战略

"一带一路"倡议是国家战略转型的重要举措,标志着我国逐步从本土型国家向国际型国家转变,这就决定了我国外语教育政策面临着定位、目标和内容三大战略转向任务。第一,在战略定位上,外语教育政策要从过去以"引进来"为主向"走出去"转型,实施双向互动战略。提升国家外语能力,为中国在"一带一路"上国际行走服务,传播中国声音,讲好中国故事,构建融通中外的对外话语体系,为"一带一路"新格局架设中国走向世界的"桥梁"。

第二,战略定位的变化势必要求目标的转变,过去我国外语教育的目标属于"向内型",主要满足有限领域的外语需求,服务于现代化建设的国内需求。"一带一路"倡议要求满足所有相关领域从业人员的外语需求,需要明确"向外型"的战略目标。在推动"一带一路"倡议过程中,我们需要拥有更多精通沿线国家语言的高层次外语人才,需要更多熟悉"一带一路"的国别乃至区域研究人才,需要更多语言能力过硬、具有国际视野、能进行有效的跨文化沟通的领域和行业专才。

第三,外语语种建设是外语学科战略的重要内容。语种规划需要从以"单一化"为主,向"多元化"战略转变。1949 年以来我国在主要外语语种规划上走过弯路,语种规划相对单一。作为一个负责任的国际大国,中国需要完善外语语种规划机制,不仅要继续加强国际通用语种教育,还需要逐步考虑加强周边国家和地区的语言教育,开放和利用跨境民族语言资源,更需要研究"一带一路"沿线语言资源,制定与国家利益密切相关的中国"战略语言"外语教育规划。

6.3.2 更新探索外语教育新观念

近四十年来,我国外语教育事业发展迅速,但是问题不少,争议不断。在新时期,我们需要及时正视并反思当前外语学科发展中存在的思想落后、观念滞后、理念陈旧以及缺乏现实观照的学科本位问题。新时期的外语学科应当开展基于"问题探索"的超学科研究范式,用整体意识指导研究。外语研究者需要广泛涉猎并了解来自语言学、人类学、区域研究、教育学、文学、外语教学、心理学和社会学等多领域的理论与知识。他们不仅应当掌握必要的理论与分析工具,还要具备系统和创新性地整合这些不同学科知识和研究方法的能力。只有这样,才能更新并探索服务"一带一路"倡议的外语学科新理念,改变原来"重语言,轻文化""重工具,轻人文""重西方,轻本土"的弊病,以解决实际问题和育人为本为宗旨,加强外语学科的国别和区域知识教学,开展和促进跨文化、跨学科的外语教学与研究,培养具有人文素养、学贯中外的国际化人才。

6.3.3 改革发展外语教育新模式

"一带一路"倡议对外语教育模式也提出新的挑战,外语教育必须改变传统拘泥于语言技能训练的教育模式,培养多元的国际化外语人才。除了高层次语言和文化专业人才之外,外语学科需要培养出更多的国际化通才,培养"全球治理人才"。在此基础上,我们更要满足"一带一路"倡议对于高层次国别、区域、领域专才的现实需要,变革和创新外语人才教学目标,培养"多语种+"的新型外语人才,这是时代的迫切使命,也是外语学科对时代应有的回答。我们应当加大力度,研究语言能力与其他专业能力的组合问题,着力提升外语教育的效率,使不同领域的专业人才能够获得必要的语言技能和跨文化沟通能力。这将直接关系到"一带一路"全方位多领域的开放发展、合作共赢。

6.3.4 创设建构外语教育新方法

新时期中国外语教育改革需要尝试方法上的创新,亟须建构符合中国国情的外语教学方法。一方面,我们需要借助外语教学新技术,更新外语教学手段,加强课程、教材和教法研究,创设"慕课"时代外语教学新方法,建立服务"一带一路"现实需求的多语种外语课程与教学方法和理论体系。另一方面,我们还需要创新并尝试外语教育与专业相结合的复合型或内容型外语教学方法,探索通过外语学习与研究国别和区域知识,以及专业领域的新方法,提高外语教育的效率和质量。

中国国家外语能力建设的范式转换

近十年来,国家外语能力①已从中国外语界的一个热点话题逐步发展成为一个重要研究领域。一方面,与国家外语能力相关的重大课题及专题研究明显增加,学术发表阵地与相关论著日益增多;另一方面,一批以提升国家外语能力为研究目标的学术机构相继成立,国家外语能力研究已成为不少语言规划相关专业博士生的研究方向。国家外语能力建设已经成为中国外语战略与规划研究领域的核心问题之一,是新时代中国外语规划对接国家战略需求的重要任务。

中华人民共和国成立 70 多年来,国家外语能力建设成就显著。随着国家定位的战略转型,中国正从本土型国家向国际型国家发展,参与并推动全球治理格局变革的步伐日益加快,语言在全球治理中的地位和作用日益凸显(李宇明,2018),国家外语能力建设的范式也迎来转型窗口期。全球治理是新时代对国家外语能力建设提出的新命题。本文基于语言规划范式理论,厘清国家外语能力建设的概念与范式,阐述中国国家外语能力建设的范式变迁,提出全球治理视域下中国国家外语能力建设的范式转型新任务。

7.1 国家外语能力建设的三大范式

自 2011 年以来,国内不少学者都开始关注国家外语能力建设的概念问题。国家外语能力建设是国家旨在增强国际交往与对外沟通能力,具有明确政治和

---

① 根据美国国家外语中心(NFLC)对国家语言能力的界定及其研究主旨,美国学界的国家语言能力主要指国家外语能力,不同于我国学界普遍使用的国家语言能力概念。本文采用不易引起概念混淆的国家外语能力说法。

战略目标的外语规划行为。现代意义上的国家外语能力建设是国家在特定历史背景下,面对国际政治、经济和社会发展局势,在深刻思考本国与世界关系之后推行实施的重要外语规划。从国际比较经验来看,国家外语能力建设是大国博弈的重要手段之一,具有清晰的战略目标和价值定位。但是,如果仅从概念或构成要素等层面讨论国家外语能力,则无法把握国家外语能力建设的价值定位,更无法洞悉其范式。国家外语能力建设的概念需要从语言规划理论层面建构。综上所述,国家外语能力建设是国家为应对和解决海内外的外语事务,开发、发展或调用国家外语资源,服务并推动国家战略目标实现的语言规划行为。因此,国家外语能力建设以服务国家战略为价值取向,以提升国家外语能力为目标,以规划与建设外语资源为途径。基于语言规划的范式理论,笔者对国家外语能力建设范式进行分析解读。

语言规划学科在 20 世纪 50 年代建立并发展至今,先后经历了三种规划范式:工具范式、文化范式和资源范式。这三种范式的产生都与不同政治环境、社会历史背景相关,并不迭代更替,而是以单一或共存的形式影响各国语言政策与规划实践。

7.1.1 工具范式

语言规划的工具范式以解决语言交际与沟通障碍为目的,将语言作为获取社会资源的工具,主要涉及语言的实际使用功能和定位,本质上是一种实用工具主义思想(Ruiz, 2010)。工具范式直接体现了国家对外语的功能定位(李宇明、王春辉,2019)。

在对外交往过程中,国家外语能力建设的工具范式主要表现为政治型取向和经济型取向两种范式。国家外语能力建设首要的是服务国家政治与战略发展定位,以国家利益为先。工具范式的政治型取向关注国家外语能力建设是否满足国家政治需求,是否有利于维护国家利益,彰显国家意志。经济型取向是指国家外语能力建设服务社会经济发展大局,推动国家积极参与和适应全球经济一体化进程。随着国家定位与外语生活的变化,经济型取向也可分为"向己型"与"向他型"两种范式(李宇明,2010)。"向己型"范式以国际化为基本价值取向,其目的是全面学习国外先进科技与管理经验,以满足国家现代化建设的需要,规划的语种主要是世界通用语种。"向他型"范式以全球视野为基本价值取向,涉及的外语语种十分广泛,周边国家语言的重要性得到凸显(李宇明,2010)。

7.1.2 文化范式

语言规划不仅是政治规划,同时也是社会规划和文化规划,必须充分考虑语言与社会文化之间的关系。李宇明(2014)提出语言规划在注重语言工具职能的同时,应该将重心逐步转向语言的文化职能,加强语言的文化规划。席夫曼(Schiffman, 1996:4)提出语言规划根植于"语言文化"(linguistic culture),即"一系列与语言密切相关的行为、认识、文化形式、固有看法、民间信仰体系、态度、刻板印象和思维方式,以及与特定语言相关的宗教历史语境等"。这一观点揭示了多元文化语境下,语言规划需要注重文化范式,跳出语言工具主义范畴,关注语言承载的文化知识体系。

国家外语能力建设的文化范式是指国家在对外交往与处理海内外事务过程中,提升与异质文化交往、交互、交融的能力,具体表现为"单向输入"范式与"双向互动"范式。"单向输入"范式是指出于对外国文化的理解与欣赏,通过目标语学习过程中的文化交互,提升对目标语国家文化、思想等的深层认知,以利于取长补短,为我所用。在全球化语境下,文化的交流与输送应是双向的,应当鼓励文化互通与互鉴。"双向互动"范式不仅是提高国家跨文化能力与国际素养的途径,也是实现本国文化国际输出的重要渠道。

7.1.3 资源范式

语言规划的资源范式是一种多元化、差异化与生态化的价值范式。资源范式包含但不限于语言工具取向。语言资源性还体现在智识、文化、政治、社会和权利等多个层面,具体可分为外在价值和内在价值两类:外在价值包括语言在国家安全、外交、军事、情报、商务、传媒、公共关系等领域的价值,内在价值包括文化传承、社区关系维系、身份构建、自信建立、智识体系构建、民主参与等价值(Ruiz, 2010)。资源范式是对工具范式和文化范式的融合与超越,为语言规划向更广阔的社会语言领域纵深发展开拓了空间。

文秋芳(2017)在阐述国家外语能力定义时,说明了国家外语能力与语言资源之间的关系,将外语能力视为国家重要的语言资源,体现出明确的语言规划资源观,即不仅将语言视为工具与文化权利,更将其看作具有多种价值的资源。国家外语能力建设的资源范式不仅体现在外语交际与使用的工具层面,更需要依托专业领域与学科体系在思想、文化、科技、政治、社会、经济等多个层面的深度交叉与融合。资源范式对于全球治理视域下新时代中国国家外语能力建设具有重要的理论价值与实践意义。

7.2　中国国家外语能力建设的范式变迁

从根本上看,国家外语能力建设的范式变迁是由国家的国际定位决定的。国际定位通常是指一国对自身在国际社会中身份、角色、地位和作用的确认,涉及自我与他者两个主体,受制于主观选择与客观现实,是大国战略的核心组成部分(蔡拓,2018)。孙吉胜(2019)认为从中华人民共和国成立至今,中国在国际体系中的角色定位经历了局外人、接触者、被动参与者、努力融入者与积极参与者的改变,已经开始从参与、深度参与发展为在某些领域发挥一定的引领作用。这一国际定位的战略变化也推动了中国国家外语能力建设范式的变迁。中华人民共和国成立以来,国家外语能力建设始终服务国家和社会发展大局,大致经历从政治型工具范式、经济型工具范式到文化范式这三个阶段。

第一阶段以政治型工具范式为主。自中华人民共和国成立到改革开放之前,中国国家外语能力建设范式以政治工具取向为主,以外交外事、对外援助等为中心,服务国家政治利益,但反映出单一政治型工具范式的局限性,未能充分考虑与社会经济的互动关系(张治国,2017)。需要指出的是,政治型取向是国家外语能力建设在任何时期都应坚持的范式。

第二阶段以经济型工具范式为主。自改革开放到20世纪末,中国国家外语能力建设的工具范式逐步从政治主导转向服务社会经济发展大局。在对外开放的国家战略推动下,"向己型"工具范式在改革开放的"引进来"和"供内需"两方面都发挥了重要作用,为全面学习国外先进科技与管理经验服务,满足中国现代化建设的需要。进入21世纪后,随着中国大国崛起和国际定位转型,"向他型"工具范式渐受关注。国家外语能力建设开始重视"走出去",中国周边国家和更广泛的亚非拉国家的语种专业迎来发展机遇。

第三阶段是以跨文化为取向的文化范式。这一阶段可以说是与第二阶段同步交织发展的,是对工具范式的补充。改革开放以来,在中国向西方学习并借鉴先进科技和思想文化的过程中,语言起到了重要的文化中介作用。欧美文化和思想伴随语言大量输入,在一定程度上推动了中国对西方的文化感知,但也导致中国本土文化在全球化文化语境中的严重"失语"(从丛,2000)。21世纪以来,中国国际化步伐加快,文化双向互动逐渐成为国家外语能力建设的重要目标。中国国家外语能力建设的跨文化范式正在经历从"单行道"向"双行道"的转变。随着中国经济快速发展,国际化程度不断提高,"文化输出"需求会越来越大。向世界呈现一个真实的中国,向世界展示中国的文明和成就,需以高水平跨文化能力为保障。

综上可知,中国国家外语能力建设已经走出单一的工具范式,逐步融合文化范式。这种范式变迁完全符合中国的国际定位转型。新时代中国以积极参与者的姿态走向深度全球治理,国家外语能力建设的新范式必须服务于此,全面对接构建人类命运共同体的整体性治理需求。

7.3 中国国家外语能力建设的范式转换

全球治理是管理与规范人类世界的一种现实活动,它作为一个世界性问题是于20世纪60年代由罗马俱乐部的专家学者提出的,作为概念则是在20世纪90年代逐步形成。随着全球性问题日益凸显,特别是冷战结束、世界多极化之后,世界事务需要得到系统治理(奥兰·扬,2007)。全球治理是国际社会应对全球变革和全球性问题挑战的一种新的管理人类公共事务的理念、机制与实践活动。1995年,"全球治理委员会"的研究报告指出,治理是个人和制度、公共部门与私营机构管理公共事务的各种方法的综合,其实质是各国政府、国际组织、私营机构等多元行为主体参与谈判、协调的持续集体行动过程(英瓦尔·卡尔松、什里达特·兰法尔,1995)。

中国学者认为全球治理是各国政府、国际组织、世界公民为最大限度地增加共同利益而开展的民主协商与合作,其核心内容应当是健全和发展一整套维护全人类安全、和平、发展、福利、平等和人权的新国际政治经济秩序,包括处理国际政治经济问题的全球规则与制度(俞可平,2002)。党的十八大以来,中国参与和推动全球治理格局变革的步伐日益加快,提高参与全球治理的能力需要着力增强规则制定能力、议程设置能力、舆论宣传能力和统筹协调能力。

全球治理所需的各种能力都需要语言发挥作用,都不能缺少国家外语能力的支持。国家外语能力是建设和提升全球治理能力的基本前提和重要基础,也是运用和检验全球治理能力的核心指标和关键表征。正如美国政治学家贝维尔(Bevir, 2013)所提出的,治理是涉及不同主体通过法律、规范、权力和语言等手段实现社会实践中规则和秩序生成的所有过程。

在积极参与和推进全球治理规则、秩序改革和完善过程中，国家外语能力建设是一个不折不扣的战略问题，事关外语学科的创新发展。中国国家外语能力建设在经历工具范式、文化范式之后，面对全球治理对国家外语能力的整体需求，亟须构建并拓展资源范式，实现范式转型。全球治理对国家外语能力的需求是全方位的。第一，工具需求。全球治理的民主协商与沟通建立在通畅表达的语言能力基础之上，国家外语能力建设要在外语语种布局、质量与领域等层面对接全球治理的语言需求。第二，文化需求。世界语言文化的多样性决定了在全球治理进程中，国家外语能力建设必须加强跨文化能力建设。第三，智识需求。全球治理对区域与国别研究提出了明确要求，国家外语能力建设应当为全球治理提供重要的全球知识供给。第四，专业领域需求。全球治理需要国家外语能力建设在政治、经济、社会等多个专业领域和行业做好语言规划，讲好中国故事，传播中国经验。

由此可见，全球治理视域下的国家外语能力建设在坚持语言工具性的同时，更要重视语言的资源价值。根据语言资源观，国家外语能力建设应在智识、政治、经济、文化等诸多方面不断拓展。具体而言，中国国家外语能力建设需要在三方面进行范式转型。

7.3.1　从工具范式向研究范式转型

面向全球治理，中国作为国际型大国，国家外语能力建设需对全球知识体系发展做出贡献。李宇明（2010）指出，外语是一个国家国际行走的"先遣队"。在全球治理新格局中，构建人类命运共同体需要国家外语能力在深度与广度上提供支撑。客观地说，工具范式确实能在一定程度上适应本土型国家对外语应用的基本需求，但无法满足国际型大国对外语研究能力的深层次需求。因此，国家外语能力建设需要构建从语言出发、融通中外的全球知识体系，服务全球治理大局。

在全球治理视域下，为了增加中国对外部世界全面和必要的了解，国家外语能力建设首要的是系统开展区域与国别研究。我们对欧美国家的认知需要进一步增强，对周边国家以及亚非拉国家的了解程度更需提升。在推动"一带一路"倡议过程中，中国与这些国家、地区的接触和交流日益增多，但是无论在政府还是民间层面，我们都对其知之甚少，缺乏必要的区域与国别知识储备，缺少熟稔和精通目标语语言文化的人才。为此,国家外语能力建设需要致力于构建全球知识体系,加强社会科学各学科和高等教育知识体系中的全球知识库建设,改变现有区域与国别研究薄弱和零散的面貌,以问题为导向,从规模、水平等层面进行科学规划和布局。外语类高校与外语院系在区域与国别研究方面具有明显的语言优势,应责无旁贷地担起重任。

7.3.2 从跨文化范式向超文化范式转型

在全球治理新时代,中国国家外语能力建设面对国际风云变幻的形势,亟须在世界政治多极化与文化多元化不断深入发展的背景下作出新的回应。面对全球化的深度发展,特别是面对"一带一路"沿线国家和地区语言文化具有高度复杂性和混杂性的现实状况,传统的跨文化范式面临转型任务。一般意义上的跨文化范式无法深入触及"冰山隐喻"中文化"冰河"的积雪层(政治、法律、科技等)、冰冻层(教育制度、社会组织和价值观)和河水层(语言、思想、宗教等)(范徵等,2018)。因此,偏重静态、表面和物质层面的传统跨文化范式应向以文化创生为旨归,动态、系统和深层次的超文化(trans-culturality)范式转变(Shen, 2014)。

国家外语能力建设的超文化范式是在整体意义上融合中外文化系统,通过比较和借鉴世界不同文明与文化,形成基于对本土文化热爱和对对象国文化欣赏的新的文化站位,实现文化创生。随着中国参与和推进全球治理,各行各业的全球竞争日益激烈,中国需学会同众多国家打交道,仅靠语言技能教学无法满足全球化对国家外语能力建设的要求,了解和熟悉对象国的社会、历史、文化等知识,提升跨文化交际和适应能力显得尤为重要。正是在这样的背景下,近年来我国对外国语言文学的学科方向进行了调整。除了传统的语言学、文学和翻译学,外语学科高度重视比较文学与跨文化研究等学科方向,体现了超文化范式的新视野和新格局。

7.3.3 从"外语+专业"范式向"专业+外语"范式转型

从全球治理人才的培养机制和结构来看,目前国家外语能力建设需在外语人才培养上作出必要调整,切实解决高层次复合型人才匮乏问题。国家外语能力建设需要强化"外语+专业"能力建设,更要加强"专业+外语"能力建设,跳出外语专业看外语。

自 20 世纪 80 年代以来,为了顺应国家社会经济发展需求,复合型人才成为重要培养目标。外语类高校和外语院系着眼于突破单纯的语言技能培养模式,探索外语人才多元发展道路,先后开设了国际新闻、国际经贸、国际会计、国际政治等复合型专业。"外语＋专业"的复合型人才规划范式在一定程度上解决了国家外语能力建设在资源类型与领域上的需求。但是,由于学科受限,复合型外语人才专业主要为人文社科专业,需向理工医农等专业领域推进与发展。

全球治理对外语人才培养提出了更高要求。2018 年 9 月和 2019 年 3 月,中共中央组织部、中华人民共和国人力资源和社会保障部与教育部先后召开重要会议,提出加快培养"一精多会、一专多能"的高层次复合型全球治理人才的重要任务。全球治理需要大量精通外语,懂得国际规则,熟悉对象国文化的法律、经贸、科技、金融、文化等领域的高层次人才。除了不断拓展外语语种和提升外语能力水平之外,外语人才培养的结构性调整势在必行。

就人才的类型而言,全球治理所需的专业人才分为三类:一是从事语言服务的笔译、口译与文书人员;二是精通专业领域的高级技术人员或行业专家;三是在国际组织中具备全球领导能力的高级管理人员。结合目前国家外语能力建设的进程来看,第一类人才是培养重心,第二类与第三类人才的培养机制尚未形成,而后两类人才正是全球治理中国家急需的人力资源。

就人才的领域而言,全球治理涉及国际政治、经济、文化、基建、农业、能源、安全等关键领域的国家利益。近年来,随着教育部提出"新文科""新工科""新医科"和"新农科"等新型人才培养要求,"专业＋外语"的国家外语能力建设范式呼之欲出。高校公共外语教学如何适应国家外语能力建设对专业型人才的迫切需求,已经成为当前中国外语教学改革的一个新问题。高校公共外语教学是创新与拓展"专业＋外语"规划范式的重要抓手。可喜的是,以"双一流"建设为主要任务的高校已经开始从国家战略高度规划公共外语教学,主动服务"一带一路"倡议,依托各自办学特色与优势学科,启动面向非外语专业学生的公共外语教学改革试点工作。探索"专业＋外语"的人才培养新路,将是未来国家外语能力建设的重头戏。

在全球化日益深入的新时代,人类面临诸多关乎世界和平与未来发展的重大国际问题,全面参与和推动全球治理成为中国国家外语能力建设的重大使命。本文基于语言规划理论,对中华人民共和国成立 70 多年来国家外语能力建设的工具范式、文化范式与资源范式变迁进行系统梳理与分析,指出全球治理视域下的中国国家外语能力建设需要整合工具范式和文化范式,构建以资源范式为主的新范式。基于这一新范式,国家外语能力建设应加强外语规划的顶层设计,全面思考全球治理与外语课程体系、教材体系、外语专业建设、公共外语教学以及外语学科转型发展的关系,建立和完善全球治理外语人才培养模式,加快全球治理外语人才的培养速度,全方位服务国家发展战略。

百年未有之大变局下的国家话语能力建设

话语是国家形象、民族意识和国家软实力的重要载体,是文化交流和竞争的基本方式之一。健全的国家话语体系可以为国家与社会发展服务,创建良好的话语空间,融通中外话语体系,在一定程度上有助于提升一个国家的国际话语权。近十年来,国家话语能力建设已经引起国内学界的广泛关注,成为新时代中国哲学社会科学研究的热点领域之一。一方面,国家话语能力事关国家话语体系构建,正日益成为政治学和国际关系研究的重要话题(孙吉胜,2016;王越芬、张世昌,2017)。另一方面,国家话语能力也是国际话语权建设的基本任务,受到传播学与话语研究学者的高度重视(陈汝东,2011;丁云亮,2019;唐青叶,2015)。但是需要指出的是,由于学科研究传统的差别,上述两类研究大多关注宏观层面的国家话语战略或是关于国家话语权自身的谈论,对具体话语内容、表达形式与类型的规划、话语能力提升的探索并不多见。近年来,随着语言学研究"话语转向"学术倡议的提出(李宇明,2018),不少语言学研究者(文秋芳,2017)在致力于构建国家语言能力理论体系过程中,开始关注国家话语能力建设问题。有学者(李宇明,2018)认为国家话语能力是指政府为了维护国家战略利益所需的语言表达能力,是国家话语体系的应用能力,是检验国家语言能力的终极指标,也有学者(文秋芳,2017)认为国家话语能力指涉各种国家话语主体建构、理解和认知国家话语的能力。当前,面对日益错综复杂的百年未有之大变局,中国话语规划研究是构建人类命运共同体的一项新任务(沈骑,2019),国家话语能力建设将成为中国语言学对接国家和社会发展战略的新兴领域之一。但值得注意的是,现有研究尚停留在对国家话语能力的概念界定阶段,基于语言学视角的话语研究主要沿袭西方盛行的微观话语研究与批判话语分析范式,尚未系统关注国家话语规划问题,缺乏宏观整体视野。尤其值得深思的是,近年来哲学社会科学研究者都在深入探讨国家话语体系建设问题,但语言学研究者发声似乎不多。国家话语能力事关话语体系建设大局,与语言学研究关系密切,中国语言学研究者对此责无旁贷。本文基于语言规划理论,梳理了语言规划向话语规划转型的三个阶段,廓清国家话语规划的基本内容,并从资源体系、评价体系和生态体系三个维度提出新时代国家话语能力建设的三大目标。

8.1 从语言规划到话语规划

国家话语能力建设是国家主体,如执政党、国家领导人,及国家主体的下位主体,如不同媒体、社团或个人,开展并实施的一系列代表国家或具有国家传播功能的话语规划行为,其本质是一种语言规划活动。语言规划是人类主动干预与调整语言活动,以影响其发展与演化的行为。国家层面的语言规划体现国家意志,国家及其语言管理机构作为规划主体对社会语言发展与演变进行干预与调整。国家话语规划是国家结合国内外语境,为了维护和实现国家利益,有意识地从语言本体到语言使用,从话语内容到话语形式,从话语形象到话语权等话语层面实施的全方位系统性规划活动,是一种具有明确战略目标的语言规划。

从学科演进历史看,话语规划的提出并非偶然,这体现出语言规划与国家政治的必然联系。在英国政治学家霍布斯看来,正是由于人类语言的产生,才使得人类与动物真正区分开来,也使得人类心智与欲望产生了根本的转变,人类凭借语言,实现了心智的类型化,逐渐走出了自然的"伊甸园",无可挽回地进入到充满忧虑与猜忌的战争状态,但同时,语言也赋予人类得以走出这种困境的能力(菲利普·佩迪特,2010)。人类通过语言,进行推理,表达自己的思想,进而联合为团体,在这个过程中,话语起到了重要作用。爱尔兰学者佩迪特指出,人类从语言中获得了推理、代表与联合三项能力。首先,推理能力的本质就是以语言为工具的计算,但是由于诸如善与恶、正义与非正义这些评价性语言本身含义并不确定,因此就需要诉诸政治主权者来确定其含义。其次是代表的能力,即人类可以使用语言来表达自己或他人的心智,人们通过这一话语的交流,使得自己的心智被理解,并诱使他人相信自己的话语,从而形成承诺与契约。但是这种话语的代表与承诺依然是不可靠的,因此,要实现这些契约,还要构建足以使人畏惧的强制性权威。最后一项能力是联合,即通过话语的推理与代表,将个体进行联合,成为团体人格或是法人(菲利普·佩迪特,2010)。在霍布斯看来,这种联合的结果并不是"乌合之众",而是"全体真正同一于单一人格之中",即一个新的人格的诞生。当这个新的单一的人格是公共的国家时,这也就是"伟大的利维坦的诞生"(菲利普·佩迪特,2010)。基于话语的推理、代表与联合三项能力,通过政治化的方式,国家这个"伟大的利维坦"得以构成(霍布斯,2017)。由此可见,话语规划在国家治理中具有重要作用。在全球化背景下,由于语言与社会互动日益紧密,日益复杂的人员流动与语言资源的多元创生特性,造成了话语在内容与形式上的混杂性与多元化,更为系统全面的话语规划已是呼之欲出,话语规划是语言规划学科转型的必然趋势(沈骑,2019)。

8.1.1 语言规划向话语规划转型的三个阶段

语言规划向话语规划的转型主要经历三个历史阶段,其学科发展逻辑主线就是服务于国家与社会发展。这一学科发展的第一阶段是自20世纪50年代至80年代。这一阶段正值第二次世界大战结束,战后新的国际秩序正在重建,不少发展中国家与新兴独立国家都百废待兴,亟需推动国家和社会经济发展,实现现代化。国家语言规划的主要任务就是满足本国或本民族的语言交际与沟通需求。因此,这一时期国家语言规划主要关注语言本体问题,包括文字化、语法化与规范化工作,即对语言文字的创制或改进,如词典的编辑、语法的说明、借词的规定、术语的修订以及书写系统的完善和规范等。与此同时,国家作为规划主体还通过法律或相关规定对语言角色和功能进行确定,即通过语言地位规划,对多语社会中的不同语言的功能进行分配,语言功能规划在现实语言规划活动中发挥了重要的作用,也对社会语言使用与语言活力发展产生了直接影响。总体而言,这一阶段国家语言规划的核心要务还在于语言文字本身,话语层面的规划工作并未开展起来。

第二阶段是自20世纪80年代末期至21世纪之交。西方一些发达国家在这一阶段实现了经济复苏与社会发展,进入后工业化社会。在后现代思潮冲击下,不同族裔人群的语言身份与社会权利之间的矛盾交织在一起,形形色色的语言问题在日益复杂的多元社会文化问题中格外突出,这些现实语言问题推动了国家语言规划的社会文化转向。不少国家的语言规划开始关注语言的使用者与语言传播效果，因此，在语言本体规划与地位规划之外，语言习得规划与语言声誉规划也相继开展起来（Cooper，1989）。也正是从这一阶段开始，国家语言规划的重心开始向教育领域与社会领域拓展，从对语言本身的规划行为开始向考虑语言使用、传播与接受维度延展。尤其是语言声誉规划提出之后，语言符号的美学与智识层面的文化价值日益凸显（Lo Bianco，2010），语言的形象与声望问题也随之进入研究视野之中。德国语言学家哈尔曼在考察世界语言的传播与扩散的历史过程中，指出传统语言规划侧重于自上而下的规划路径，很少关注语言规划活动的具体效果和接受程度，致使很多官方层面的规划往往流于形式，没有实效。因此，语言声誉规划应将语言视为一项公共产品，全面考虑语言这一产品的声望、社会接受与公共评价。哈尔曼还提出要重视不同层面语言规划参与者的能动性（agency），更多地从接受者和受众层面考虑语言规划问题。应该指出的是，语言规划的社会文化转向促进了语言规划活动的重心向使用语言的人转移，将国家语言规划行为拓展到了教育与文化维度，这对话语规划的兴起与发展起到了重要推动作用。

　　第三阶段是自 21 世纪初至今。语言规划在跨文化交际与虚拟空间语言生活的影响下，逐步向话语层面加快转型。在规划类型上，翻译规划与语言技术规划备受关注。一方面，全球化助推人类跨语言交流与沟通日益增多，跨语言交流和跨文化传播并不是简单的文字转换过程，它至少涉及两个文化系统的交流、交锋与交融（Toury，2002），翻译规划活动必然涉及以话语为中心的语言规划行为，其实质就是一种跨语言的话语规划。另一方面，随着网络时代人工智能日新月异的发展，语言规划也面临着信息科技和高新技术革命的挑战。在这样的背景下，语言技术规划也成为语言规划的新任务，有学者提出将网络空间语言技术、软件和语言信息化技术进行系统规划（Phillipson，2017）。在信息化社会，语言技术规划的核心要素就是以话语为载体的各类结构化或非结构化的数据，以数据驱动的语言规划事关国家网络安全与网络主权，在国家治理体系中发挥着无可替代的作用。

　　规划语言就是规划社会。语言规划经历了上述三个阶段的嬗变，逐步完成从语言本体到语言使用与传播，再到适应语言文化、跨文化翻译以及适应信息技术环境变化的三次转型，从单一形式语言层面的语言规划行为，进入多元环境下的话语规划空间。实际上，语言规划在很大程度上已经转型为话语规划，在学科体系上也已经实现了从社会语言学到语言社会学的话语转向，即从原来关注社会发展中的语言问题转而探究承载社会意义的话语，以及话语中蕴含的社会问题。

8.1.2 作为话语体系构建过程的话语规划

话语规划作为一种特殊的语言规划形式，在话语体系构建中发挥着举足轻重的作用。话语体系并不等同于语言，它是指某一学术、专业领域所使用的话语，是具有特定词汇语法特征、结构形式、专业术语以及语言规范，但同时又具有思想指向和价值取向的语言系统（谢伏瞻，2019）。有国外学者将话语规划作为一种规划类型纳入语言规划领域，认为话语规划是指研究语言表征与形象，并以劝说或教育方式将意识形态通过话语进行建构的一种语言规划，是一种以"对话协商、迭代反复或慎重思考"为干预特征的规划实践活动（Lo Bianco，2005：262）。对此笔者曾经撰专文讨论过，也认为话语规划是语言规划的一项新任务（沈骑，2019）。在对语言规划转型的三个阶段进行细致梳理之后，笔者认为，国外学者将话语规划归为语言规划下的一种特殊类型的提法，并不完全准确。如果仅仅将话语规划作为语言规划下位的一个类型的话，那么话语规划与语言本体规划或声誉规划是一种并列关系，也就无法统摄本应涵盖的话语本体、地位、教育和技术等诸多方面，更无法构建全面的话语体系。因此，笔者认为话语规划是语言规划转型的一个新领域，两者之间不是从属关系，而是递进并列关系。需要指出的是，话语规划并不是一般意义上的话语创造，而是关系到反映国家形象的话语体系构建与创新问题，它主要涉及国家、机构等话语主体通过话语在意识形态层面建立体现国家意志的世界观和形象。因此，话语规划是从国家或国家机构的战略利益出发，致力于提高国家话语能力，进而提升自身形象的一种规划行为，在实践层面，话语规划更是话语体系构建的动态过程。

话语规划不仅将语言作为问题，更将其作为具有思想与价值内涵的表达形式，国家话语体系以话语为中心，需要通过一定的语言来塑造、成型、表达、转换与调适，这样的实践活动即为话语规划，其规划产物就是话语体系。因此，话语规划是国家话语能力建设的途径与机制，而话语体系则是国家话语能力建设的基础与保障。话语规划是构建话语体系的过程，更是提升国家话语能力的关键。

8.2 国家话语规划的基本内容

话语规划属于新型语言规划,在具备语言规划根本属性的基础上,话语规划是话语体系的构建过程,因此,话语规划是对构成话语体系的概念、范畴、表述、命题、术语和语言等话语资源进行挖掘、生成、发展、阐发、传播与接受的过程。基于语言规划理论框架,笔者大致将话语规划基本内容确定为如下六个类型。

8.2.1 话语本体规划

话语本体规划是对话语自身的形式与表达方式进行挖掘、整理、创造或调整的活动,其目的是使话语表达形式生成、规范化、标准化,以便于社会成员正确使用,促进话语体系的构建与发展。

首先,话语表达形式生成主要是指表征国家形象的核心概念、重要范畴和关键表述的塑造与提出,这是话语规划体系的基础。随着中国参与全球治理的步伐不断加快,中国话语作为中国思想与理念的外在表现形式,也是构成中国智慧的重要元素。因此,话语本体规划就需要充分挖掘中国话语资源,打造易于为国际社会所理解与接受的新概念、新范畴、新表述。中国话语资源具有历史性与现实性两个维度。一方面,从历史维度来看,中华民族优秀传统文化是中国话语的源头活水,这些传统文化话语都需要在新时代进行创新性转化与创造性发展,如何讲好经典中的中国,这是当前中国话语规划在表达形式上的新命题。另一方面,从现实维度看,中国经过改革开放40多年的建设,全面建成小康社会,取得了举世瞩目的建设成就。"小康社会"就是由邓小平同志率先提出的中国新概念,指的是中国式的现代化。小康一词来源于中国传统文化,邓小平同志赋予了其新的内涵,将其作为中国现代化的目标提出来,进而领导中国共产党"三步走"的发展战略(谢伏瞻,2019)。

其次,话语的规范性是话语认同的基本条件,关系到话语体系的纯洁性。改革开放以来,中国人文社会科学领域在繁荣发展过程中,不可避免地遭到西方话语体系的渗透与侵蚀,一些西方话语夹杂着西方意识形态,在很大程度上演变为影响中国话语体系健康发展的"话语陷阱"。例如,当我们在使用"民主"和"自由"等西方标签式话语时,就不可不假思索地陷入西方话语体系的窠臼,我们应提高文化警惕,不可人云亦云。当前中国正在学术话语体系和学科话语体系建设过程中,我们尤其需要注意对关键概念与理论话语的把握与使用,应当树立学术话语的自信心。

最后,话语的标准化建设事关话语权。在全球化时代,国际话语日新月异,新科技、新技术与新术语层出不穷,有关部门应该加强对科技、教育、外交和工程等领域新术语的标准确定,及时出台对外来科技术语和新名词的标准。需要指出的是,不同领域的话语本体规划涉及国家话语权问题。在人工智能时代,如果中文世界把科技创新领域的新名词或科技术语的使用、命名或翻译权拱手相让的话,这无疑是对国家话语权乃至国家主权的严重损害。当前人工智能时代的话语权竞争日趋白热化,话语标准化建设在数据驱动的信息化大潮之下,任重而道远。

8.2.2　话语地位规划

话语地位规划是指对国家话语的用途或功能进行分配,对话语使用的场合进行规定,这是凸显国家话语权的基本保障。话语地位规划的核心要务在于国家话语权的规划,这关系到话语规划的成败。话语权是国际公认的三大权力之一,与军事权和经济权并列,事关国家主权与总体安全。

"落后就要挨打,失语就会挨骂。"李宇明(2012)曾经提出话语权的三个层次,分别是发言权、话语影响力与话题设置权。在话语地位规划中,发言权是彰显话语功能的关键。在国际话语传播"西强东弱"的话语格局之下,发言权的争夺与获取显得格外重要。近年来,中国通过加大国际传播力度,提升本土话语的供给能力,各级政府与多种媒体积极发声,使发言权问题有了较大改善。在国际舞台上,中国声音已经不容忽视。其次,从话语地位规划角度看,话语影响力主要体现在世界信息流通与传播的质量上。美英等西方媒体仍然占有优势,中国媒体的国际影响力还有待提升(吴瑛、李莉、宋韵雅,2015)。当前,在以互联网为主体的信息传播体系中,国际话语传播日益呈现出"去中心化"的新格局。在网络多语空间,话语影响力的竞争将会日益激烈。最后,话题设置权是话语地位规划的终极目标。传统的话题设置关注的是话题的显著性,即内容设置层面,但是在新媒体时代,话题设置还应当重视话题的属性议程设置,即话题设置的态度与行为。具体而言,话语规划者在议程设置过程中,通过话语表达正面、负面或中性立场,不仅有助于受众了解话题的重要性,更能帮助受众形成话语立场和价值判断。

8.2.3　话语教育规划

话语教育规划旨在扩大与提高话语使用者和学习者的人数、规模与质量，主要通过制定宏观教育政策与具体方案，编写话语学习材料，促进个体与群体话语能力的发展与提高，从而实现特定话语的各种用途，满足国家、社会、机构和个体的需要。话语教育规划突破了语言教育的范畴，进入以话语为内容和思想载体的教育场域之中，体现出话语规划者鲜明的意识形态和价值立场。话语教育规划事关话语体系的价值构建与文化传承，是话语规划的主要途径，具体涉及话语标准、课程规划、师资规划、教材规划、资源投入、话语社区规划、评价体系规划等七个领域，涵盖与话语体系密切相关的教学体系、课程体系、教材体系与社会评价体系等多个维度。

根据话语规划的不同对象，话语教育规划可以分为学校与社会两个领域。一方面，各级各类学校是话语教育规划的主阵地，话语规划需要进入学校语言教育体系之中。近年来，以"中华经典诵读工程"为代表的一系列活动，以立德树人、培育社会主义核心价值观为根本任务，以深入挖掘中华优秀传统文化、革命文化与社会主义先进文化为核心内容，成为中小学话语教育规划的成功典范。在新时代，话语教育规划还应该进一步思考如何将中国话语融入专业课程与学科建设之中，强化与凸显学校作为国家话语能力建设的重要基地。另一方面，媒体与社区等地方机构是社会话语教育规划的主要推手。其一，媒体作为国家话语体系的发声筒，其话语价值导向对于社会话语传播与接受具有重要影响力。例如，正是在各类媒体合力推动之下，社会主义核心价值观话语体系方能深入人心。其二，城市社区也是话语教育规划中的规划实施者，对于本土话语生产和传播机制生成发挥着举足轻重的作用。近年来，上海深入挖掘和构建本土话语特色，红色文化、海派文化与江南文化交相辉映，形成了颇具地方特色的"海纳百川"的城市话语体系。但是由于话语教育规划领域众多，牵一发而动全身，因此，学校教育规划与社会教育规划尚有很大提升空间，还需要与时俱进，形成合力，进一步改进与完善话语教育规划体系。

8.2.4　话语声誉规划

话语声誉规划的实质是对国家话语形象的规划，其规划路径是将话语传播看作一种维护人际关系的互动过程,而不是传统的单向灌输,更加关注受众对话语的接受和认同,以及与传播者形成的话语互动关系,从话语的"受众控制"转向"受众自治"(童清艳,2013)。因此,话语声誉规划从传播者转向接受者,即以受众接受为规划重心,考虑不同受众的话语感受,通过发挥其自身的能动性,对话语进行解读与选择,从中构建意义,形成话语形象认知与价值判断。

话语声誉规划服务于国家战略利益。例如,美国一贯善于利用所谓的"国际道义"制高点,刻意利用政治领域的话语声誉规划手段,诋毁他国形象,为其制裁或出兵敌对国家提供借口。近半个多世纪以来,美国通过捏造"无赖国家""流氓国家""令人担心的国家"和"邪恶轴心"等指向明确、误导色彩浓厚的官方话语,试图影响国际受众从潜意识接受美国对敌对国家的道德判断(吴贤军,2017),为干涉他国内政,制裁甚至出兵他国制造其"政治正确"的新闻舆论。另一方面,积极的本土话语声誉规划有助于提升国家形象。改革开放40多年来,中国开始逐步向世界展现一个发展中大国的话语形象,成功改变了国际社会对于中国的刻板印象,在文化和科技领域的话语形象构建效果更为明显,其中尤以历史悠久的武术、美食、中医和科技发明最为打动人心(吴贤军,2017)。中国文化形象的认知提升,充分说明中外人文交流对于国家话语形象塑造的重要作用。我们需要积极构建和提升整体国家形象,力争在百年未有之大变局中提升中国话语形象。

8.2.5　话语翻译规划

话语翻译规划是指翻译实践活动服务于国家与社会文化发展以及社会变迁需要,利用话语转换与调适为跨文化交流提供"填补缺漏"的途径,以满足接受者(受众)文化与社会需求。在跨文化语境下,话语翻译规划往往受制于不同话语体系规范与准则,通过不同的话语策略干预或介入社会、群体或系统现状,开展有目的、有计划的翻译活动和行为。

话语翻译规划具有话语译入与译出的双向互动性。从文化战略角度看,话语翻译规划始终是服务于国家与社会发展现实需求。例如,在欧风东渐背景下,话语翻译规划曾对日本政治文化思想变革影响巨大。日本在明治维新时期通过对内翻译规划,大量输入并摄取西方先进话语,炼石补天,对当时日本社会文明开化起到了重要作用(王克非,1996)。中国改革开放以来,在文化、技术、社会等领域也积极汲取西方先进科技文化的方法与思想,为中国现代化建设服务,在这个过程中,翻译起到了积极的推动作用。另外,话语翻译规划也是国家对外话语体系建构的战略举措。改革开放 40 多年来,中国外交、外事、外宣工作取得了重大成就,但随着中国在国际舞台日益崭露头角,当前亟须构建融通中外的话语体系,讲好中国故事,对外话语体系建设首先就需要让话语翻译规划先行。在新的国际形势下,对外话语翻译规划是一个系统工程。对外话语翻译规划并不是字对字的机械转换,而是文化因素的输出(黄友义,2020)。

一方面,翻译规划涉及政府机构、教育机构、非政府组织、其他组织等的宏观计划和目的。中共中央宣传部启动的"中华学术外译"工程就是一项国家对外话语翻译规划行为,其目的是推动中国学术走出去,在世界范围内为中华学术国际传播架设桥梁,功在当代,利在千秋。另一方面,对外翻译规划也涉及翻译者个人的选择及翻译策略等的实施与计划等具体操作问题,事关公共外交事业。例如,在对外传播中国特色外交话语时,我们应当及时准确地对中国关键话语进行翻译,掌握翻译主动权。众所周知,"韬光养晦"是中国和平外交战略方针的重要内涵性话语,但是国内对这一关键话语的翻译与解释存在疏漏与偏差,这在一定程度上给外交工作带来负面影响(熊光楷,2010)。由此可见,翻译无小事,话语翻译规划应在准确把握关键话语权威解释的基础上,将其应有之义准确表达出来,这对于推进对外话语体系构建,塑造中国良好国际形象具有重要的意义。

8.2.6　话语技术规划

话语技术规划是指话语规划主体采用多样化技术,在话语传播的形式、模态、载体与平台等方面进行的规划活动。过去话语传播对技术依赖现象并不明显,但是在信息化高科技时代,话语媒介日益多元化,话语技术突破了单一文字形式和视觉传播限制,进入多模态话语环境;在话语载体上,话语技术借助网络科技与人工智能技术,在虚拟空间的社交媒体异常活跃,突破了传统话语载体的局限,使得话语受众的互动能动性得以发挥,话语传播者与受众都成为话语生产者;在话语平台建设方面,在传统媒体平台之外,以谷歌、推特、微信等为代表的新媒体平台,不仅为话语规划提供了新的空间,同时也给世界范围内的话语生态带来了新的挑战。

当前全球网络空间众声喧哗,话语竞争空前激烈,不同话语群体打破地理的阻隔,交流日益加深,强势话语无论在社会资本,还是交际功能方面都居于强势地位,加快了弱势话语日益被边缘化的速度。客观地说,当前美国已经在新媒体时代的话语竞争中形成了话语霸权,在话语技术规划上捷足先登,当下普及范围最大和使用率最高的社交媒体基本为美国所垄断(相德宝、吕凡,2020)。近年来,随着中国加大话语技术层面的投入与战略布局,以"两微一抖"(微信、微博和抖音)为代表的中国社交媒体逐步成为国际社交媒体的重要平台,彰显出中国话语的国际影响力。以李子柒为代表的个体话语技术规划者,充分创新话语技术模式,借助国际话语载体,推动中国美食话语借船出海,向海内外推介中国文化,获得了出人意料的成功。需要指出的是,当前中国话语技术规划还存在重技术轻内容,重娱乐轻文化等问题,亟须加大对话语受众、话语内容与话语技术规划的融合创新与发展。

8.3 新时代国家话语能力建设三大目标

国家话语能力建设是构建国家话语体系的战略使命,重在规划与建设,不能流于形式。国家话语规划是改善和提升国家话语能力的有效途径,也是解决当前国家话语能力中"讲什么"和"怎么讲"两大瓶颈问题的关键着眼点。话语规划是中国语言政策与规划研究的新领域,需要学界同仁集思广益,共同推进国家话语能力与话语体系建设。笔者认为国家话语规划取决于微观层面的国家话语资源建设、中观层面的话语能力评价体系建设以及宏观层面的话语生态环境建设,三管齐下,方能奏效。基于国家话语规划的六项基本内容,笔者抛砖引玉,从资源体系(微观)、评价体系(中观)和生态体系(宏观)三个维度提出新时代国家话语能力建设的三个目标,希冀以此推动学界深入讨论研究。

8.3.1 打造融通中外的国家话语资源库

从话语规划的基本内容看,话语资源体系建设是基础,打造融通中外的国家话语资源库是国家话语能力建设的"蓄水池"。随着中国从本土型大国向国际型强国转型,国家定位的转变意味着国家对话语资源的需求与日俱增。面对百年未有之大变局,中国亟待全面打造融通中外的国家话语资源库。国家话语资源库建设首先需要挖掘、开发和提炼具有鲜明中国特色的话语资源,如总结、概括马克思主义中国化进程中的中国理论话语和制度话语,凝练出中国特色马克思主义话语体系。又如,中国共产党建党百年进程中的红色文化资源是重要的话语资源,我们需要加强对中国红色话语资源的挖掘与整理,积极建设红色话语资源库,推动中国红色话语的国际传播。其次,我们要善于提炼与传承扎根本土的中华优秀传统文化话语资源。例如,中医国际化对人类健康共同体建设具有重要意义,传承与创新中医话语资源就显得尤为重要。此外,打造包含与时俱进的、带有中国印记的新概念、新范畴和新表述的话语资源库更为迫切。近年来,中国积极参与全球治理,成功提出了一系列标识性话语,如"一带一路""人类命运共同体"等概念,高度凝练且特色浓郁,在海内外引起强烈反响,真正起到了融通中外话语体系的效果。再如,2020 年中国实现了脱贫攻坚工程的决定性胜利,这是在人类历史上具有世界性意义的大事件。在扶贫话语资源中,中国从脱贫攻坚到如今的乡村振兴,已经取得了举世瞩目的成就,精心打造这些具有时代性意义的话语资源,对构建对外话语体系将会产生积极的影响。最后,话语资源库建设还需要兼顾不同国家的话语习惯和话语表达方式,实现跨语种、跨区域和跨领域的分类分层建库,真正为讲好中国故事,传播中国声音做好准备工作。

8.3.2 建立国家话语能力评价指标体系

话语规划评价体系建设是国家话语能力建设的保障。实施国家话语规划,不仅需要关注规划内容,更需要重视规划过程与规划效果。构建国家话语能力评价指标体系有助于提升话语规划质量与效果,也有利于实现规划过程中的决策科学化。笔者认为将国家话语规划的六个类型作为一级指标,对每一个指标都可以设计评价标准。一是国家话语本体规划评价指标。衡量话语本体规划的一个关键指标就是中国话语生产机制的形成,这一机制包括中国话语的创生、挖掘、整理与发展的全过程。二是国家话语教育规划评价指标。评价话语教育规划的重要指标就是国家话语传播的质量以及国家对外话语学科建设和人才培养情况。三是国家话语声誉规划评价指标。话语声誉规划的效果需要靠国家话语形象的接受和受欢迎程度来体现,这一指标与国家形象密切相关。四是国家话语地位规划评价指标。国家话语地位关涉国家话语权与国家主权。为了推动话语地位规划的顺利实施,国家需要通过立法等手段,制定并出台国家话语能力标准与国家话语使用规范。五是国家话语翻译规划评价指标。国家话语翻译能力的高低,直接关系到国家对外话语体系建设的成败,需要构建评价指标体系来确保话语翻译规划效果。笔者建议由国家外文局或是国家语委等机构来牵头制定融通中外的话语翻译规范与评价指标体系。六是国家话语技术规划评价指标。在人工智能信息化浪潮下,国家需要发挥高科技产业与语言产业等企业部门的积极性,通过制定话语技术规划评价指标体系来规范和协调国际传播平台,齐心协力加强中国话语传播的载体与平台建设。整合上述六大评价指标的国家话语规划评价体系建设是当前国家话语能力建设亟待突破和创新的重要任务。

8.3.3　构建全球话语生态共同体

面对百年未有之大变局,中国参与全球治理面临着更为艰巨的挑战与任务,在建构话语资源体系和评价体系的基础上,国家话语能力建设还应从战略高度谋划构建融通中外的话语体系大局。当前,全球话语生态状况整体堪忧,在世界话语场域中,西方话语霸权长驱直入,广大第三世界以及弱小国家的话语声音处于边缘化的境地,全球话语生态安全形势严峻,强势话语与边缘话语之间存在无可调和的矛盾,网络空间的话语信息鸿沟更是日益加大,人类话语资源总量正不断萎缩。笔者认为构建全球话语生态共同体是国家话语规划的最高目标(沈骑,2019)。全球话语生态共同体是人类命运共同体建设的基本条件,人类命运共同体不能缺少话语生态共同体发挥沟通和交流作用。现实地看,由于话语生态多样性的客观存在,人类命运共同体并不需要,也不可能建立在一个语言共同体的基础之上。因此,多样和谐的话语生态共同体是构建人类命运共同体的基本条件,国家应从话语生态角度对接人类命运共同体的理念,构建融合世界不同语言文化、观念、意识形态等于一体的话语生态共同体。国家话语能力建设应将全球话语资源视为人类共同资源财富予以开发、应用与保护,呵护话语生态系统,为人类命运共同体建设创造和谐的话语空间。当前中国不仅需要开展有效的国家话语规划,讲好中国故事,更需要从中国参与全球治理的高度,韬光养晦,积极构建全球话语,培育更多具备中国眼光和世界情怀的人才。

1971 年,一本名为《语言可以被规划吗?》的文集出版问世,这本书汇集了当时在国际语言规划领域最负盛名的四位学者的研究成果。他们联袂从社会语言学角度探讨新兴发展中国家的语言规划问题,建言献策,揭示了语言规划服务于社会进步与国家发展的功用。这也揭开了半个多世纪以来语言规划学科理论与实践空前大发展的序幕。语言规划学科的全部意义都在于解决和协调人类社会的语言沟通与交际问题。在语言规划学科进行话语转型的今天,我们同样要提出一个类似的问题,"话语可以被规划吗?"从建构主义视角看,话语规划和国家话语能力建设不仅体现国家意志,而且内涵更为丰富,过程体现出动态互动的特色,是国家话语体系构建的有效途径。作为一个发展中大国,中国构建融通中外的国家话语体系已经成为新时代提升治国理政能力的一项重要任务,国家话语能力建设也是中国语言规划学科转型发展的重要命题之一。当前国家话语能力建设不仅需要语言规划学科的知识滋养,从中汲取语言规划理论与方法,更需要系统开展国家话语规划实践,解决国家话语体系中存在的现实问题,从而推进国家话语能力建设的创新与发展。

中国 ESG 话语能力建设的基本问题与路径

近年来国家话语能力建设备受关注,已成为国家外语能力建设的核心议题之一,更是中国参与全球语言治理能力建设的一个重要任务。现有研究聚焦国家话语能力建设的基本内涵、理论体系及总体规划(文秋芳,2017、2022;沈骑,2021;赫琳,2021),为面向全球治理各个领域开展精准国际话语传播,构建中国对外话语体系奠定了学术基础。自党的十八大以来,加强生态文明建设,推动人与自然和谐共生的现代化建设已经成为中国参与全球生态治理、构建人类文明新形态的重要命题,国家生态文明话语体系建设也被正式提上议事日程。在新形势下,ESG(Environmental, Social and Governance)话语是构建融通中外的生态文明话语体系的一个关键问题。ESG 概念是在 2006 年由时任联合国秘书长的科菲·安南(Kofi Annan)正式提出的,他呼吁世界各国政府和企业秉持一种将环境、社会和治理相结合的发展理念和评价标准,将环境、社会和治理问题都纳入可持续发展模式。[①] 随着全球化的日益深入,ESG 理念也从企业治理渗透到整个国家经济治理和社会治理等领域,乃至上升到全球治理层面,ESG 话语能力建设现已受到国际社会的广泛重视,同时也为学界密切关注。中国作为世界上最大、最有活力的经济体之一,近年来随着国家治理能力提升与治理能力现代化建设步伐加速,国家高度重视 ESG 发展,不仅出台了相关政策措施建设生态文明,推动绿色低碳循环发展,打造美丽中国的国际形象,而且在国家"十四五"规划纲要中明确提出"双碳"目标,这些都为推动 ESG 发展提供了良好契机。

在经济发展和社会治理视域下,ESG 最初指的是一种关注企业环境、社

---

① 2006 年,时任联合国秘书长的科菲·安南发布"负责任投资原则",得到全球最大投资者的支持。

会、治理绩效而非财务绩效的投资理念和企业评价标准。在全球经济一体化，特别是绿色低碳和生态文明发展理念驱动下，ESG已经逐步成为世界各国在国际化与本土化竞争和博弈中一个关键的新发展指标体系。现有研究（Amel-Zadeh & Serafeim, 2018; Fatemi & Kaiser, 2018）表明ESG话语能够有效提升国家与企业的国际竞争力和可持续发展能力，进而提升国家的国际形象及话语力。而语言学视角下的ESG话语能力研究源于学界对语言与生态关系的思考与探索，其核心要义在于探究在全球经济一体化进程中，人类协调自然环境、社会发展与国家治理三者的有机联系，实现可持续发展的总体目标，体现出人与自然和谐共生的现代化理念，与生态话语研究的目标不谋而合。黄国文和赵蕊华（2017）认为生态话语研究不仅局限于语言与环境之间的关系，同时也强调个人、团体等社会责任，力图揭示生态系统中各参与者之间的可持续关系。作为一种综合环境、社会和治理三个方面来关注可持续发展的新型评价指标体系，ESG话语研究已成为生态话语研究的新领域。自20世纪70年代以来，生态语言学的理论研究与实践探索发展迅猛（Haugen, 1970、2001；Makkai, 1973），特别是在语言生态观提出之后（Gerbig, 1997；Schleppegrell, 1996；Goatly, 2000），生态话语研究呈现出研究领域不断扩大（Slater, 2007；Stibbe, 2012；Poole & Spangler, 2020）、研究范式趋于融合（Steffensen, 2014；黄国文，2016；何伟，2020）、研究方法更为多元（Fill & Penz, 2017；Huang & Zhao, 2021）的发展态势，这在很大程度上推动了ESG话语研究体系的构建。但相较于国外生态话语研究的学科发展态势，国内相关研究还有待继续深入。ESG话语能力建设是一个不容忽视的重要领域，其话语建构关系着我国生态文明话语体系的建构进程。本文基于国家话语能力建设的五大要素，探究中国ESG话语能力建设的基本问题，提出中国ESG话语能力建设的研究路径。

9.1 国家话语能力建设的构成要素

沈骑（2021）将国家话语能力建设从语言规划角度，对其话语类型进行了分类，但尚未对某一特定领域的话语能力构成要素进行探讨。从话语传播视角看，国家话语能力贯穿话语规划、生产、传播与接受的全过程。基于哈罗德·拉斯韦尔（Lasswell, 1948）提出的传播过程"5W模式"，话语能力至少有五个构成要素，分别是话语传播主体、传播内容、传播渠道、传播对象以及传播效果，具体内容如下。

第一，话语传播主体在传播过程中的作用至关重要，它不仅是话语传播内容的承载者和表达者，而且还担负着与话语传播对象进行有效沟通的责任。在传播过程中，话语传播主体既可以是单个的人，也可以是集体或专门的机构。我们依据不同标准可以将话语传播主体进行分类，如官方和民间、军事和民事、国内和国外等。一直以来，国家话语国际传播主要呈现出以政府和官方媒体为主导的单一格局。全媒体时代的到来大大降低了话语国际传播的门槛，使得参与国际传播的话语传播主体愈加多元丰富。

第二，话语传播内容的传播过程就是信息流动的过程。在传播学范畴下，信息必须通过符号（包括语言符号和非语言符号）才能被传播，即寄载于符号之中的信息构成了话语传播内容。结构主义语言学家费迪南·德·索绪尔（Saussure，2011）将符号分为语言符号和非语言符号，其中，语言是人类符号系统中最重要的符号。在实际话语传播研究中，话语传播主体作为话语传播内容的承载者和表达者，两者通常是不可分割的。

第三，话语传播渠道是指传播过程中传播主体及传播对象双方沟通和交流信息的各种途径、手段、方式。渠道主要包括大众传播渠道、组织传播渠道、人际传播渠道（喻国明等，2003；邵培仁，2015；薛琳，2017）。现代社会传播的显著特点是，大众传播所占的比重越来越大。例如，政府若有重大信息需告知社会全体成员，可以选择文件传达，也可以进行单位开会层层传达，但最快捷的方式莫过于利用大众传播的渠道。当前信息通信技术的发展，使得传统话语传播渠道被新媒体替代的速度越来越快，大众传播渠道正呈现出一种多元化的传播格局。

第四，话语传播对象主要指话语受众，即所有受传者，可以是读者、听众、观众，也可以是某一主权国家、企业、科研机构，是话语传播的最终对象和目的地。在话语传播格局中，只有被传播对象选择和接受的话语传播才可以被称为有效传播，不适应传播对象的传播等于无效传播。因此，话语传播对象已经成为决定传播效果的最重要因素。不同于非信息时代，传播对象已不再是被动接受话语信息，而是拥有了选择话语信息的主动权。因此，话语传播主体在进行话语传播时应充分了解传播对象的需求。只有这样，话语传播内容才有目的性，话语传播渠道的采用才有针对性，话语才能实现有效传播。

第五，话语传播效果是指传播主体发出的传播内容经传播渠道传至传播对象而引起传播对象思想、行为等方面的改变,衡量传播成功与否的重要尺度,主要体现为话语传播主体对话语传播对象的影响,但这种影响是一种非强制的作用力。除非是通过法律、政策、军事、外交等手段施加影响,话语传播效果一般是通过传播对象的自我接受来实现。因此,虽然传播效果的重要性毋庸置疑,但在实际传播过程中不同于其他传播要素,传播效果不一定出现。也就是说,传播可能"有效",也可能"无效"。

9.2 中国 ESG 话语能力建设的基本问题

基于上述五大构成要素,笔者将 ESG 话语能力建设的基本问题领域划分为话语传播主体、话语传播内容、话语传播渠道、话语传播对象以及话语传播效果五个如下维度。

9.2.1 ESG 话语传播主体

依据话语传播主体层级,ESG 话语传播主体可分为宏观层、中观层和微观层。

ESG 话语传播主体的宏观层主要包括国家(或地区)及国际组织,如联合国、世界贸易组织等。随着气候变化和环境恶化等问题的出现,各国政府及国际组织越来越重视 ESG 问题。全球报告倡议组织(GRI)在 2000 年发布的第一版《可持续发展报告指南》(以下简称《指南》),推动了 ESG 话语建构,产生了极大的国际影响。2005 年有 750 家组织根据该《指南》编制可持续发展报告,其中日本、英国和美国的报告数量占据报告总量的前三名(钟朝宏,2006)。目前,国际上已经形成了较为完善的 ESG 话语体系,而我国 ESG 话语建构相对比较滞后。虽然早在 2002 年,中国证券监督管理委员会(证监会)与国家经济贸易委员会便联合发布《上市公司治理准则》,对"环境保护""社会责任"及"公司治理"的信息披露做出具体要求。但直到 2018 年,证监会才最终确立了 ESG 信息披露的基本框架。目前国内外有关宏观层 ESG 话语传播主体的研究主要聚焦在国际组织及其他主权国家(地区)。例如,林琳和周桂君(2019)通过关注联合国描述、评价和应对气候变化的话语实践揭示了联合国的不同生态观;帕特落等人(Partelow et al., 2020)关注全球非政府环境组织的生态话语实践,发现了非政府环境组织在多中心环境治理机构中的迅速扩散。

ESG话语传播主体的中观层主要由企业及机构构成,如中央企业、跨国企业、研究机构等。由于ESG信息披露对投资有一定引导效果,且宏观层面的政策法规逐步完善,越来越多的企业开始重视自身的ESG话语建构。例如,2006年,高盛发布了ESG研究报告,较早地将环境、社会和治理整合在一起。随后,国内外形成了一些较有影响力的ESG评级体系,如摩根士丹利国际公司(MSCI)针对全球7,500家公司进行ESG评级,是全球领先的ESG评级机构。随着上市公司的ESG信息在国际资本市场愈发受到重视,截至2018年,所有纳入MSCI指数的上市公司都需要接受ESG评级。企业主要依据各大ESG评级体系、国际报告标准等报告体系进行ESG报告编写,进而建构企业自身的ESG话语体系。由于企业的ESG话语建构在市场投资中扮演着重要角色,失败的ESG对外话语实践将直接影响其企业的国际形象建构,进而影响企业的国际合作和发展,因此企业格外重视自身的ESG话语建构。作为目前占据比重最大的ESG话语传播主体,企业给研究者带来了丰富的ESG案例及话语资源。目前,国内外学者均聚焦于探讨不同企业的生态身份话语建构研究(Fuoli& Hart,2018;苗兴伟、李珂,2021;史兴松、牛一林,2022)。但与国外学者不同的是,国内学者(苗兴伟、李珂,2022;史兴松、牛一林,2022)更加倾向于对中外企业进行对比研究,本土话语建构意识不足。

ESG话语传播主体的微观层主要指个体层面,如政府首脑、企业家、员工等。例如,联合国原秘书长安南发起了以莱昂·沙利文(Leon Sullivan)制定的"沙利文原则"为基础的全球契约,以鼓励将环境、社会和治理整合到资本市场中。随后,苹果、亚马逊、沃尔玛等181家美国企业CEO联合发表了《公司宗旨宣言书》,进一步促进了国际ESG话语建构(李志青、符翀,2021)。目前,微观层ESG话语传播主体主要由企业CEO、各主权国家领导人及国际组织负责人构成。考虑到ESG话语的可及性,相关研究主要关注这些微观层ESG话语传播主体正式或非正式、书面或口头的话语实践。例如,李淑晶和刘承宇(2020)从评价系统的视角针对特朗普退出《巴黎协定》的演讲进行生态话语分析;田志龙、钟文峰(2019)基于华为技术有限公司CEO任正非针对员工的沟通话语进行话语逻辑分析。加西亚·桑切斯(Garcia-Sánchez et al.,2021)对来自87家西班牙企业的CEO在疫情期间做出的与企业运营和战略决策相关的话语进行情感分析。相对而言,微观层面的传播主体研究具有更为广阔的拓展空间。

中国ESG话语传播主体研究目前对以企业为代表的中观层进行了较为深

入和具体的探索。企业作为目前占据比重最大的 ESG 话语传播主体,已成为 ESG 话语传播主体研究的主要研究对象。值得我们注意的是,企业只是 ESG 话语传播主体的重要组成部分,并不是唯一的传播主体。因此,宏观层及微观层 ESG 话语传播主体也同样值得重视。研究者对于宏观层和微观层 ESG 话语传播主体虽亦有探讨,但宏观层主要对以联合国、全球报告倡议组织等为代表的国际组织进行具体探索,忽视了对于其他主权国家的关注;微观层则聚焦在企业及国家领导人等具有一定影响力的代表人物,对于其他个体层面如公众、专家等却少有涉及。全媒体时代的到来影响了公众的话语传播方式和接收方式,对于 ESG 相关问题的讨论与传播也更加重要。因此,中国 ESG 话语能力建设应加强各层级 ESG 话语传播主体的研究,"健全党委领导、政府主导、企业主体、社会组织和公众共同参与的现代环境治理体系"①已成当务之急。

9.2.2　ESG 话语传播内容

依据话语传播主体的分类,传播内容同样也可以分为宏观层、中观层和微观层三个维度。

宏观层主要由国家(或地区)及国际组织发布的政策法规、协议协定构成。除了前述提到的如 GRI 发布的《可持续发展报告指南》外,各主权国签订的《巴黎协定》《二十国集团/经合组织公司治理原则》、世界银行制定的《环境和社会标准》等均属于 ESG 话语传播内容的重要组成部分。我国宏观层 ESG 话语传播内容的重要组成部分为政府颁布的政策法规。例如,中华人民共和国生态环境部(原环保总局)发布的《关于企业环境信息公开的公告》《环境保护法》、证监会发布的《上市公司信息披露管理办法》《上市公司治理准则》。然而,与话语传播主体研究一致,相关研究多聚焦于国际层面,不少学者关注了各自国家有关环境气候变化的政策话语,以此来揭示本国生态术语建构(Pettenger, 2007);汪少华等(2019)基于联合国可持续发展峰会成果文件《变革我们的世界:2030年可持续发展议程》进行认知生态分析,揭示其话语策略及其对社会生态发展的影响。国内相关研究(黄河、刘琳琳,2014;贾广惠,2014)刚刚起步,主要以官媒发布的环境议题的报道为主要研究内容,较少关注具体政策或报告文本,目

---

① "努力建设人与自然和谐共生的现代化"——习近平生态文明思想的生动实践[EB/OL]. 求是网, http://www. qstheory. cn/qshyjx/2022-06/05/c_1128715226. htm, 2022 - 06 - 05.

前仅有少数学者(赵秀凤、刘畅,2020)从生态话语视角对比探析中国和英国能源白皮书在能源立场、能源政策、能源发展重点等方面的异同,相关研究有待进一步深入。

中观层主要为企业及机构层面发布的文件或报告,如企业红头文件、机构政策文件、非财务报告等。随着监管者、投资者和政策制定者愈发重视 ESG 信息披露并将其纳入企业评估及投资策略,越来越多的企业开始主动披露 ESG 相关信息,进行 ESG 话语建构。目前,载有企业 ESG 话语的报告名称不一而足,例如企业社会责任报告、可持续发展报告、企业责任报告等。尽管这些报告名称不同,但都是对企业在经营过程中的非财务信息进行披露,没有本质差别。近年来,以沃尔玛、苹果公司、美国银行等为代表的大型跨国企业开始针对 ESG 信息披露进行 ESG 话语建构,发布专门的企业 ESG 报告。随着企业 ESG 话语在话语传播研究中的角色不断凸显,针对企业生态行为的话语研究也备受关注。如诺格德(Nørgaard, 2021)以丹麦能源企业沃旭能源(Orsted)为例,揭示了该企业如何通过话语完成从黑色能源到绿色能源的战略转型;蒋婷和张慧(2021)结合态度系统和语言生态位理论对中美企业广告话语中态度资源的生态性进行对比分析,探究其异同、成因及影响。企业 ESG 话语作为彰显企业文化、企业理念及企业运营的重要载体,具有提升企业国际形象的功能。

微观层由国际组织负责人发言、国家政府领导人讲话、企业家演讲、个人社交媒体推文等组成。如前所述,相关研究主要聚焦于国际组织负责人、政府首脑、企业 CEO 等颇具影响力的微观话语传播主体的正式或非正式、书面或口头的 ESG 话语实践(Wang et al. , 2019;Chimbarange et al. , 2013;黄国文,2017;李琳、王克非,2017)。例如,胡春雨、李旭妍(2018),胡春雨、谭金琳(2020),车思琪、李学沛(2021)从不同视角聚焦中美企业致股东信的话语特征对比研究,企业文化以及国家文化的差异性使得中美企业在针对股东进行话语建构上显现出较大区别。随着社交媒体等数字技术的迅速发展,ESG 话语传播内容的话语来源开始变得更加丰富,公众开始在社交媒体上进行 ESG 话语建构。例如,陈刚(2021)选取 2011 年至 2020 年各年度在雾霾议题上微博影响力排名前三十的帐号,通过统计分析其发布的相关内容主题,归纳其立场诉求与话语类型。可以看出,话语传播内容不仅受话语传播主体所在的社会文化、政治、经济等因素的影响,同时也受话语传播渠道发展的影响。

当前中国研究者对于 ESG 话语传播内容的关注主要聚焦于中观层,以企业 ESG 相关报告为重点研究对象。宏观层及微观层 ESG 话语传播内容研究虽有涉及,但国内研究视角较为单一,宏观层主要聚焦于国际层面,较少关注国内 ESG 话语传播内容。此外,现有国内 ESG 话语传播内容研究主要以官方发布的环境议题报道为主。宏观层 ESG 话语传播内容的重要组成部分,如国家出台颁布的 ESG 相关政策法规、公报报告等却鲜有涉及。这些文本包含了国家在生态问题上的主张及原则,代表了国家的生态立场,亟需关注。而微观层研究则以关注具有权威性及影响力的官方 ESG 话语传播主体的书面或口头 ESG 话语实践为主,仅有个别研究者关注公众的 ESG 相关议题话语实践,且依旧局限在具有一定影响力的互联网"公众人物"所进行的 ESG 话语实践。不同类型的 ESG 话语传播主体所承载的 ESG 话语传播内容代表不同的利益阶层和价值取向,因而,ESG 话语传播内容研究应当从更加丰富多元的视角展开,而非仅仅关注来自"特殊"主体的 ESG 话语传播内容。

9.2.3　ESG 话语传播渠道

习近平总书记指出:"全媒体不断发展,出现了全程媒体、全息媒体、全员媒体、全效媒体,信息无处不在、无所不及、无人不用,导致舆论生态、媒体格局、传播方式发生深刻变化。"①不同于传统媒体时代,负面信息很难被广泛传播,在当下的全媒体时代,话语传播渠道发生颠覆性变化,话语内容处理不当,就可能会无限发酵。虽然我国目前的互联网普及率已经超过全球平均水平六个百分点,但长期以来全球超过 90% 的新闻信息资源都掌握在西方媒体手中,近 70% 的海外话语传播对象是通过西方媒体来了解中国的。刘涛(2009)通过分析《纽约时报》《华盛顿邮报》《洛杉矶时报》中有关北京奥运会的新闻报道,揭示了西方媒体对于我国环境问题的报道不是纯粹地关注环境这一议题,而是上升为与人权问题并列的外交批评策略及外交修辞策略。受经济、政治、国家意识形态等多重因素影响,跨文化语境下的生态话语传播往往存在较为明显的"人为操控"现象,我国生态形象常被西方媒体扭曲化呈现(褚国飞,2010;阴卫芝、唐远清,2013;王积龙、李湉,2016)。魏榕(2022)通过对《中国日报》和《纽约时报》

---

① 习近平:推动媒体融合向纵深发展 巩固全党全国人民共同思想基础[EB/OL].光明网,http://m. gmw.cn/baijia/2019-01/25/32416167.html,2019-01-25.

中的中国生态形象及相关话语表征进行比较研究,发现美国媒体对于中国建构的中性与破坏性生态形象比例高于有益性形象比例。近年来,虽然外媒对我国生态形象的构建有所改善(申辰瑜等,2018),但是在国际舆论场域之中,失语就要挨骂。徐明华等人(2020)基于 Google News 新闻聚合平台比较、考察国际话语传播中关于中国、印度两国雾霾议题的呈现,指出印度因其具有西方亲缘性的政治形态在搜索指征上被赋予更多权重,而中国媒体的声音则几乎被掩盖。

随着全球化进程的推进,中国企业作为我国深度参与全球治理的中坚力量,更是 ESG 话语传播主体的重要组成部分。由于目前全球对于生态问题格外关注,企业越来越重视通过自身网站披露 ESG 相关信息以塑造企业形象(Fatma & Rahman, 2014)。也就是说,企业 ESG 话语传播渠道同样依赖于大众传播渠道。史兴松、单晓晖(2019)通过探讨中美金融企业英文网站上的企业简介,揭示了我国企业在外宣话语上的不足,以及在企业社会责任投入程度和 ESG 相关信息披露方面的不足;邓谊、冯德正(2021)对疫情期间餐饮企业的微信公众号推文进行体裁分析和多模态话语分析,为全媒体时代企业如何在社交媒体平台通过话语构建提升企业形象提供了参考和启示。此外,越来越多的学者(张志安等,2017;王琦,2019;张克旭,2019;赵永刚,2021)开始关注大众传播视域下中国企业形象的对比研究。中国企业的 ESG 话语建构已经不仅仅关乎企业形象,更是直接影响着受众对国家形象的公共认知,与中国的国际话语权密切相关。

然而,我国 ESG 话语传播渠道研究多局限于媒体报道,研究者主要通过比较中外媒体报道来进行 ESG 话语能力建设研究。虽然近年来伴随全媒体时代的发展,越发多元的新媒体传播渠道开始得到研究者的关注,但当前研究也仅仅是对少数传播媒介进行了初步探讨,且关注的多为 ESG 官方话语传播主体通过新媒体平台创建的官方话语传播媒介(如官方微博、企业微信公众号等)。其他类型的话语传播媒介,如贴吧、论坛、博客、(短)视频平台等,仍未引起足够重视。同时,信息获取渠道的多样化使得普通民众也在我国 ESG 话语能力建设中起到了至关重要的作用,研究者也应对这些非官方 ESG 话语传播主体的话语传播渠道提起重视,以此来引导国际社会全面客观地认识中国,塑造良好的中国生态形象。

9.2.4 ESG 话语传播对象

在传播过程中,话语传播主体、话语传播内容及话语传播对象这三大要素紧密相连,相互呼应。有鉴于此,笔者将 ESG 话语传播对象也分为宏观层、中观层和微观层(参见表1)。

表 1　ESG 话语传播三大核心要素层级分类

要素/层级	话语传播主体	话语传播内容	话语传播对象
宏观	国家(或地区)及国际组织,如联合国、世界贸易组织、各国政府等。	国际组织的协议协定,政府部门的政策法规,如《全球可持续发展目标》《上市公司治理准则》等。	其他主权国家及国际组织,如合作国家、组织成员国、政府监管部门等。
中观	企业及机构,如中央企业、跨国企业、研究机构等。	企业红头文件、机构政策文件、非财务报告、研究机构报告,如华为《可持续发展报告》等。	企业及机构,如合作企业、研究机构等。
微观	个体层面,如政府首脑、企业家、员工等。	国际组织负责人发言、国家领导人讲话,企业家演讲,员工访谈,个人社交媒体推文,如特朗普关于退出《巴黎协定》演讲、任正非访谈对话等。	个体层面,如投资者、客户、员工等。

现有 ESG 话语传播对象研究主要对涉及企业绩效的话语传播对象进行探析。例如有研究者(黄玉波、雷月秋,2021)依据环保态度和消费行为聚焦三种类别的消费者,探讨消费者如何识别企业"漂绿"手段;也有研究者(邵珊珊、彭俊,2021)对淘宝、京东以及亚马逊三大电商平台的消费者的评价话语进行对比分析,揭示了中外电商消费者生态观的异同及潜在原因;再如,有研究者(Zhang & Vázquez, 2014)关注在旅游网站猫途鹰(Tripadvisor)上发布的酒店对于消费者投诉进行的回应,调查了酒店在应对消费者投诉时使用的话语结构特征。值得注意的是,虽然笔者将话语传播对象分为宏观、中观及微观三个层面,但全媒体时代带来的话语传播渠道革新使得话语传播主体与对象二者的界限愈发模糊。

互联网的普及不仅代表着话语传播渠道的变化,也深刻影响着话语传播对象乃至整个传播格局。伴随着话语传播渠道的多元化，话语传播对象在传播过程中其"身份"也发生了变化，其中最显著的变化当属"网民"的出现。截至2021年6月，我国网民规模达10.11亿，互联网普及率达到71.6％，其中手机网民达10.07亿。[①] 在全媒体时代，互联网已然成为具有巨大影响力的舆论场，信息披露的透明化使得话语传播主体必须切实重视潜在的话语传播对象，努力做到精准投放，针对潜在多元的话语传播对象，在话语传播内容和话语传播渠道方面做出多方考虑，以此来达成与传播对象的沟通。

当前，中国ESG话语建构研究对话语传播对象的关注不够，相关研究多聚焦于与企业经济效益直接相关的话语传播对象，研究范围较为局限。ESG话语建构必须充分考虑话语传播对象的习惯和需求，不能形成"我说你听"的单向宣传，否则就无法形成有效的ESG话语传播。因此，我们需要加强对ESG话语传播对象研究的重视，拓展研究范围，了解传播对象的需求。这不仅是ESG话语传播成功与否的关键，也是我国ESG话语建构研究必须直面的挑战。

9.2.5　ESG话语传播效果

ESG话语传播效果是指话语传播主体的目的是否达到传播效果，主要表现为传播对象在接收话语传播内容后产生思想或行为上的改变，传播效果通常在话语能力建设研究中占有极为重要的地位。

在一定程度上，ESG话语传播效果取决于其话语传播渠道。研究者主要通过关注利用大众传播媒介所进行的传播活动对话语传播效果进行探析。例如，方格格（2018）聚焦中外媒体关于"一带一路"倡议的新闻报道，探析了中外针对该倡议的情感偏向和态度立场，对其国际传播效果做出了初步判断；戴佳、季成浩（2020）围绕微博垃圾焚烧议题揭示了2013年到2017年间相关话语传播主体的竞合演变规律，探索了官方及民间主体的话语特征变迁，双方最终就倡导"垃圾分类"达成有限共识，塑造关于该议题的社会认知；韩晓宁等（2021）聚焦疫情期间国内的健康信息传播，考察了政府媒体和社交媒体等多元话语传播主体就健康议题的议程设置效果。

此外，也有研究者通过关注与企业经济效益相关的其他ESG话语传播要

[①] 中国网民超10亿意味着什么[EB/OL]. 中国新闻网 https://www.chinanews.com.cn/cj/2021/08-27/9552657.shtml，2021 - 08 - 27.

素展开话语传播效果研究。例如,黄河、杨小涵(2020)通过对比分析两种绿色广告诉求,对消费者的态度评价进行探查,发现当广告中使用自然图片对"环境友好"特征进行强调时,消费者对企业的评价更为积极,更容易对企业的环保行为产生信任,从而进一步增强企业的话语传播效果;曾秀芹等(2022)则关注女性主义广告,探讨了不同议题女性主义广告的传播效果及差异。除了以消费者为代表的微观话语传播对象,致股东信作为一种重要的、正式的企业传播媒介,也同样受到很多研究者关注。不少学者(Murray, 2013; Geppert & Lawrence, 2008; Craig & Brennan, 2012)通过关注企业 CEO 致股东信中的话语建构,揭示了话语传播内容与企业声誉之间的显著关联,发现致股东信常常被企业管理层用来作为企业声誉管理的话语工具。

可以看出,中国 ESG 话语传播效果研究在研究视角及研究对象上较为零散无序,缺乏深入系统研究。如前所述,话语传播渠道在 ESG 话语传播效果中占据较大比重,尤其是在当下全媒体环境下,报刊、电视等传统话语传播媒介与互联网、智能手机等数字技术融合为新的话语传播媒介,使 ESG 话语传播的效果更为凸显。研究者更应立足于新媒体下的话语传播语境,拓展不同语境下的多元议题研究,如 ESG 话语传播渠道的覆盖范围、话语传播的时效性、话语传播对象的参与度等,这将有助于厘清不同视角下的 ESG 话语传播效果,助力 ESG 话语能力建设。

9.3 中国 ESG 话语能力建设的研究路径

作为生态话语研究的新兴领域,以问题为导向的 ESG 话语日益受到语言学、生态学等不同领域学者的广泛关注,已经发展成为多学科聚焦的综合研究领域。笔者基于上述 ESG 话语能力建设中的五大构成要素,分别对其研究路径进行探讨。

9.3.1 ESG 话语传播主体的话语批判路径

笔者认为批评话语分析范式是当前研究 ESG 话语传播主体的主流研究路径,相关研究多关注中观层话语传播主体。根据费尔克劳(Fairclough, 2003)和沃达克(Wodak, 2011)的观点,批评话语分析旨在分析语言、权力和意识形态的关系,关注话语内部语言使用和与其相关的社会文化因素之间的联系。例如,戴桂玉、仇娟(2012)采用批评话语分析中费尔克劳的三维分析框架,从及物性过程和态度资源两方面对生态酒店简介的话语特征进行描述,阐释语言、环境和社会之间的联系与互动;同样,李小萌(2017)以汇丰控股为例,依据费尔克劳的三维分析框架考察企业采用怎样的话语策略来传递风险观念,从而影响投资者的决策;尼尔森和埃林森(Nilsen & Ellingsen, 2015)基于批评话语分析范式调查了挪威旅游公司的生态环保意识,研究发现,尽管大多数公司都将环境问题列入议程,但这些公司在实际商业合作中并没有将环境问题考虑在内,整体表现出来的是一种对环境的漠视态度。此外,也有学者将批评话语分析与语料库方法相结合,对 ESG 话语传播主体展开探讨,如亚历山大(Alexander, 2018)通过分析可口可乐及世界自然基金会在水资源保护方面的合作,揭示大型跨国公司如何通过话语进行"漂绿",探析它们话语中的非生态因素及其对环境的消极影响。可以预见的是,随着数字人文范式的推进,ESG 话语传播主体研究将会成为批评话语分析与语料库研究相结合的重要研究领域。

9.3.2　ESG 话语传播内容的生态系统路径

在 ESG 话语传播内容研究中,笔者发现研究者多采用积极话语分析范式进行话语研究,韩礼德的系统功能语言学(System-Functional Linguistics)是其研究主流范式。例如,赵蕊华(2016)基于及物性系统理论对生态评估报告中话语的语域、语义和词汇语法三个层面进行多层次分析,呈现了话语在构建生态系统中各参与者身份的连贯性。黄国文(2016、2018)基于中国语境,提出了具有中国本土特色的和谐话语分析概念,旨在促进人与人之间、人与其他物种之间、人与自然之间以及语言与生态之间的和谐关系。孙莉、杨晓煜(2020)结合评价理论对"百篇网络正能量文字作品"中的态度资源进行生态话语分析,揭示了语言对构建和谐社会的积极作用。随后,在韩礼德系统功能语言学的指导下,基于黄国文提出的一个基本假定("以人为本")和三条原则("良知原则""亲近原则"及"制约原则"),赵蕊华和黄国文(2021)建构了和谐话语分析框架,并通过案例分析展示该分析框架的适用性,为分析中国语境下的 ESG 话语提供了更广阔的视野。随着系统功能语言学及生态语言学在中国的繁荣发展,以和谐话语为基础的 ESG 话语传播内容将会引起更多关注。

9.3.3　ESG 话语传播渠道的多元分众路径

当前,ESG 话语传播渠道研究多聚焦于媒体报道,研究者主要基于中外媒体报道,采用批评话语分析范式进行话语比较研究。例如,卡瓦略(Carvalho, 2005)通过借鉴费尔克劳、范戴克(van Dijk)、沃达克等人的批评话语分析研究方法建立研究框架,比较分析了《卫报》《独立报》和《泰晤士报》三家英国报纸在气候变化方面的话语建构策略;村田(Murata, 2007)通过范戴克的社会—认知研究方法全面考察了英日两国媒体报道中捕鲸话语在词汇、句法结构和修辞手段使用等方面的话语特征。同时,有些研究者采用将语料库和批评话语分析相结合的方法,如钱毓芳(2016)通过收集《泰晤士报》《卫报》等英国主流报刊2000年以来有关"低碳"(low carbon)经济的报道,自建语料库,进行基于语料库的批评话语分析,结果表明,这些主流报刊中的低碳话语对政府的声音进行着有效地传递,并对公众低碳意识的形成产生重要影响。此外,亦有学者采用积极话语分析范式对ESG话语传播渠道展开研究,如贝德纳雷克和卡普尔(Bednarek & Caple, 2010)根据评价系统理论对澳大利亚大报《悉尼先驱晨报》环境报道中的语篇及图像进行话语分析,并从批评话语分析和积极话语分析两个方面进行分析探讨;赵蕊华、黄国文(2019)结合系统功能语言学理论与语料库方法,对1997至2018年间《人民日报》、新华网及中国环境网等权威媒介发布的国内十大新闻和十大环境新闻进行话语分析,展现了汉语的生态和谐化进程以及我国生态事业的发展特点。面对数智时代的挑战与机遇,中国ESG话语传播渠道的分众化、多元化与个性化特征将成为研究的新焦点。

9.3.4　ESG话语传播对象的身份流变路径

如前所述,全媒体时代使得话语传播渠道变得更加多元,话语传播对象的"身份"亦产生变化,互联网平台为研究者提供了了解话语传播对象特点及需求的机会。研究者主要通过将语料库方法与传统话语分析相结合,展开ESG话语传播对象研究。例如,科蒂克等人(Koteyko et al., 2013)聚焦英国《每日邮报》网站数据库中在"气候门"事件后有关气候变化报道下的读者评论,通过词汇特征提取,结合批评话语分析,揭示了读者对气候科学的构建在"气候门"事件前后的态度转变。随后,贾思珀等人(Jaspal et al., 2013)聚焦前序研究的子语料库,使用范戴克的社会—认知研究方法就"科学"及"科学家"这两个与气候科学相关的高频关键词展开更为细致的探讨。邵珊珊、彭俊(2021)则通过语料库方法对三大电商平台消费者的评论话语进行采集、建库及数据处理,进而结合评价理论及情感分析理论对其进行生态话语分析。在传播对象日益多样化的趋势之下,如何实现中国 ESG 话语传播对象的精准化和可预测性,将是未来研究的重要突破点。

9.3.5 ESG 话语传播效果的数据挖掘路径

ESG 话语传播效果研究中的话语分析主要聚焦大众传播渠道下的话语传播活动。同 ESG 话语传播对象研究一样,研究者大多采用语料库方法进行语料采集,进而结合传统话语分析对提取的话语特征进行阐释分析。一些学者将语料库方法与批评话语分析相结合,如基姆(Kim, 2014)通过对 1998 年至 2010 年间 CNN、《新闻周刊》和《纽约时报》三家美国主流媒体发布的与朝鲜有关的新闻报道进行语料收集,对词项、搭配等特征进行提取,结合批评话语分析揭示了报道中有关亲美或反美国家分组对于朝鲜国际关系的影响;奥玛拉·希梅克等人(O'Mara-Shimek et al., 2015)通过收集 2008 年环球股灾的媒体报道,自建语料库,基于查特斯·布莱克(Charteris-Black)的批评隐喻分析方法探讨了金融新闻中如何通过隐喻包装信息,影响新闻读者对该事件的认知,最终影响他们作为消费者的行为。此外,也有研究者将语料库方法与积极话语分析相结合,如曹进、刘贵阳(2021)对腾讯体育中所有的 NBA 战报类新闻标题进行建库,基于及物性系统理论对新闻标题中的暴力话语进行生态话语分析,探究讨论了其对话语传播对象的影响。可以预见的是,中国 ESG 话语传播效果将是未来研究方法亟待突破的重要维度之一,话语传播效果的大数据挖掘、分析与动态数据库建设值得关注。

当前,尽管国际 ESG 指标体系相对完善、成熟,但缺乏对中国国情的深入了解,在评价指标的设置上缺少区域化设置,其评价指标体系并不完全适用于中国。[①] 随着国家参与全球治理以及"双碳"目标的明确,服务中国 ESG 话语能力建设的研究将日益重要。对于中国 ESG 评价指标体系的建设和评价应考虑本土特点,这也对中国语境下的 ESG 本土话语能力建设提出要求和挑战。探究我国 ESG 话语能力建设的基本问题和研究路径,可以拓展我国生态话语的研究维度,推动生态话语的理论创新,对于促进我国的生态文明建设、实现高质量发展具有重要的理论和现实意义。本文聚焦国家话语能力五大构成要素,

---

① 本土化 ESG 评级体系构建的要求与挑战[EB/OL]. 财新网, https://opinion. caixin. com/2020-12-09/101637429. html, 2020 - 12 - 09.

探讨我国 ESG 话语能力建设的五个基本问题领域。中国 ESG 话语能力建设刚刚起步,现有 ESG 话语主要还是通过国家发布的宏观政策及官方发言来引导,政策的完善程度及对 ESG 话语建构的重视程度相较于国际仍有较大差距。当前,全媒体时代下的 ESG 话语传播正日益引起关注,基于话语传播主体、话语传播内容、话语传播渠道、话语传播对象及话语传播效果五大问题领域,提升符合中国语境的 ESG 话语能力,是当前我们需要解决的重要任务与课题。在研究路径探索方面,ESG 话语研究主要以批评话语分析和积极话语分析两大研究范式为主。从当前研究现状来看,语料库与传统话语分析相结合的生态话语研究范式刚刚起步,将二者有机融合,拓展以数据驱动为核心的话语分析研究新范式,是今后中国 ESG 话语能力建设的重要研究途径。考虑到中国经济发展强调经济、政治、文化、社会、生态文明建设“五位一体”的总体布局,我们在推动 ESG 话语能力建设时必须在借鉴国际 ESG 评价指标体系的基础上,兼顾实现我国的宏观战略目标及政策取向,注入鲜明的本土元素。

10

新时代全球治理人才的外语能力建设

　　进入新时代,中国参与全球治理的步伐日益加快,加强全球治理人才队伍建设已经成为一项刻不容缓的战略任务。国内关于全球治理人才培养的研究主要分为两类:第一类研究聚焦于国际组织人才培养现状与政策建议(阚阅,2016;彭龙,2017;黄明东、陶夏,2018;尤佳,2018;吴志成、王慧婷,2019;赵龙跃,2020)。第二类是国际组织人才培养的国际比较研究(郦莉,2018;张汉、赵寰宇,2019;郭婧,2019)。上述研究均认为外语能力对于国际组织人才培养具有重要性,但目前尚无研究讨论全球治理人才培养中的外语规划问题。进入21世纪以来,外语界致力于国际化外语人才培养研究(顾伟勤、梅德明,2008;王宁,2009;戴炜栋,2010;庄智象等,2011;蒋洪新,2019),在人才培养体系、课程与教学等领域进行了深入探讨,体现出外语界对接国家战略的前瞻思考。但是,随着中国从本土型大国向国际型强国转型,国家对于国际化(型)人才的需求有了重大转变。全球治理人才是对国际化人才的全面超越,两者在人才定位、培养目标和价值取向上有很大差异,这对现有的国际化人才培养体系、课程体系、学科体系和知识体系的变革都提出了新的挑战。近年来,已有研究论及全球治理对外语教育改革的宏观需求(洪岗,2019;沈骑,2019;沈骑、曹新宇,2019;郭英剑,2020 等),但对全球治理人才的外语规划研究有待深入探讨。

　　作为一个新兴发展中大国,中国对全球治理人才的培养目标和价值定位与西方国家不尽相同。中国参与全球治理需要一大批熟悉党和国家方针政策、了解我国国情、具有全球视野、熟练运用外语、通晓国际规则、精通国际谈判的专业人才。正如教育部副部长吴岩(2019)在提出"大外语"概念时指出,高等外语教育关系到人才的培养质量,关系到中国同世界各国的交流互鉴,更关系到中国参与全球治理体系的改革建设。在新时代,外语界需要以全新的眼光来审视全球治理人才的外语规划这一新命题。本文通过回顾中华人民共和国成立 70 多年来中国对外交往与外语人才观的互动发展,基于全球治理理论,分析全球治理人才的外语需求,提出建立全球治理人才外语规划体系的构想。

10.1 中国对外交往与外语人才观的互动发展

李宇明(2010:3)曾指出:"外语是国家行走的先遣队,国家到哪里,外语就要先走到哪里。"这句话阐明了国家对外交往与外语规划的互动联系。外语规划是语言规划的重要领域之一,是一项重要的人力资源发展规划(Cooper, 1989)。培养外语人才是国家为了满足现代化建设、文化与知识传播和国际化等现实需要的语言教育规划行为(Kaplan & Baldauf, 2003)。外语人才培养体现出强烈的国家意识,国家和社会需求是其外驱动力。外语人才观,即培养外语人才的定位,则是外语规划的内在核心,是外语规划的培育目标。尽管文秋芳(2014)、戴曼纯(2016)、胡壮麟(2020)和郭英剑(2020)都提及外语人才分类与定位的问题,但在各类外语专业培养计划或教学指南中,外语人才的定义都较为模糊。一个重要原因就是外语人才的界定标准不是固定不变的,而是与时俱进、动态发展的。从人力资源管理的角度看,凡人才者,一般都应具有创造性的劳动,有一定的专业知识或专门技能,对社会进步与发展有促进性和贡献性(姚凯,2019)。在不同历史时期,国家对外语人才的需求是与具体历史时期和现实社会互动发展的,同时对外语人才的界定也取决于外语学科的自我定位与发展。回顾中华人民共和国成立以来的外语教育史,外语人才观在中国逐步走向国际的历史进程中几经变迁并与之互动发展。

10.1.1 从"翻译干部"到"万金油人才"

中华人民共和国成立之后,外语规划服务于中国现代化建设和对外交往,外语教育是一项政治任务。在 20 世纪五六十年代,中国还没有参与各领域国际机制的治理活动,在东西方对抗的国际环境下,中国仅保持了与社会主义国家和发展中国家的多边外交。在这样的国际形势下,当时国家对外语人才的需求主要限于外交外事领域和技术领域的翻译干部(许国璋,1992),涉及的语种也很有限。自 1971 年中国恢复联合国合法席位,以及 1979 年中美建交之后,中国开始逐步进入国际舞台并发挥作用,逐渐从国际机制的"局外人"转变为

"局内人"。这一外交新形势使得国家对外语人才的需求也有所增加。为了能够在短时间内培养一大批外语翻译干部,外语人才培养逐步形成了以语言为中心的知识体系,专业设置也主要以语种划分,不可避免地形成了以语言基本功训练为基础的外语人才培养模式。受苏联教育模式和语言工具主义影响,当时外语人才的培养专注于语言知识和语言技能的培养。在此模式下,中国培养了数以万计的外交、外事战线的翻译干部,他们为中国走上国际舞台做出了重要贡献。

改革开放以来,中国全面融入国际社会,外语人才培养随之加速,人才规模和整体质量都有了明显的提高,外语学科体系和专业建设也取得了显著进步。在"引进来"导向之下,社会对外语人才需求倍增,尤以科技领域和经济领域对接国际的需求最高。外语人才一度被视为"万金油"。事实上,"万金油"的说法暴露出当时外语人才培养存在的隐忧。一方面,这说明社会对外语人才的需求量很大,以语言基本功为主导的外语人才,可以直接满足企事业单位对接国际化的现实需求。但另一方面,这一说法恰恰说明了外语人才缺乏专业内涵,外语人才的专业性与创新性价值被淡化。在"万金油"人才观之下,外语人才仅能满足一般通用性语言沟通和交流需求,缺乏人文知识积淀和专业知识培养。许国璋(1989:2)就曾批判过这一现象:"试想英语好就是学问,那么英国美国街上都是学问家了? 西方历史在你的脑子之中,有自己的见解;你对西方的现状了如指掌,能说出它的发展方向,这可真是你的本领。"1992 年,他又一次深刻反思"外语界人才,只要求你会外语,此外别无所求"的培养目标,警告外语学科这种单一狭隘的培养模式会导致"生源愈来愈狭,档次愈来愈低,陷于困境而不知自拔,背于时代而不知转身,徒唤奈何而已"的现实困境。他更是发出"我们不曾听见培养出英国通、美国通、法国通,也没有听说有什么国际法专家、海事法专家、保险法专家,只听见培养出翻译干部"的质疑之声(许国璋,1992:1)。许先生这一系列观点充分体现出他超前敏锐的洞察力和战略眼光。

10.1.2　从"复合型"人才到"国际化"人才

随着改革开放日益深化,国际化逐步成为中国外语人才培养的主要目标。20 世纪 90 年代,在市场经济导向和对外交往活动日益增多的背景下,我国外语人才培养开始尝试"复合型"人才培养模式。这一时期,一些外语类院校就外语人才培养提出"复合型"的改革口号,希望走出单纯的语言技能培养模式,开始探索外语人才多元发展的道路。例如,上海外国语大学在英语专业的基础上，增设国际新闻、国际贸易、外事管理等"复合型"专业（戴炜栋，1989）。自 20世纪 90 年代至今，"复合型"外语人才在市场经济发展的大潮中备受青睐，成为就业市场的"香饽饽"，这也成为当时外语人才培养的一个亮点。"语言＋专业"的"复合型"人才培养模式成为外语人才规划的一大特色。

2001 年，中国加入世界贸易组织，由此开始在全球经济治理中扮演建设者与贡献者的角色（刘宏松，2019）。21 世纪初，中国"入世"和北京申奥成功在很大程度上推动了外语人才"国际化"培养模式的产生。"国际化"人才培养是在"复合型"人才的基础上，增加国际视野的能力培养。例如，有的大学将"国际化"外语人才确定为能参与国际事务和国际竞争、具有较强的跨文化沟通能力和多语种能力的人才，增加了选修课程体系，如国际政治、国际关系、国际经贸等专业方向课程（庄智象等，2011）。有的院校在"国际化"人才培养中，还增加了国际组织或驻外机构的专业实习模块（顾伟勤、梅德明，2008），以提高国际化外语人才的实践能力。

应该说，"复合型"外语人才观和"国际化"外语人才观在培养理念和培养方案上都具有创新意识。但是 30 多年来，"复合型"外语人才培养模式却一直备受争议，其内涵有待商榷。就现有人才培养效果看，"复合型"外语人才和"国际化"外语人才存在两大问题：一是由于学科受限，上述两类外语人才来源以人文和社科专业为主，无法向理工医农等专业领域深入与推进。20 世纪 80 年代国内曾有理工科高校"试水"科技英语专业人才培养，但这一"复合型"外语人才培养模式并没有持续下去，个中原因值得深思。总体而言，语言与专业的复合效果并不理想。二是高层次"复合型"人才或拔尖外语人才还明显不足。"复合型"人才往往被诟病为语言不佳、专业不精的"四不像"。在"复合型"外语人才培养中，"小才拥挤，大才难觅"的结构性人才供给失衡现象较为普遍。很多外语人才无法胜任国际化专业领域的工作和高层次的学术研究，专精外语而且精通一门专业的高水平人才更是凤毛麟角，每逢重大国际场合和重要国际谈判时，都会出现高水平外语人才"一将难求"的现实窘境。正如蒋洪新（2019）所言，在"复合型"外语人才培养中，存在重技能轻素质、重专业轻通识、重应用轻文化的问题。

上述问题的出现，需要从学理层面进行深入的讨论，更需要加强教学实践层面和社会需求层面的研究。"复合型"外语人才培养之所以效果不彰，在一定程度上是由于缺乏全面的外语规划体系。一方面，外语规划需要建立在客观和系统的社会需求分析基础上，社会需求是关键，如果"复合型"外语人才培养是社会所需,特别是对国家走向世界能够提供有力的人才支撑,那就应该着力建构以培养"复合型"人才为导向的人才培养体系,而不应该以现有学科体系为导向。另一方面,"复合型"外语人才培养需要打破专业壁垒,突破学科界限,实现教学资源的优化配置。"复合型"外语人才培养是一项较为复杂的系统工程。30 多年"复合型"外语人才培养为新时代外语人才规划积累了宝贵的经验,是外语教育规划对接中国"走出去"战略的一次重要尝试,对于全球治理人才的外语规划具有现实参考价值。

10.2 全球治理人才的外语能力需求分析

10.2.1 中国参与全球治理的人才挑战

2019 年,党的十九届四中全会提出国家治理体系与治理能力现代化建设的重要任务。全球治理是国家治理在全球层面的延伸与拓展,是管理与规范人类世界的一种现实活动(俞可平,2002)。进入新时代,中国逐步走向世界舞台的中央,国际定位发生了明显的转变。孙吉胜(2019)认为从中华人民共和国成立至今,中国在国际体系中的角色定位经历了局外人、接触者、被动参与者、努力融入者与积极参与者的改变,已经开始从参与和深度参与发展为在某些领域发挥一定的引领作用。在全球治理议程上,中国正从规则接受者向制定者转变,从被动参与者向主动塑造者转变,从外围协商者向核心决策者转变。

当前,全球治理面对的问题、矛盾和挑战不断,中国亟须在四个方面提高全球治理能力,即着力增强规则制定能力、议程设置能力、舆论宣传能力和统筹协调能力。这四种能力背后是国家实力的博弈,归根到底是人才的竞争。国家对全球治理人才的需求将是全方位的,不仅仅是培养一般意义上的外交外事人员,也不仅限于培养单纯掌握外语技能的翻译人才。全球治理所需的四种能力是与全球治理内在机制相互关联的。全球治理内在机制分为规范治理(Normative Governance)、技术治理(Technical Governance)和机构治理(Institutional Governance)三个维度(Clarke & Edwards, 2004)。规则制定能力对应全球治理机制的顶层设计,属于规范治理层面的能力;议程设置能力和舆论宣传能力则与全球治理管理和规划层面密切相关,属于技术治理层面的能力;统筹协调能力与全球治理机构运行有关,属于机构治理层面的能力。近年来,中国在全球治理组织、机构以及各类国际合作中扮演着日益重要的角色,对全球治理人才的需求在数量和质量上均有大幅增长,因此全球治理人才队伍建设应该未雨绸缪,加快培养,提前布局。

10.2.2　全球治理人才的外语能力分类

中国对全球治理人才的培养首先应该坚持以立德树人为标准,培养具有坚定的政治信念、家国情怀、全球视野,具有社会主义理想的栋梁之材。此外,多元多层的全球治理人才需要具备多样化的外语能力。这些能力的培养,需要的是对现有外语人才培养体系的守正与创新,对现有外语人才培养模式的继承与超越。基于全球治理内在机制的三个维度,笔者认为全球治理人才的外语能力可分为六类:一是外语技能,即全球治理人才的语言基本功,包括听说读写译的语言技能与语言沟通能力,也包括同传翻译的专业技能;二是语种能力,即全球治理人才掌握的多语种能力,特别是具备一定的非通用语种能力;三是跨文化沟通能力,即全球治理人才面对国际多元文化环境,能够有效开展跨文化沟通与交流的能力;四是区域国别知识,即全球治理人才对全球不同地区与国家的政治、历史、社会、文化等知识的了解和熟悉;五是国际话语能力,即全球治理人才通晓国际话语体系规则,善于融通中外话语体系,能够用国际话语讲好中国故事、传播中国声音的能力;六是专业外语能力,即全球治理人才能够在各自不同的专业领域或不同类型的行业运用外语开展工作的能力,这里的专业外语能力包括人文、社会、理工医农等专业大类领域的外语能力。基于这六项能力分类,我们可以从全球治理内在机制的三个维度对不同治理人才的外语需求进行分析,参见表2。

表 2　全球治理人才的外语需求分析表

类型	能　力					
	外语能力	语种能力	跨文化沟通能力	区域国别知识	国际话语能力	专业外语能力
规范治理人才	++	+	++	++	+++	++
技术治理人才	+	++	+++	++	++	+++
机构治理人才	+++	+++	+++	+++	+++	+

注:表中"+"数量表示某项能力的重要性权重大小。

10.2.2.1 规范治理人才的外语需求

规范治理是对国际体系应然状态的规则、理念与愿景的塑造,这与全球共同体意识及价值理念密切相关(Clarke & Edwards, 2004)。全球价值体系具有三个不同的层次(蔡拓等,2016),其中,第一个层次是全球范围内达成共识的价值,如联合国的"千年目标"和中国提出的"人类命运共同体"倡议;第二个层次是在不同全球问题治理领域中提倡的价值观,如在全球气候变化应对中的责任原则,以及全球重大公共卫生领域中对流行病疫情的公开透明原则等;第三个层次是不同国家、国际组织和非政府组织应对新的世界性问题所提出的各自的价值理念。

规范治理层次的全球治理人才的定位是在国际舞台上具有领导能力和国际话语权的国际组织或区域组织的高级管理人员、专业机构或非政府组织的首脑、商界领袖和职业外交家等。以联合国高级职位人才为例,这类人才通常需要具备几个基本条件:精通外语、有所任职位需要的专业知识、有较为丰富的工作经验特别是国际工作经验、能适应国际工作环境等(何银,2016)。这一层次人才是当前中国参与全球治理最为缺乏的"全球通"人才,对这类人才的外语能力要求应该是全方位的,不仅仅要有外语技能和跨文化能力,而且应该能够融通中外话语、熟悉党和国家方针政策、了解我国国情、具有全球视野、熟练运用外语、通晓国际规则、精通国际谈判。因此,"全球通"人才需要具备高素质、高水平、复合型外语能力。

10.2.2.2 技术治理人才的外语需求

技术治理是指在双边、区域和全球等层面上为解决现实政策难题提出安排与决定,根据政策属性,技术治理具体分为科学治理与社会治理两个方面(Clarke & Edwards, 2004)。科学治理的范围涉及物质世界遭遇的自然和人为灾难,如对环境污染、全球变暖、森林砍伐等全球性问题的治理;社会治理是指应对人类社会各类关系的创立、规范和制度化的手段,例如对国际反腐、国际安全和发展援助等全球社会热点问题的治理。

技术治理不仅体现出全球治理中多层治理的特征,同时对治理人才提出了专业化的需求,即需要"专家级"人才。一方面,技术治理需要大量科学技术专家和研究人员,这些专家型人才可以代表各自国家政府和科研机构,在国际组织、区域组织、非政府组织或跨国公司等机构任职,负责为全球治理提供智力支持;另一方面,技术治理同样需要大批从事国际政策和法规研究的专业学者和智库专家,参与全球治理政策制定、调整与评估工作。

　　科学治理人才与社会治理人才都必须拥有自己的专业能力,并在全球治理多层领域中具有国际影响力和专业权威性。这类专家型人才不仅需要具备一定的外语能力和跨文化沟通能力,还必须拥有专业外语能力,如专门用途英语与其他国际组织工作语言能力,即能够在国际上利用外语在专业领域工作的能力。此外,区域国别知识和国际话语能力在技术治理的国际话语共同体中也很重要。

10.2.2.3　机构治理人才的外语需求

　　各类国际机构在全球治理体系中扮演着重要的角色。现有主要的国际机构都是"冷战"时期的产物,因此,有效的全球治理需要众多国际机构的现实转型,同时也需要建立能够适应多层治理体系的新型国际机构。机构治理在政策创新、议程设置、促进全球对话与合作、加强国际和公民社会参与等方面发挥着重要作用,是全球治理新秩序建立与发展的关键。这就对机构治理人才队伍建设提出了多元化的要求。以机构治理为服务对象的人才就是国际组织人才,也被称为国际公务员。这类人才构成分为三个层次:初级公务员是从事行政、后勤和技术支持服务的翻译与文书等人员,这个层次的工作人员需要语言能力出众,能够提供优质的语言服务;中级公务员是指胜任国际组织具体领域或专业工作的"组织人",这个层次的工作人员除了需要具备外语沟通能力之外,还需具有多语能力和跨文化沟通能力,并且具备丰富的区域国别知识,从而可以在世界各地赴任,处理与应对各类国际事务;高级公务员是指在国际组织中具备全球领导能力的高级管理人员,即"政治人"(汤蓓,2019),国际组织高级别官员除了需要具备较高的外语能力以及深厚的区域国别知识外,还应具有从事国际政治谈判等工作所需要的国际话语能力。

　　综上,全球治理人才的外语需求不仅多元,而且是分层次的。从人才专业看,全球治理既需要语言技能过硬的外语专业人才,也需要精通专业领域、外语能力出众的复合型人才。从外语语种来看,全球治理人才既需要精通英语或其他工作语言,也需要具备一定的非通用语种能力。从知识体系来看,全球治理人才不仅需要具备扎实的区域国别知识,也需要出色的国家话语能力。从人才素养看,全球治理人才既需要具备深厚的跨文化人文素养,也需要具有在国际舞台上纵横捭阖的外语应用能力。如此多元多层的外语需求,对全球治理人才的外语能力培养提出了高要求,构建服务全球治理人才培养的外语规划体系势在必行。

10.3 全球治理人才的外语规划体系构想

构建全球治理人才的外语规划体系是中国外语教育规划的一项重要任务。基于全球治理人才的外语需求分析,笔者认为应从如下四个方面构建外语规划体系。

第一,做好顶层设计,确立外语规划新机制。全球治理人才培养问题是中央高度重视的人才问题,外语规划是全球治理人才培养中的重要环节,需要引起相关部门的重视。我们建议教育部可以参考美国关键语言战略规划以及语言资源中心建设的经验,成立一个专司全球治理人才外语规划的机构。考虑到高校是人才培养的主阵地,我们建议在教育部统一管理下,成立一个全球治理人才外语规划工作领导小组,统筹负责规划工作,根据不同院校的特点,可以制定分类分层的外语规划方案,确立集外语需求调查、人才培养质量标准体系、教学体系、课程体系和学科体系于一体的外语规划机制,在人才规格、资源投入、师资调配等方面进行合理规划。做好顶层设计,确立外语规划新机制有利于将人才外语能力培养工作提升到战略高度,推动各培养单位真正把工作落实到位。例如,"双一流"大学可以瞄准规范治理领域的"全球通"人才的外语规划,着力提升多样外语能力;一流学科高校的优势学科可以聚焦技术治理领域的"专家型"人才的外语规划;语言类大学可以利用多语种教学和区域国别研究优势,集中力量培养机构治理所需的国际公务员。

第二,开展需求调查,建立人才质量新标准。全球治理人才外语规划是一个复杂的动态系统,需要尽快开展需求调查,调查不同治理层次和领域对人才的外语现实需求。同时,中国参与全球治理是一个长期过程,因此,相关部门还应当建立长期跟踪调查机制,为外语规划提供战略预测的数据支撑。基于扎实可靠的需求调查数据,外语规划工作领导小组可以建立多元多层的全球治理人才外语质量标准体系。这一质量标准体系具有战略特殊性,应该有别于现有的外语专业人才培养的国家标准,因为全球治理人才的外语需求已经超越了现有外语专业人才培养体系。例如,专业领域外语能力和国际话语能力都是新的需求增长点,需要建立以能力培养为导向的新标准。

第三,推动教学改革,构建人才培养新模式。外语规划的实施离不开教学改革和人才培养模式的创新。自改革开放以来,我国外语教学始终在改革中创新求变,推动外语教育质量稳步提高。全球治理对中国外语教学提出了更高的要求,即在普遍提升高等外语教育质量的基础上,在部分试点院校培养全球治理高层次人才项目中建立外语特区,创新人才培养模式。一方面,试点院校需要汲取30多年来"复合型"外语人才培养的经验,推进教学改革试点工作,打破现有外语教学的专业界限、学科界限和院系壁垒,构建以全球治理各类人才培养为导向的新模式;另一方面,试点院校通过选拔优秀人才,在夯实语言基本功和跨文化能力等人文素养教育的基础上,增加非通用语种外语教学和区域国别知识的教学资源投入,同时融合国际话语能力和专业外语能力培养于新的教学模式之中,全面提升全球治理人才的综合外语能力。

第四,实施课程整合,促进学科交叉新范式。全球治理人才的外语规划需要建设具有针对性的基础课程群、核心课程群和拓展课程群三个课程体系。首先,基础课程群以外语能力为核心,整合多语种课程和文化类课程于一体,以提高学习者的语言能力和人文素养为目的。其次,核心课程群以全球治理知识体系为重点,整合区域国别知识体系和专业领域外语知识于一体,着力构建学科交叉的课程体系。此外,拓展课程群以全球治理能力提升为重点,整合跨文化沟通能力与国际话语能力拓展课程,加大学生参与课外实践类课程的比例,拓宽学习者赴海外国际组织与驻外机构实习锻炼的途径,探索与跨文化管理、国际传播、国际关系、数字人文、人工智能等学科融合的新范式。

展望新时代,中国将更加积极地参与全球治理体系的改革与建设。在为全球治理不断贡献中国智慧和中国力量的过程中,中国需要大批全球治理人才投身于构建人类命运共同体的事业之中。全球治理人才的外语能力建设是人才队伍建设的核心任务之一,开展全球治理人才的外语规划是中国外语界对接国家战略和重大需求的战略使命。本文通过梳理国家发展与外语人才观的历史变迁,基于全球治理理论,系统分析中国参与全球治理所需人才的外语需求,提出全球治理人才外语规划体系的构想,希冀以此推动外语学界共同为提升全球治理人才的外语能力献计献策。

深化中外交流，增进各国人民友谊，推动构建人类命运共同体，讲好中国故事，需要大批外语人才，外语院校大有可为。希望你们继续发挥传帮带作用，推动北外传承红色基因、提高育人水平，努力培养更多有家国情怀、有全球视野、有专业本领的复合型人才，在推动中国更好走向世界、世界更好了解中国上作出新的贡献。

——习近平①

① 节选自 2021 年 9 月习近平总书记给北京外国语大学老教授们的回信。

"一带一路"非通用语种人才培养现状调查[①]

　　我国的非通用语教育有着较为悠久的历史，从久远的神话传说到西周时的历史记载，再到唐朝兴盛时发展成熟的陆上和海上"丝绸之路"，及至后世，古代中国与亚、欧、非、美各大洲的国家都有大量的经济和文化往来。民国时期，国民政府建立了国立东方语文专科学校，设立了印地语、缅甸语、暹罗语（泰语）、马来语、越南语、韩语、菲律宾语（他加禄语）和阿拉伯语八个语科，这成为了我国近代非通用语教育的开端。中华人民共和国成立后，出于外交需要，非通用语人才培养在政府推动下得到了壮大和发展。"一带一路"倡议提出之后，我国非通用语种人才培养全面提速，招生单位与培养层次都有了明显的增加和提升。然而，到目前为止，面临市场经济主导、价值多元、国内外形势复杂多变的时代现状，非通用语作为学科行业仍处于较为边缘的地位，这与我国参与全球治理、保障语言安全、实现"人类命运共同体"的需求不相匹配。虽然市场上出现了一定程度的"小语种热"，且教育部也成立了高等学校外语教学指导委员会下属的非通用语组，但在国家战略之下，非通用语人才培养质量和投入程度仍有较大不足，非通用语人才培养仍呈现"小才拥挤，大才难觅"的局面，非通用语专业毕业生的逐年增加与企事业单位非通用语高层次人才的缺口形成了鲜明的对比。不少非通用语专业学生毕业后从事与所学专业不相关（很少或无法应用专业语言技能）的职业，这从宏观上来说属于人力资源的错配。随着中国参与全球治理的战略使命提升到了前所未有的战略高度，国家对非通用语种人才的需求更为迫切。在此情况下，笔者受中国外文局委托，自 2020 年 5 月以来，历时半年，组织团队调查了国内主要外语类高校的非通用语人才培养情况，意

---

① 本文作者为沈骑、陆珏璇、康铭浩（同济大学外国语学院）。

在发掘现存的主要问题,并据此提出相应的建议和对策,从而推动国内非通用语教育的建设和完善。

11.1 调查概况

受疫情和课题紧迫性的影响,课题组的实地调研活动受到了较大限制,因此调查研究主要基于文献数据、网络问卷和专家访谈等多种形式展开。2020年5月以来,我们调查了2015—2019年全国11所外语类院校①非通用语种专业的人才进口与出口状况,具体包括招生情况、专业变化、毕业生人数及去向等方面。由于疫情的客观原因,课题组成员无法直接到达各院校进行实地调查,因此本次调查的分析数据主要来自教育部发布的本科专业审批或撤销文件,各院校官方网站或其他平台发布的招生计划、毕业生就业质量报告、本科专业培养方案等,以及课题组面向各院校投放的问卷、针对相关专业学生所做的访谈等。结合课题组成员先前在调查中得到的其他补充资料,我们对于11所外语类院校在这五年内的专业变化情况(包括非通用语专业的新增和裁撤情况)、招生计划(由于条件所限,我们收集到的是各专业的计划招生人数而非最终录取人数)、毕业生去向(包括实际就业率、国内升学及留学率以及总体的去向落实率)进行了汇总分析和横向对比,从中总结出了各院校非通用语专业的总体发展状况以及目前仍然存在的问题,同时,我们通过网络问卷和基于网络电话会议的专家访谈等方式,对相关问题进行剖析与调查,并据此提出了相应的建议和对策。

11.2 调查结果

经过细致的调查,课题组成员发现各大外语类高校所开设的非通用语专业呈现出稳步增长的态势;总体来看,非通用语专业数量平稳增长,招生人数根据相关专业的需求呈现不同的周期性变化,相关专业毕业生就业情况良好。

---

① 此次调查所涉及的外语类高校包括北京外国语大学、上海外国语大学、四川外国语大学、西安外国语大学、大连外国语大学、天津外国语大学、北京语言大学、广东外语外贸大学、北京第二外国语学院、中国传媒大学及浙江外国语学院11所院校;外交学院因未开设非通用语专业而未被纳入此次调查。

11.2.1 外语类院校非通用语人才培养总体发展趋势

1. 专业稳步增长,体现国家战略意识及区域特色

总体来看,2015—2019 年间全国 11 所外语类院校的非通用语专业稳步增长。部分院校原有非通用语专业基数较大,如北京外国语大学的非通用语专业数量由 2015 年的 58 个逐渐增长到了 2019 年的 94 个(见附录 1,附表 1),上海外国语大学的非通用语专业则从 2015 年的 14 个增加到了 2019 年的 21 个(见附录 1,附表 2)。在语种布局上,各高校的非通用语专业设置都或多或少地将国家对于非通用语人才的需求纳入了考量,如新增语种最多的北京外国语大学在 2015—2019 年间总共增设了 36 个非通用语种,所涉语种在区域上囊括了东亚、南亚、东南亚、中亚、东欧、西欧、大洋洲等全球多个地区,据称已开齐与中国建交的所有国家的官方用语(见北京外国语大学 2019 年毕业生就业质量报告);同时,各高校增设的非通用语种也在一定程度上体现了其所在区域的特色,如位于我国西南部的四川外国语大学增设了东南亚地区的缅甸语和东欧地区的波兰语、捷克语、匈牙利语等,位于我国西北部的西安外国语大学则增设了中西亚地区的哈萨克语、白俄罗斯语和东欧地区的乌克兰语、波兰语和罗马尼亚语等,位于我国华北部的天津外国语大学也增设了东欧的保加利亚语、塞尔维亚语和中西亚的白俄罗斯语等(见表 3)。这些已开设的专业语种中有不少都是"一带一路"沿线国家的官方语言,也属于我国所需的战略语种,为国家语言安全的保障奠定了一定的基础。

表 3　全国 11 所外语类院校 2015—2019 年新增非通用语本科专业汇总表

院校	年份				
	2015 年	2016 年	2017 年	2018 年	2019 年
北京外国语大学	泰米尔语、土库曼语、加泰罗尼亚语、约鲁巴语	蒙古语、亚美尼亚语、马达加斯加语、格鲁吉亚语、阿塞拜疆语、阿非利卡语、马其顿语、塔吉克语	茨瓦纳语、恩德贝莱语、科摩罗语、克里奥尔语、绍纳语、提格雷尼亚语、白俄罗斯语、毛利语、汤加语、萨摩亚语、库尔德语	比斯拉马语、达里语、迪维希语、斐济语、库克群岛毛利语、隆迪语、卢森堡语、卢旺达语、德顿语、纽埃语、皮金语、切瓦语、塞苏陀语、桑戈语	塔玛齐格特语、旁遮普语、爪哇语

（续表）

院校	年份				
	2015 年	2016 年	2017 年	2018 年	2019 年
上海外国语大学		匈牙利语	波兰语、捷克语、哈萨克语、乌兹别克语	斯瓦希里语	塞尔维亚语
四川外国语大学		泰语、希伯来语、匈牙利语		波兰语、捷克语、印地语、缅甸语	
西安外国语大学	乌尔都语	印度尼西亚语	波兰语、马来语、乌克兰语、哈萨克语	罗马尼亚语、希腊语、匈牙利语、捷克语、菲律宾语、白俄罗斯语	
大连外国语大学				波兰语、哈萨克语、乌克兰语	捷克语
天津外国语大学		泰语	波兰语、芬兰语、捷克语、乌克兰语、匈牙利语、印地语、乌尔都语、波斯语、豪萨语、土耳其语、希伯来语、柬埔寨语、白俄罗斯语	保加利亚语、塞尔维亚语、希腊语、罗马尼亚语	
北京语言大学			土耳其语		罗马尼亚语、印度尼西亚语
广东外语外贸大学	马来语、乌尔都语	希腊语	塞尔维亚语、波斯语、孟加拉语、土耳其语、捷克语		

（续表）

院校	年份				
	2015 年	2016 年	2017 年	2018 年	2019 年
北京第二外国语学院	匈牙利语、波兰语、捷克语、拉脱维亚语	波斯语、印地语、希伯来语、塞尔维亚语、立陶宛语、爱沙尼亚语、土耳其语、罗马尼亚语	阿尔巴尼亚语、斯洛伐克语、斯洛文尼亚语、保加利亚语		
中国传媒大学					
浙江外国语学院				土耳其语、捷克语	波兰语

注:空白处表示当年无新增专业。

2. 复语型课程设置,语言技能和专业知识兼修

在学界和教育界的大力呼吁下,不少院校的非通用语专业都采用了"非通用语＋英语"的复语型培养模式,甚至有部分高校或院系将通过英语专业四级考试(TEM‐4)作为学生毕业的要求之一。我们收集到了某外语类高校部分非通用语专业的人才培养方案,并对其中的课程设计和培养目标等进行了分析①。以该院校朝鲜语专业、希伯来语专业和越南语专业的本科人才培养方案为代表,这些专业的通识课程包括语言学概论、计算机语言(Python)、汉语言文学等课程,内容上涵盖了语言学、计算机以及母语/第一语言等方面的知识;专业课程除了语言基础课程外还包括与对象国概况、历史文化相关的课程,高年级学生还可以依据兴趣选修语言学、文学、跨文化研究、国别区域研究或翻译学等不同方向的课程(如表 4 中所示的希伯来语专业部分课程)。从课程设计理念来看,这体现了语言能力与专业领域能力并重的培养理念。除此之外,该校也拥有较为丰富的国际资源平台,能够为非通用语专业的学生提供国际交流的机会,这也体现了教育国际化的理念。

---

① 大部分外语类高校的培养方案并未对外公开,因而我们无法进行横向比较。

表 4　某外语类高校希伯来语专业本科生部分课程列表

部分通识课程		世界中国、Python 程序设计、语言学概论、现代汉语、中国现代文学、中国古代文学
专业必修课程	大类基础课程	基础希伯来语Ⅰ、基础希伯来语Ⅱ、以色列研究导论
	专业核心课程	希伯来语视听说Ⅰ-Ⅳ、高级希伯来语Ⅰ、高级希伯来语Ⅱ-1、高级希伯来语Ⅱ-2、希伯来语语法、希伯来语阅读、希伯来语时文选读、希伯来语会话、希伯来语写作、希伯来语翻译理论与实践
部分专业方向课程（选修）	文学和翻译方向	东方文学、希伯来文学史、伊斯兰文明史、希伯来语文学、翻译专题研究
	跨文化研究方向	中东文化概论、中东宗教与文化、中东文明与国别史、犹太史、犹太文化研究专题
	语言学方向	比较闪语导论、阿拉伯语入门、波斯语入门、土耳其语入门、犹太语言入门
	国别和区域研究方向	以色列现代史、当代以色列社会与文化、以色列经济研究、当代中东政治与外交

3. 毕业生总体就业情况良好，就业单位类型多样化

课题组在分析了 11 所外语类院校的就业质量报告后发现，这些院校非通用语专业的毕业生就业率总体较高，大部分院校的毕业生去向落实率（含实际就业率、国内升学和留学率）达到或接近 100%。此外，毕业生就业单位类型较为多样，且不同院校间存在一定的差异，如北京外国语大学 2019 届毕业生就业比例最高的单位类型依次为事业单位（28.94%）、其他企业（28.54%）、国有企业（18.81%）、机关单位（11.01%）和三资企业（10.85%）等；上海外国语大学 2019 届毕业生就业比例最高的单位类型则依次为民营等其他企业（39.44%）、科研院所及各级（含初、中、高等）教育单位（19.52%）、国有企业（17.11%）、三资企业（16.04%）、事业单位（4.68%）和党政机关（3.21%）等。

11.2.2　外语类院校非通用语人才培养中存在的问题

当前我国外语类院校的非通用语专业建设虽然取得了一定的成绩，但在很多方面仍然存在不少亟待解决的问题。

1. 语种规划与布局有待优化

各大外语类高校开设的非通用语专业虽然数量并不算少,总体而言已经涵盖了与我国建交的所有国家的官方语言,但不少关键语种仍有缺失。关键语种与语种大小、强弱没有必然联系,需要根据国情来界定,且可能随时代变化、世界格局的调整而改变(张治言,2011)。就我国而言,有学者从国家安全的视角提出应综合考虑"长期需求与准备""现实危机""潜在危机"和"当前任务需求"等四点因素来确定关键语言——具体来说,"长期需求与准备"主要涉及联合国工作语言、政府所需语言、学习研究型语言以及我国周边国家的语言(如朝鲜语、俄语、印地语、哈萨克斯坦语、普什图语、马来语等等),尤其不能忽略一些综合实力不强但具有重要战略位置的"关键性小国"(如斐济等);"现实危机"则关系到当前我国安全现状所涉及的语言(如与南海危机相关的他加禄语、越南语等,与中东反恐形势相关的达利语、普什图语、库尔德语、波斯语等);"潜在危机"指的是可能对我国国家安全造成威胁的危机;"当前任务"则指向国家急需的涉外活动,包括国际维和行动、海军护航及反海盗行动、多国或双边联合军事演习和国际救灾与人道主义救援行动等(如我国反海盗行动需要索马里语,打击国际贩毒时需要越南语、缅甸语、老挝语、高棉语等等)(张天伟,2015)。从这个角度来看,我国非通用语专业的语种规划还有待加强,目前各外语类高校所开设的语种具有重复性,语种布局仍待优化。

此外,从各高校所发布的就业质量报告等资料来看,外语类高校对于具体语种的社会和市场需求缺乏详尽的调查,仅有两所高校在就业质量报告中统计了招聘单位对于具体专业(含非通用语专业)的需求数量或供需比(见上海外国语大学 2015—2016 届毕业生就业质量报告,西安外国语大学 2016—2019 届毕业生就业质量报告)。部分高校的专业建设也存在一定的问题,例如某校就在一年内裁撤了波斯语、印尼语、越南语、希伯来语、豪萨语、瑞典语、僧伽罗语、菲律宾语、芬兰语等九个非通用语专业。非通用语人才培养与英、法、德、西、阿等通用语种人才培养的一大区别就在于前者在一定程度上要服务于国家战略需求而非完全依赖市场调节,因此,高校的非通用语专业建设需要把握社会的动态需求,从而对于自身的专业建设进行及时的调整。

2. 人才培养过程中的资源投入有待加强

从前面所述的某院校的人才培养方案来看,虽然该院校在课程设计方面遵循了专家所倡导的"复语型"模式,且综合考虑了学生的母语能力、外语能力、学科专业知识甚至编程技能等等，但在实际实施方面因为教育教学资源有限，人才培养仍存在不少短板。其中的首要问题是师资方面的匮乏。我们收集到了同一院校的非通用语专业师资名单（截至 2017 年 8 月），并对该校非通用语师资的年龄结构、职称和学历构成进行了统计（见图 1～图 3）。我们发现，该校20 个非通用语专业（截至 2017 年）共有 57 名教师，其中部分专业仅有一名助教或待入职教师；从年龄结构来看，其中青年教师（20～40 岁）占多数，占比65%；从职称构成来看，副高及以上职称仅占 34%，讲师和助教共占 54%；从学历构成来看，大部分教师拥有硕士学位（61%），另有少量教师仅拥有学士学位（9%）。由此来看，非通用语专业的师资培养仍较为紧迫。

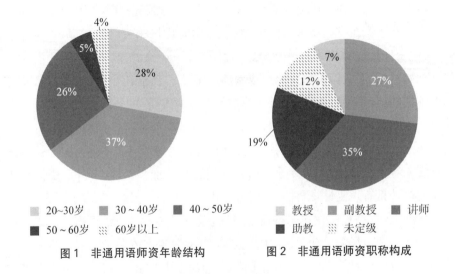

图 1　非通用语师资年龄结构　　　　图 2　非通用语师资职称构成

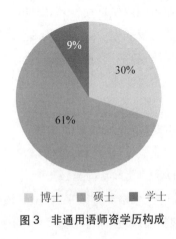

图 3　非通用语师资学历构成

除师资之外,国际化资源、教材等补充资源的匮乏也是不少个体学习者所面临的问题。课题组成员在针对非通用语学生的访谈中获悉,同一院校内部不同专业之间的教育教学资源的配置可能存在差异。部分专业的国际交流机会可覆盖本专业全体学生,而部分专业的国际交流机会则需要借助成绩排名来争取;部分专业自设教研室,其中备有不少专业语种的书籍资料可供学生借阅使用,而部分专业的学生却发现自己很难在校图书馆或学院内部找到充足的与专业语种相关的学习或课外资料。鉴于外语学习需要保证大量的语言输入以及一定的语言使用环境(以目的语环境为佳),各院校仍需加强针对个体学习者的教育教学资源投入。

3. 人才培养规格有待提升,宏观统筹不足

根据某校 2015—2016 届毕业生就业质量报告,该校非通用语毕业生在就业市场上一度供不应求,供需比相当亮眼;然而,与此同时,我们也能看到该校非通用语毕业生就业最多的岗位主要是翻译、销售、客服、行政等对于专业技能要求相对较低的岗位,高级别人才相对较少(见表5),这与该校培养国际化、高层次人才的定位之间存在一定的差距。而在近几年内,就业形势发生了较大变化,大学生"就业难"问题逐渐引起了社会关注,相关院校也应持续了解国内外就业市场的发展动态,及时为非通用语专业学生提供职业生涯教育以及相应的资源支持。

表5 某外语类高校 2015—2016 年非通用语专业人才供需情况

2015 年						
专业	人数	单位数量	岗位数量	人次需求	供需比	招聘数量最多的前三个岗位
波斯语	12	53	99	1,622	1∶135.17	销售、贸易、翻译
朝鲜语	37	65	117	1,869	1∶50.51	翻译、销售、贸易
荷兰语	13	17	26	666	1∶51.23	翻译、客服、销售
葡萄牙语	19	29	38	708	1∶37.26	翻译、销售、贸易
瑞典语	14	53	100	1,565	1∶111.79	翻译、销售、行政
泰语	12	52	98	1,621	1∶135.08	销售、贸易、客服
土耳其语	12	51	93	1,384	1∶115.33	翻译、销售、行政

（续表）

2015 年						
专业	人数	单位数量	岗位数量	人次需求	供需比	招聘数量最多的前三个岗位
希腊语	14	12	18	414	1∶29.57	翻译、客服、行政
意大利语	20	17	26	649	1∶32.45	贸易、客服、翻译
印度尼西亚语	12	52	96	1,397	1∶116.42	翻译、销售、行政
2016 年						
专业	人数	单位数量	岗位数量	人次需求	供需比	招聘数量最多的前三个岗位
朝鲜语	41	165	352	7,350	1∶179.27	翻译、销售、贸易
希伯来语	12	25	58	799	1∶66.58	运营助理、猎头顾问、管理培训生（金融方向）
越南语	12	26	60	800	1∶66.67	越南语业务员、运营助理、猎头顾问
乌克兰语	9	25	57	792	1∶88	招聘专员、运营助理、猎头顾问
葡萄牙语	23	46	88	1,124	1∶48.87	葡萄牙语业务员、留学文案、管理培训生
意大利语	21	42	79	997	1∶47.48	留学文案、运营助理、总经理助理

此外，各外语类院校在进行就业质量调查时，总体上缺乏对毕业生后续职业发展的追踪调查，人才的潜力发掘和可持续发展研究不足。从部分院校的就业质量报告以及课题组成员的调查来看，不少学生在就业时选择了与所学专业不对口的职业，或是在从事了对口职业后不久又转到了其他职业。学生本科四年所学的语言技能和专业知识得不到应用，这虽然属于个人选择问题，但在一定程度上也与院校方面缺乏系统性规划或是提供的资源支持和就业指导不足有关。这一点对于广大外语类高校来说仍存在较大的改进空间。

11.3　建议与对策

11.3.1　设立外语规划部门，完善语种规划机制

鉴于外语教育规划应服务于国家战略和社会需求，且国家外语能力建设需要从"内需型"向"外向型"转型，中国的外语教育规划需要一个专门的国家外语规划和决策机构，一方面来负责统筹规划、制定、指导、监督、评价和调整国家重大外语教育政策，推进"一带一路"国家外语能力建设；另一方面还要承担外语教育政策的研究、咨询、考试评价和服务等职责。目前不少地方高校盲目新设小语种专业，不考虑专业建设标准和市场需求，这会导致将来办学困难。在此情况下，外语规划部门要重视完善外语语种规划机制，在充分调研和分析基础上，不仅要继续加强国际通用语种教育，还需要逐步考虑加强"一带一路"沿线外语语种规划，重点关注国家外语资源种类均衡与合理布局问题，避免造成资源投入不足、资源错配或人才浪费等问题。

11.3.2　开展外语需求调研，优化更新培养方案和课程设置

"一带一路"涉及的国家和地区广泛，沿线各国的语言文化状况千差万别，错综复杂，"外向型"外语能力需求调查必须提前启动，需要做好"内查外调"工作。所谓"内查"指的是"一带一路"相关重要领域和行业对外语能力的需求调查，如中华文化思想术语丝路传播问题、中国海外投资语言风险调查、中国企业"走出去"外语需求调查等等。此外，还需要加强国内"一带一路"中西部地区外语能力现状和需求调查。所谓"外调"是指对国外沿线语言状况和需求进行调查，研究"一带一路"沿线语言资源。国家需要尽快掌握"一带一路"沿线国家语言国情，特别是周边国家和地区的语言生活状况，充分调研与国家利益密切相关的国家和区域的语言文化问题，例如"孟中印缅经济走廊"社会语言和文化调查研究、东南亚和中亚民族语言文化调查等等。针对非通用语种语言规范相对缺乏的问题，根据"内查外调"情况，外语规划部门应及时启动相关的各类语种外语能力标准研制工作，重点做好非官方语言标准与规范制定工作，用以指导和规范各语种外语教育有序开展。在这一方面，外语规划部门可与外语类高校合作，发挥各高校自身的教学研究资源或区位等优势，有针对性地深入调查，从

而及时调整优化相关专业的培养方案和课程设置,这样在确保教学质量的同时也有助于学生获得竞争优势。

11.3.3　建立国家外语人才库,追踪非通用语人才职业发展

为了从根本上避免非通用语人才的错配或浪费,除了相关院校的专业建设和改革之外,政府也应主导建立非通用语人才库,强化国家外语人才的储备。非通用语人才的培养不能仅仅依赖于市场调节,因为客观来说,市场对于非通用语种人才的需求量并不能与其对通用语种人才的需求量相比,且市场调节具有一定的滞后性,放任市场调节很可能造成人才资源的错配。这就要求国家在宏观调查的基础上,根据国家战略和社会需求,确定非通用语人才在数量及质量上的培养要求,并建立且及时更新非通用语人才资源库,确保培养出来的人才都能在合适的位置上发挥自身能力,从而通过资源优化配置的手段加强国家的外语能力建设,使国家的战略和安全需求得到满足。

12

涉外法治领域外语能力调查及规划建议①

涉外法治人才是中国参与全球治理不容忽视的重要人力资源。21 世纪以来，全球化的发展促使世界各国在政治、经济、文化等领域的交流越来越深入。为保障国与国之间的货物流通、贸易往来、人员交往等，国际社会形成了较为完备的司法体系②，各国也形成了相关司法制度。然而，国际社会的司法体系及国内司法体系的运行都需要从业人员借助语言去解决相关冲突，保障各方利益。因此，司法领域的语言问题一直被认为是关于公平正义的重大问题，其不仅关系到各种冲突和摩擦的解决，更涉及保障语言人权，捍卫语言主权及对公平和正义的守护与实现。

我国自改革开放以来，开始与世界各国在国际贸易、政治、经济、文化等方面交流，近年来，我国逐步实施从内向型国家向国际型国家的战略转型，在各个领域与世界各国的交往越来越频繁，但与此同时，因交流而产生的摩擦也越来越多，许多都需要诉诸司法途径得到解决。这些争端的有效解决需要司法从业人员具备较高的语言能力，尤其是外语能力，国家对涉外法治人才的需求与日俱增。尤其是，自"一带一路"倡议推进以来，我国对涉外法律服务的需求进一步加大。为了确保"一带一路"倡议的顺利推行，2016 年 5 月，中央全面深化改革领导小组第二十四次会议专门审议了《关于发展涉外法律服务业的意见》③，提出要大力发展涉外法律服务业，要适应构建对外开放型经济新体制的要求，

---

① 本文作者为龚献静（华中农业大学外国语学院）。

② 国际司法被认为在国家冲突和和解中能起到决定性作用，如潘基文在 2013 年 4 月 10 日联合国大会的主题辩论中强调国际刑事司法在解决冲突中的作用，参见 http://www. un. org/chinese/News/ story. asp? NewsID＝19587。潘基文也在联合国报告中强调国际司法对解决国际冲突的作用，并指出其能为成员国提供法律援助，参见 rg/zh/sg/speeches/reports/68/report-intlaw. shtml。

③ 参见新华社：习近平主持召开中央全面深化改革领导小组第二十四次会议（http://www. chinacourt. org/article/detail/2016/05/id/1875015. shtml）。

围绕服务我国外交工作大局和国家重大发展战略,健全完善扶持保障政策,进一步建设涉外法律服务机构、发展壮大涉外法律服务队伍、健全涉外法律服务方式、提高涉外法律服务质量、稳步推进法律服务业开放,更好地维护我国公民、法人在海外及外国公民、法人在我国的正当权益。发展涉外法律服务业必然会对司法从业人员的外语能力提出更高的要求,因此,有必要对我国司法领域存在的语言问题,特别是司法领域从业人员的外语能力等进行调查,并根据调查结果进行相应的规划,从而更好地发展涉外法律服务业。

12.1 涉外法治领域语言问题的相关研究背景

司法机关是国家权力机关的重要组成部分,语言是司法机关行使其各项职能的主要手段和工具,无论是法庭审判还是执行工作,都需要借助语言达到其目的,因而语言问题是司法领域关注的重要问题。在西方,早在古希腊和罗马时代,人们就开始关注和研究法律语言问题,因为当时的民事诉讼频繁发生,许多修辞学家都把研究和代写法庭诉讼词作为其主要工作,亚里士多德、西塞罗等都对司法中的语言问题进行了研究。但真正对司法中的语言问题进行专门研究是在 20 世纪以后,随着语言学成为一门独立的学科,并逐步发展了普通语言学、应用语言学、社会语言学等分支学科,司法中的语言问题才成为语言学研究的重要领域。不仅应用语言学,第二次世界大战后新发展的社会语言学、心理语言学等也对司法领域的各种语言问题进行研究。然而,真正把司法领域语言问题纳入专门研究,并发展成为重要的专门领域的标志性事件是 1991 年"国际法律语言学家协会"和 1992 年"国际法律语言学协会"的成立,这两个协会于 1994 年出版了专门的法律语言学国际期刊,即《法律语言学——言语、语言与法律国际杂志》(*Forensic linguistics: The International Journal of Speech, Language and the Law*)。协会的成立、专业期刊的出版等标志着"法律语言学"这一交叉学科正式确立。我国对司法或法律语言学的研究始于 20 世纪末,语言学界和法学界的一些专家撰写了有关法律语言学的著作(陈炯,1995;王洁,1999;孙懿华、周广然,1997;吴伟华,2002)①,而在外语语言学界,尽管一些高校开辟了

---

① 从已出版的一些关于法律语言学的专著中可以看出,其作者既有法学学者也有语言学学者,其中语言学学者既包括汉语学者也包括外语学者。

法律语言学硕士点①,也有学者对学科构建进行了探讨(杜金榜,2000),但除了对国外的司法或法律语言学发展状况及国外在一些审判案例中如何应用语言学知识进行介绍外②,专门针对司法领域的语言问题的研究并不多。因"法律语言学"(Forensic Linguistics)这一语言学术语起源于国外,我国在引进时,对如何翻译该术语,并如何结合我国国情确定名称及研究范围进行了探讨(庞继贤,1996;韩永强,2005)。有学者强调了"司法语言学"和"法律语言学"的区别,认为"司法语言学"强调的是微观研究,关注的是司法实践中微观的语言现象及语言分析在司法实践中的应用,而"法律语言学"更多的是关注宏观层面,从政治、社会及人权等方面研究法律中的语言问题。目前我国更多地使用"法律语言学"这一较宽泛的概念。根据法律语言学的研究领域,目前国内外研究主要集中在以下几个方面。

12.1.1 司法实践领域的语言问题研究

司法实践中的语言问题研究主要包含了语音识别、法庭语言及执法过程中审讯所涉及的语言使用问题。由于语音识别涉及音频、音高等方面的技术类语言活动,和本课题的研究相关性不大,因此对该领域的研究成果省略。法庭语言的相关研究比较多,劳伦斯·索兰(Lawrence M. Solan)在其著作《法官语言》(*The language of Judges*)中应用了乔姆斯基的生成转换语法来分析法官语言,特别是法官对一些立法的解释,研究法官是如何通过对相关法律的解释来支持自己的判决。我国对法官语言的分析研究较少,对刑事讯问语言、证人语言及律师语言关注较多,关注在不同的话语权中语言与司法之间的互动关系(吴克利,2012;桑涛,2016)。此外,英美国家由于判例法传统,更多强调法庭、司法实践中的语言问题研究,研究方法主要采用修辞学和话语分析路径,有学者用"口语""交互""控辩对立"等来描述和分析法庭的话语语篇,并认为法庭话语语篇受权利不平等的限制,在法庭中,法官拥有最高权力,操纵了整个话语的走向,律师具有发问权,而证人只有应答权,法庭的布置等都是权力分配的体现,也影响了语言的使用(Maley, 1994)。

12.1.2 对立法语言及准法律语言文本的研究

对立法语言的研究在很大程度上是大陆法系国家研究的领域,也是目前我

---

① 中国社会科学院大学、中国政法大学,广东外语外贸大学都设有法律语言学硕士点。
② 可从法学类、语言学类及外语类刊登的大量介绍国外法律语言学等著作中得出该结论。

国把"Forensic Linguistics"翻译成"司法语言学"还是"法律语言学"的分歧点。我国有学者认为沿用"法律语言学"而不是"司法语言学"是怕在逻辑上引起混乱,因为一旦有"司法语言学",就会对应有"立法语言学"(韩永强,2005)。但由于法律文化和体系不一样,法律语言是法律文化的重要构成部分,英美国家学者发展司法语言学是受其法律文化及体系影响,英国和美国属于普通法系,以不成文法或判例为中心,更加强调司法活动,很少也没有必要对立法语言进行研究,而我国和欧洲大陆国家属于大陆法系,司法活动以成文法为基准,因此,有必要对立法语言进行研究,从而避免出现有语言漏洞及不符合法律规范的逻辑结构的法律条款。目前我国及欧洲大陆国家对立法语言及准法律的语言文字进行研究,立法语言研究主要对法律文本的语言、表述及结构,以及对我国立法语言失范及其原因、后果影响进行研究(廖美珍,2008;郭龙生,2009;邹玉华,2012;黄振云、张燕,2013;董晓波,2016)。准法律的语言和文字的研究,主要是对与法律有关的各种规章及在法律事务中产生的各种法律文书的语言进行研究(贾俊花、王丽芳,2006),因这些文书为体现其规范性,使用的文字、词法往往比较难懂,也容易造成纠纷与争议,法律专家及语言学家对这些语言进行研究,并提出相应的客观科学的解释,有助于案件的公正审理,实现司法正义。

12.1.3 双语问题研究

司法领域的双语问题研究是第二次世界大战后法律语言研究的重要领域。随着世界经济、政治、文化、人口、资源、技术及信息的跨国界交流和流通,各种纷争也相伴而生,而由于纷争产生在不同国家之间或国家内部讲不同语言者之间,双语问题研究成为法律语言的重要研究领域。法律双语问题研究目前主要涉及翻译研究及双语言或多语言与法律体制等问题的研究。法律翻译研究包括法律及法律文书翻译、法庭翻译及证据翻译的研究。目前,中国和欧洲大陆国家对法律文书的翻译研究较多,欧洲学者因为欧盟有大量法律文件需要进行翻译,其研究主要涉及一些法规或法律文书中出现的术语、介词及句式的理解和翻译①,我国的研究因为法系不同,对一些法律术语的理解不同,因此更多地

---

① 可从欧盟学者在一些国际期刊上发表的关于法律翻译的文章主题中看出,如 *International Journal for the Semiotics of Law* 刊登的一些探讨翻译的文章,此外由 Frances Olsen、Alexander Lorz、Dieter Stein 主编的著作 *Translation Issues in Language and Law* (Palgrave Macmillan, 2009)也探讨了此类主题。

集中在法律术语以及法律翻译原则等方面(张法连,2016;孙晓丹、程仁等,2015;李克,2007、2011;龚献静,2004;陈忠城,1990、1997;仲人、吴娟,1994)。而英美国家主要是对法庭翻译进行研究,法庭翻译既包括不同语言间的翻译,也包括语言变体的翻译,目前法庭翻译研究主要涉及翻译的原则、标准、翻译与公正、翻译过失等问题[①]。双语言或多语言问题与法律体制研究主要涉及在双(多)语言社区的语言问题及相关法律规定与实践问题的研究,该类研究在欧美主要涉及相关语言权利在司法领域的保护和实现问题,我国研究也关注语言权在司法领域的实现问题(苏金智,2003;窦梅、林蕾、田应斌,2006;才让旺秀,2014),但更多的是涉及对涉外诉讼及少数民族区域的法庭翻译制度建立等问题的研究(高建勋、刘云,2011;王隆文,2014)。

　　法律语言是司法公正的载体,因此自人类社会开始使用法律进行有效的国家管理以来,法律语言问题就受到关注,但长期以来这种关注主要是在一个主权国家内,且是对单一语言中的语言表达、修辞、逻辑问题的研究。然而,今日全球化发展带来了跨越国家边界的人口、资源、技术、信息等流通,其中引起的纷争使法律语言问题不再是单一语言问题,而是涉及双语问题、外语问题、方言问题等诸多语言问题。本课题根据目前我国在这些涉外司法领域所需的外语能力等问题,对相关从业人员进行调查研究,以期从语言政策规划层面解决目前司法领域的语言问题。

12.2　研究设计

12.2.1　研究对象的界定

　　司法领域涉及多个部门和机构,狭义的司法机关是指公安机关、检察院、法院三大部门,但鉴于司法在一个国家治理和发展中的重要功能,司法行政部门如司法部、司法服务部门如律师组织、类司法机构如仲裁机关等都是为实现国家和社会公正而服务,都属于司法领域,因此这些部门的从业人员也都是本研

[①] 美国联邦法院管理办公室主要是对这些领域进行管理,许多学者也是从这些领域探讨法庭翻译问题。Judith N. Levi, Anne G. Walker 编著的 *Language in the Judicial Process* 中有专门的章节探讨法庭翻译问题,可参见吴远宁"美国法庭口译角色之困境"(《中国翻译》2016 年第 2 期)中对美国法庭口译问题的总结。

究的调查研究对象。此外,鉴于司法领域的从业人员大多接受过司法教育专业训练,本研究也对司法教育机构的教师的语言能力进行了调查,因其语言能力在一定程度上影响着未来司法领域从业人员的语言能力的高低。具体而言,本课题的调查研究对象包括了法官、检察官、律师、警察、法学院教师等群体。

12.2.2　研究内容

本研究对司法从业人员的语言能力状况和司法领域语言需求状况进行调查和预测,其中对语言能力的界定和调查并非从司法从业人员对具体语言要素(如词汇、语法等)的掌握情况入手,而是根据工作需求对从业人员掌握的不同语言能力的总体状况进行调查研究,包括外语能力、方言能力、普通话水平的调查。根据调查结果,本研究对司法领域从业人员的语言能力现状及语言能力需求进行分析,并提出相应的规划策略,以期满足司法领域对语言能力的需求,提升我国语言和法律服务能力。

12.2.3　研究方法

本研究采取定量研究和定性研究相结合的方法。首先通过问卷调查获得数据,问卷主要由基本信息、语言能力状况、语言能力需求及提升语言能力的途径等问题组成;再根据问卷中无法深入获得信息的领域,选取各个相关从业人员进行访谈,主要围绕语言能力状况、影响外语能力的原因、大学外语教学评价、工作中的语言需求等问题进行深入的交谈,获得课题研究的质性材料;最后再在对量的和质的研究结果的描述基础上,分析影响我国司法领域语言能力的原因,并提出相应的措施建议,为解决我国司法领域的语言问题提供建议,也可为我国目前其他行业的语言规划等问题提供借鉴与参考。

12.3　研究结果

12.3.1　定量调查结果

问卷通过两种形式发放,一种是采用问卷星等网络调查工具,另一种是去法院和检察院发放纸质问卷,并回收。根据网络调查和回收的有效的纸质问卷的结果,司法领域从业人员的语言能力具体状况如下。

12.3.1.1　法官

1. 基本信息

本次调查共回收了 139 份法官填写的问卷,包括了全国各地的法官,其中以武汉、北京、长沙为最多。问卷中女性法官要多于男性,分别占 58.38% 和 41.72%,年龄主要集中在 20～35 岁之间,尤其是女性法官,高达 85% 的女法官是在 20～35 岁之间,说明随着法学院的女性学生数量的增加,在职业上的性别比例也开始变化。法官的学历大多是硕士,占调查总人数的 62.65%,博士只有 5 人,占总数的 3.6%。

2. 语言能力状况

在普通话水平方面,目前有一半以上(56.12%)的法官没有普通话等级证书,持有普通话等级证书的大多是二级甲等,个别达到一级乙等的水平。

在外语能力方面,参与问卷调查的所有法官都具有一定的英语能力(见表 6),几乎都有四级证书,大多数拥有六级证书,有的法官参加过雅思考试,获得了 7 分的高分。

表 6　法官英语能力情况

大学英语四级	大学英语六级	专业英语四级	专业英语八级	雅思	公共英语五级
93.74%	66.9%	1.44%	1.44%	1.44%	3.6%

在其他外语语种能力方面,绝大多数的法官没有其他外语语种的能力,占总体的 87.77%。问卷主要选择了在我国教授较多的德语、法语、西班牙语、日语、俄语、意大利语等进行调查,学习过其他语种的法官大多是学习日语,其次是法语,其中有一个法官填写了韩语。大多数法官对自己第二外语能力的评价为一般,只有 3 人认为是良好。

学习其他语种的具体情况如下:

表 7　法官其他外语(英语除外)语种能力情况

德语	法语	西班牙语	日语	意大利语	俄语
1.44%	3.6%	0	5.04%	0.71%	0

3. 语言能力需求状况

绝大多数参与调查的法官在工作中使用的是普通话;在方言方面,只有

6.15％的人认为在工作中主要使用方言。然而,在回答是否需要听懂方言或少数民族语言以有利于审判工作时,超过一半的人(64.75％)认为需要听懂方言或少数民族语言。而在回答"外语是否是工作需要的重要交流能力"这一问题时,一半以上的人(67.63％)的答案是否定的,34.53％的人给予了肯定的回答,剩余的为"不确定是否需要"。在回答"是否需要英语以外的其他语言能力"时,17.27％的人给予了肯定的回答,而在需要的具体语种中,大多是日语、德语、法语,其中有一份显示需要荷兰语。在需要的英语听、说、读、写、译的技能中,需求最多的是读和译,超过一半的人认为需要这两种技能,说和写的技能需求最小,下表可以看出不同技能的需求状况。

表 8　法官英语技能需求状况

听	说	读	写	译
25.17％	5.04％	52.52％	6.31％	50.9％

在对"所需的技能是否和大学英语课程所学有密切联系"的回答中,不到一半(47.48％)的受访者认为有密切关系;在对"是否需要继续学习外语从而有利于工作,并能在工作中获得提升"的回答中,只有 34.53％的受访者认为有必要。而针对目前任职的法院是否提供了外语学习的机会这一问题,只有 6 位法官给予了肯定回答。

12.3.1.2　检察官

1. 基本信息

检察官的纸质问卷主要来自湖北省,而网络问卷来自北京、江苏、四川等省市,共收到 44 份合格问卷。这次问卷调查显示的女性检察官要少于男性。检察官的年龄偏大,大多集中在 35～45 岁之间,占总数一半。学历的层次偏低,本科学历占了近一半的百分比,其中有一人为专科学历,此外,女性检察官的学历要高于男性,大多为硕士,本次参与调查的检察官中无一人有博士学历。

2. 语言能力状况

在普通话方面,绝大多数检察官无普通话等级证书,只有 31.82％的检察官拥有普通话等级证书,且等级较高,大多为二级甲等。在外语能力方面,绝大多数检察官具有一定的英语能力,见下表。

表 9　检察官英语能力情况

大学英语四级	大学英语六级	专业英语四级	专业英语八级	雅思
29.55%	36.37%	0	2.27%	1.16%

在其他语种方面,学习了法语的有四名,俄语两名和日语一名,属于我国"一带一路"沿线国家的语言中,学习了越南语、韩语、阿拉伯语的检察官各一名。大多数检察官对自己第二外语水平的评价为一般。

3. 语言能力需求状况

绝大多数检察官在工作中主要使用的是普通话,只有 5 名检察官(11.36%)在工作中主要使用方言。然而,与法官一样,大多数检察官认为听懂方言或懂少数民族语言更有利于审查起诉工作。在外语能力与工作相关性的回答中,高达 75% 的检察官认为,工作中不需要英语能力;在工作中是否需要其他语言能力,从而有助于审查起诉工作的回答中,大多数检察官(56.82%)认为不需要,但大约 10 位检察官认为日语、法语、德语和阿拉伯语是需要掌握的语言。

在对工作使用的具体英语能力的调查中,阅读能力仍然是使用最多的能力,听、说、读、写、译能力的使用比例见下表。

表 10　检察官英语技能的需求状况

听	说	读	写	译
36.37%	4.55%	52.27%	6.82%	7.18%

在针对大学所学的英语与工作中所需的英语能力的相关性调查中,一半以上(59.1%)的检察官认同大学期间的英语学习具有相关性,然而,一半以上的检察官认为不需要再学习英语,以获得晋升机会,且只有 5 人获得过单位提供的提升英语能力的学习机会。

12.3.1.3　警官

1. 基本信息

对警官的调查主要是通过网络进行的,共收到 51 份问卷,分别来自北京、福建、广西、广东、湖北等省市,其中以广东和湖北省为最多。调查的男性警官(占总数的 60.78%)要比女性多;年龄大多在 20~35 岁之间,占调查人数的 62.75%;学历主要以本科为主,高达 82.35%,有硕士学位的只有 5 人,博士 1 人。

2. 语言能力状况

在普通话水平方面，一半以上(54.9%)的警官拥有普通话等级证书，且大多是二级甲等。在外语能力方面，绝大多数警官具有一定的英语能力，但仍有19.61%的警官不具有任何英语能力证书。警官的英语能力水平见下表。

表 11 警官英语能力状况

大学英语四级	大学英语六级	专业英语四级	专业英语八级	雅思
45.51%	29.41%	3.92%	1.96%	0

在其他语种方面，有1人学过法语，6人学过日语，1人学过西班牙语，3人学过俄语，在针对"一带一路"沿线国家和地区语言的调查中，学习过韩语的有5人，菲律宾语1人。学习过第二语言的警官对自己的第二外语水平评价为一般。

3. 语言能力需求状况

目前大多数警官(72.55%)在工作中使用的是普通话，仍有25.49%的警官在工作中使用方言，此外，一位警官在工作中主要使用英语。在针对"是否要懂方言或少数民族语言，以便执行公务"的回答中，大约66.67%的警官认为需要，而在英语能力的回答中，只有27.45%的警官认为英语能力是工作所需的能力之一。在涉及所需要的英语具体技能中，听和说是警官最需要的技能，见下表。

表 12 警官英语技能需求状况

听	说	读	写	译
70.59%	52.94%	13.73%	3.92%	15.69%

超过一半(52.94%)的人认为大学学习的英语技能对目前工作很有帮助。在被问到目前是否需要再学习英语，以满足工作晋升的需要时，尽管一半以上(56.86%)的警官认为不需要，但仍有近40%的警官认为需要提升英语，但只有5人曾接受过单位提供的提升英语能力的学习机会。

12.3.1.4 律师

1. 基本信息

律师问卷共收到82份，参加问卷调查的律师分布在全国各地，以上海、北京和武汉居多,其中还收到一份来自德国的问卷。参加调查的律师群体中,男性比例(58.4%)高于女性(41.6%),年龄集中在 30～40 岁之间,占比高达 41.46%,律师总体年龄在 26 岁至 50 岁之间,这点与目前一般是硕士毕业才进入律师行业的情况相符,学历大多是硕士及以上,占比高达 60.98%,其中博士达到了 10.98%。

2. 语言能力状况

在普通话水平方面,大多数律师无普通话等级证书,持有普通话等级证书者只有 31.71%,大多是二级乙等水平,但有些律师达到了一级水平。

在外语能力方面,所有的调查者都具有一定的英语能力且英语能力等级较高,具有相关能力等级证书,具体见下表。

表 13　律师英语能力情况

大学英语四级	大学英语六级	专业英语四级	专业英语八级	雅思
20.73%	48.78%	1.2%	15.85%	2.44%

在其他语种能力方面,一半以上(59.6%)的律师没有其他外语语种能力,本研究选择了德语、法语、西班牙语、日语、俄语、意大利语等语言进行调查,具体情况如下表所示。

表 14　律师其他外语(英语除外)语种能力情况

德语	法语	西班牙语	日语	意大利语	俄语
7.32%	12.2%	1.22%	19.51%	0	0

受访者对自己的第二外语能力的评价大多是一般,只有 6.06% 的人评价为良好,9.09% 的人评价为熟练。除此之外,有 24.39% 的律师学习了第三门语言,语种大多也是德语、法语、西班牙语,其中有 2 位律师学过拉丁语。但在对我国目前"一带一路"急需的语言调查中,问卷列出了韩语、印地语、越南语、阿拉伯语等语言,结果显示没有人曾学过。掌握某一方言的律师占 13.41%,主要是粤语、台语、上海话、莆仙话、客家话、四川方言、扬州方言等。

3. 语言能力需求状况

普通话是律师的主要工作语言,87.8% 的人将普通话作为工作语言,只有 1.22% 的人认为在工作中经常会用到方言,而将英语作为主要工作语言的占比

10.99％。此外,34.15％的人认为掌握方言或少数民族语言有利于代理案件,更好地为客户提供服务。在外语能力方面,53.66％的人认为英语交际能力是工作需要的重要能力之一,而在除英语之外,是否还需要了解其他语言的问题上,有15.85％的律师回答需要,且语种主要是法语、德语、日语、俄语等语言,高达69.51％的人认为英语就可以满足职业中的语言能力需求。在对具体的听、说、读、写等技能的需求状况调查中,阅读能力仍然是在实际工作中使用最多的能力,高达41.46％的律师认为阅读能力使用最多;写作能力排第二,达24.39％;认为听力能力使用较多的律师占21.95％;说的能力使用率最低,只有12.2％的律师认为平时使用较多。此外,高达58.54％的律师认为极其需要学习外语以便获得晋升机会,但是,只有25.61％的律师获得了相关单位提供的提升外语能力的学习机会,大多数律师没有获得学习机会。

12.3.1.5 法学院教师

1. 基本信息

鉴于教师并非是司法领域的从业人员,本研究选取法学教师进行调查,用于预估对未来司法领域的语言能力影响。问卷只限于教授法学的教师,共收到58份有效问卷,数据来自全国各地的法学教师,以武汉、北京和上海居多,男性教师的比例高于女性,年龄层大多分布在26岁至50岁之间,占55.71％,符合目前法学教师的整体年龄状况,大多数教师具有硕士学历,其中拥有博士学历的占一半以上(51.72％),也符合我国目前法学教师的整体学历状况。

2. 语言能力状况

在普通话水平方面,大约有48.28％的教师持有普通话等级证书,一般为二级水平。在英语能力方面,具有大学英语六级水平的教师大约有43.1％,也有部分教师具有专业八级水平,占比5.17％,还有的教师具有雅思7分和8分的水平。

在其他语种能力方面,一半以上(55.17％)的教师没有其他外语语种能力,其他外语的学习情况如下表所示。

表 15　法学院教师其他外语(英语除外)语种能力情况

德语	法语	西班牙语	日语	意大利语	俄语
8.62％	8.62％	1.72％	24.41％	0％	17.2％

在学习"一带一路"沿线国家的语言方面,有些教师学过韩语。在方言能力方面,许多教师填写了具有四川方言、粤语等能力。

3. 语言能力需求状况

调查显示,教师在工作中主要使用普通话,占 86.21％,使用英语的只有 3.45％,使用方言的占 10.34％,但外语交流能力被大多数(56.9％)教师认为是工作中需要的能力。在英语的听、说、读、写、译的能力中,使用最多的能力是阅读能力,具体比率见下表。

表 16　法学院教师英语技能需求状况

听	说	读	写	译
20.69％	29.31％	43.1％	6.9％	40.9％

在被问到是否需要掌握除英语之外的其他语言时,48.28％的教师认为需要,5.17％的教师不清楚是否需要,所需要的语种的比率见下表。

表 17　法学院教师其他外语(英语除外)语种能力需求状况

德语	法语	西班牙语	日语	韩语	印尼语	意大利语	拉丁语
24.14％	27.59％	5.17％	3.45％	1.72％	1.72％	3.45％	1.72％

在针对是否还需要继续学习英语以便在工作中获得提升的回答中,48.28％的教师给予肯定的回答,但不到一半(41.38％)的教师获得过相关单位提供的英语培训机会。

12.3.2　定性访谈结果

为弥补定量调查对问题及其产生的原因不能进行深入了解和分析的不足,本研究也根据研究问题进行了半结构性访谈,访谈对象分别是检察官 4 人、法官 3 人、律师 6 人、警官 3 人及高校教师 3 人,年龄都在 26～45 岁之间。访谈问题主要分三大类:普通话、外语、方言等在目前工作中的使用和需求状况,大学外语课程与目前语言能力需求的匹配性和针对性以及目前是否有机会学习外语等。

12.3.2.1　法官

受访的 3 名法官分别来自中部省份的高院、中院和区法院,年龄分别为 40

岁、28 岁及 45 岁,受访的法官认为目前在日常工作中一般使用普通话,有时为了方便向当事人问话,会使用方言。法官在工作中从不使用外语,首先,国家语言主权规定在我国进行的诉讼必须使用汉语,涉外案件涉及的语言问题,都必须进行翻译;其次,目前各级法院受理的涉外案件并不多,许多有关贸易的案件,往往约定了争端处理方式,大多选择仲裁方式解决纠纷。

因在正式的审判中不会使用外语,在问到他们的英语能力是否是一种浪费时,回答都是否定的。受访者都一致认为在目前全球化时代,英语能力是一种素养。尽管在日常工作中很少使用,但较好的外语能力是法官资格能力的一个组成部分,因其在一些对外交流场合中还是很重要的。特别是,一位具有雅思 7 分成绩的法官认为,因其所在法庭是知识产权法庭,通过英语可以了解世界专利问题的动态,以及增强对一些翻译文本的判断,这都有助于其提升工作能力。

受访者认为平时使用更多的英语技能是阅读能力,他们比较认可大学的英语教学,通过在大学的英语学习,了解了一些西方文化基本知识,也对跨文化交际中应该注意的事项有所了解,当然也提出了加强与专业相关的外语教学和增强文化素养等建议。

受访者提到单位很少进行外语能力方面的培训①,有些培训是和增强司法能力相关②,但仍然有一些国外学习和考察的机会,有受访者认为目前有把这种国外学习和考察机会看作是一种类似福利待遇的激励措施的倾向,尽管有提升素养的作用,但对提升审判能力的作用并不大,而这一点也受到一些调查的支持③。

---

① 文献显示有针对法官的外语培训,《人民司法》第 10 期刊登的关于组织最高院的审判干部的外语培训,语种涉及英、法、日、俄,目的是使学员为达到审理涉外案件、参加国家外语水平考试或学位研究生考试以及从事法院外事活动应具有的外语水平做准备。在一些外国人居住较多的区域,区属法院有专门的外语培训,如《人民法院报》2002 年 12 月 3 日报道了广东省广州市花都区法院应对该区外商投资的增多,实施了 3 年英语培训计划,聘请高校资深教师和外籍教师授课。

② 语言能力也被认为是司法能力的重要组成部分,只是目前对司法能力的研究中,即使包含语言能力,也只是从语言修辞角度进行研究,而不包括外语能力。参见宗会霞. 法官司法能力研究[D]. 南京:南京理工大学,2013.

③ 有学者对法官的国外培训进行了实证考察,该考察报告认为法官海外培训的学习内容对审判工作并没有积极影响,反而进一步加剧了优秀法官流失,也是对国家财政资金的浪费。报告从世界各国法官学习培训机制等方面论述了国外培训并不适合法官这一职业,福特基金会曾资助过我国法官培训,但之后评估发现未能达到培训目标而停止了资助。参见范愉"有关法官国外培训的实证考察"《环球法律评论》2006 年第 4 期:448－456。

12.3.2.2　检察官

调查访谈了 4 名检察官,分别来自省最高检察院、中级检察院、区检察院及县市检察院。大多数检察官在平时日常工作中主要使用普通话,但也会使用方言,县市检察官认为主要使用的是方言,和法官一样,他们在工作中不使用外语。

在问到他们现有的外语能力时,他们的回答一般是"虽然有四级证书,但由于不用,现在各种能力都已经退化,有时在生活中还能使用一点,如看美剧,看一点国外产品的说明"等。

但当谈到在大学是否不该学习英语,特别是目前社会上对英语课的质疑,是否认为应该取消英语课时,他们认为英语能力已经是一种重要的素养,大学的英语学习仍然很重要,大学的学习还是不要过分功利化。因为在工作中无外语能力需求,受访者没有接受单位提供的外语培训。

12.3.2.3　警官

对警官的访谈采取了线上访问的形式,通过微信和 QQ 交流,主要访谈了南方和中部省份的 3 位警官。警官在平时的公务中,主要使用普通话和方言,很少使用外语,但在广州工作的警官提到,有时候公务涉及外国人,发现他们听不懂中文,于是会用简单的外语问话,有时会要求局里外语较好的警官协助,偶尔会请翻译。但因为大多时候他们遇到的是突发的事件,很难一时找到翻译,只在后续的询问和调查中,请外语较好的警官协助,并请专门的翻译。

针对警官目前的外语能力状况的访谈,访谈者认为因大学的"大学英语"是必修课,因此都在大学学过英语,参加过四级考试,但因为在工作中很少使用,几乎全部忘记。他们认为大学的英语教学和现实需要的差距较大,认为在大学学的英语难,实用性不强。在提到是否参加过英语或其他语言的培训时,他们都回答没有,但一些涉及特殊工作的警官,如被派往参加联合国的维和任务的警官,会有相应的培训。目前的工作考核基本不考察外语能力。

12.3.2.4　律师

对律师的访谈采取了线上和面对面访谈两种形式,访谈者主要来自三家律师事务所,一家事务所更多是受理涉外业务,另外两家更多是受理国内业务。涉外律师事务所的两位律师在工作中,使用英语较多;主要从事国内业务的律师,在工作中主要使用汉语,一般是普通话。涉外律师使用的技能主要是阅读、翻译等,特别是一些涉外企业合同书、公司文书的阅读和翻译等,在与外国客户或其他律师进行交流时，要使用听、说技能。

涉外律所的律师英语水平较高，一位律师从国外留学回来，并自学过德语，但部分律师事务也会求助专业翻译公司的语言服务。与法官和检察官不同，律师认为在大学课堂所学的英语在实际工作中的实用性不大，但打下了较好的英语基础，大部分英语能力是毕业后在工作中通过学习和实践获得的。在被问到涉及"一带一路"沿线国家的业务，如何解决语言问题及是否有律师具备这些地区的语言能力时，该律师回答目前还没有招聘到这样的人才，但因为律所是跨国律所，会选择当地分支机构的律师执行相关业务，这些律师大多具有良好的英语能力，因此可以进行英语交流。此外，也有一位回答因律所目前要做涉及"一带一路"地区的业务，在招聘律师过程中，会考虑懂小语种的律师，特别是懂一些重点业务区域的语言的律师。

主要受理国内业务的律师事务所的律师，平时使用英语不多，但他们认为外语能力很重要。有一位律师在访谈中明确表示，如果在大学多学一门外语，如日语或韩语，就会给自己带来更好的工作机会。还有一位律师在大学期间，凭兴趣学过德语，认为德语给自己带来了更好的机会。特别是，因他具有法学知识，往往有很多相关学者请求他帮忙，他做了很多翻译方面的工作，也曾参与翻译过一本德语的法学著作。

12.3.2.5 政法院校教师

对教师的访谈主要是采取面谈，选取了我国政法院校的教师，包括了 2 名法学院教师、1 名外国语学院教师，一方面，是为了了解我国法学教育中学生接触学习外语的情况，另一方面，是为了了解政法院校的大学英语教学情况。目前我国法学教师在教学中，对外国法制的介绍主要是依赖翻译文本，大多数法学教师所需的语种是英语，但有些研究罗马法、欧洲等法律，特别是从欧洲留学回来的教师，懂法语、德语、意大利语等。拉丁语也是在教授外国法律时经常要用到的语言。学校会提供这些语言的选修课，供有抱负和兴趣的学生学习。在平时的教学中，完全用英语授课的情况较少，学生的英语水平仍然依赖大学英语教学，由外国语学院进行教学评估管理。

对政法院校的大学英语教师的访谈表明，政法院校的大学英语教学和全国其他院校的大学英语教学几乎没有区别，有针对性的法律英语等课程往往是作为选修课，供学生选修学习。外国语学院的其他语种的课程主要是满足外国语学院学生的需求，有针对全校的如日语、法语、德语等课程，但并不能满足需求，且很多课程的连续性并不好[①]。

12.4　结论与分析

12.4.1　结论

根据以上定量和定性的调查结果，可以得出以下结论：

第一，我国司法领域从业人员的英语能力较好，几乎都具有大学英语四级及以上水平，但其他语种的能力较欠缺，除了少量从业人员具有日语、德语、法语、俄语等语言能力以外，几乎无人具有"一带一路"沿线国家和地区的语言能力。

第二，我国司法领域对外语能力的需求呈现多样化特点：法官和检察官的日常工作几乎不涉及外语，不需要外语能力；警官的日常工作对外语能力有需求，英语和其他语言的需求都有；律师特别是涉外律师，对外语能力的需求较高。

第三，我国司法从业人员大多讲普通话，但持有普通话等级证书的人员并不多，普通话水平需要进一步的评估和测试，方言能力也需进一步评估。从业人员对方言和少数民族语言的能力需求较大。

第四，在英语的听、说、读、写、译等具体能力的使用和需求方面，阅读能力是司法领域从业人员使用最多也是需求最大的能力，其他的依次是翻译、听、说和写。大学英语课程与工作后的外语使用和需求的匹配度一般，但对大学英语课程的价值认可度较高，被认为是提升个人素养的重要课程。

第五，我国司法领域从业人员在工作晋升中，对外语能力仍有需求，但在工作后很少获得有关提升外语能力方面的培训机会。

12.4.2　原因分析

我国目前司法领域从业人员的外语能力现状、外语使用和未来需求状况在很大程度上是由我国外语教育发展状况、司法领域的语言使用特点及国家战略

---

① 限于调查的覆盖面不够广泛，关于法学教育中的外语语种问题，本调查也参考了一些文献。文献表明我国一些边境省份的大学法学院，针对法学学生开设了相邻国家的一些语言教学，如越南语、泰语、缅甸语、马来语等，但目前对课程设置等仍在探索阶段。另外，2011年颁布的《关于实施卓越法律人才教育培养计划的若干意见》明确把培养涉外法律人才作为突破口，很多学校都在探索涉外法律人才培养的模式，如北京师范大学设置了瀚德法学班，以德语、法学、西班牙语、葡萄牙语等作为双学位课程，参见 http://maxdo.bnu.edu.cn/。

需求所决定的。

12.4.2.1 我国外语教育发展对目前司法领域外语能力的影响

我国司法领域从业人员的英语能力具有较高的水平,绝大多数有大学英语四级水平,有些甚至有英语专业八级、雅思 7 分水平,这和我国高校自改革开放以来,强调外语教育尤其是大学英语密切相关。自 20 世纪 80 年代起,大学英语逐步成为各级各类高校的必修课,且要求至少修读两年即四个学期,至少达到大学英语四级水平,很多院校把此作为毕业和授予学位的条件之一。在此教育背景下,随着我国司法领域从业人员的学历层次的提升,特别是近年来我国司法领域统一采取公开招考和全国统一考试方式选拔人员,目前新晋人员几乎都是大学本科毕业,因此大多从业人员至少具备大学英语四级的水平。在具体的语言能力方面,大学英语教学自改革开放以来一直强调听、说、读、写、译的能力培养①,在一定程度上满足了相应的能力需求。

但是,我国自 20 世纪 90 年代以来逐步形成的"英语一语独大"的外语教育状况也造成司法领域从业人员的多语种能力不足。据统计,截至 2016 年 3 月,我国教授语种最多的北京外国语大学能提供的世界不同语种教学数量为 72 种,而综合性院校大多只提供 5~7 种语言教学,中国学科较为齐全的"双一流"大学北京大学也只教授 23 种语言,政法院校提供的外语语种教学数量最多也只有 7 种(龚献静,2016),我国外语教育中的各语种的极度不平衡是导致我国司法领域多语种能力储备不足的主要原因。尽管我国司法从业人员在各类公务活动中主要使用普通话,但是在一些与国外接壤的边境省份及外国人社区较多的大中城市,警官和律师需要掌握除英语以外的语言,从而有利于执行公务和提供更好的法律服务。本次调查也表明,我国司法领域对韩语、越南语、菲律宾语、非洲语言等都有需求,但很少有从业人员掌握这些语言。甚至我国的专业语言服务机构,如翻译公司在这些语种方面的储备也不足,这种状况在很大程度上是由于我国目前多语种外语教育的不足而造成的。

12.4.2.2 司法领域语言使用特点对语言能力需求的影响

目前我国司法领域的外语能力储备和需求问题并没有得到重视,这在很大

---

① 我国自改革开放以来,分别在 1980 年、1986 年、1999 年颁布的《大学英语教学大纲》及 2004 年试行、2007 年正式颁布的《大学英语教学指南》都对大学英语教学目标进行了相应的规定和说明,除了 1980 年强调阅读能力之外,其他几部指导大学英语教学的纲领性文件都把听、说、读、写、译作为重要的目标,2017 年发行的《大学英语教学指南》也强调了这五项能力。

程度上和司法领域的语言使用特点相关。司法权是国家主权的主要组成部分，司法领域的从业人员，特别是代表国家行使司法权的法官、检察官、警官等使用国家通用语言是我国司法独立和国家主权的重要体现。因此，法官、检察官在进行审判工作时不需要使用外语。即使在一些相关工作中需要外语，因我国司法从业人员的受教育程度较高，一般都是大学本科及以上学历，其英语能力在一定程度上能满足相关工作的需求。当然，在外国人聚集较多的城市，如广州、北京、上海，一线警官在执行公务中在行使国家语言主权的同时，也需要相应的外语能力以便更好地执行公务。这些也在调查中得到反映，大约30%的警官认为外语交流能力是其工作中的一项重要能力。

　　然而，我国是一个方言和民族语言丰富的国家，宪法规定各民族都有使用自己本民族语言文字进行诉讼的权利，为保障少数民族的语言权利及审判工作的顺利进行，实现司法正义，司法从业人员应具有一定的少数民族语言能力，以提升案件审理的效率和质量。此外，我国方言丰富，民众主要是用方言交流，特别是一些受教育程度不高的民众，他们不会说普通话，有时也无法理解普通话，因此，为保障民众的合法权益，这也要求司法从业人员需掌握当地方言，从而保障诉讼的顺利进行。这种需求也在这次调查中得到了反映，有相当大比例的法官、检察官、警官、律师等都认为很有必要掌握方言和少数民族语言，以便更好地执行相应的公务活动。因此，在一些少数民族较多的省份，有法院开展了相应的语言培训。例如，贵州省的黔东南法院，为保障案件审理的质量和公正性，进行了三语法官培训，他们积极与高校联系，让法官学习苗族、侗族的语言和文字，对案件的审理起到了积极的效果①。此外，一些民族地区也对人民陪审员进行双语培训，从而能有效地帮助解决各种矛盾和纠纷。

12.4.2.3　国家战略需求对语言能力需求的影响

　　尽管在司法领域使用我国通用语言文字是国家主权的体现，但是自改革开放以来，特别是21世纪以来，随着全球化发展的深入，我国也开始逐步从"内向型"国家向"国际型"国家发展，在国际化的进程中，我国和世界各国在外交、经贸、文化、军事等领域的交往越来越密切，大量的国外企业来到中国投资办厂，许多外国人也来到中国学习、工作，为这些企业和外国人提供司法服务必然会

---

① 参见《贵州日报》"锤炼多般武艺　适应时代需求——黔东南法院打造'三语'法官提升司法能力"2013年5月2日。

涉及语言问题。因此,这对我国司法领域的从业人员尤其是律师的外语能力提出了一定要求。目前,涉外律师事务所对律师的英语能力要求非常高,许多律师需要提升自己的英语交流能力,以便提供更好的法律服务。尤其是,自 2015年以来,"一带一路"倡议的推进需要全面提升我国法律服务的国际化水平。2016 年 12 月举办的第八届陆家嘴法治论坛,专门以"法律服务国际化"为主题,深入探讨了中国律师事务所如何实现法律服务的国际化以及中国企业在国际化进程中的法律服务需求等话题,以期有效地提升法律服务的国际化水平①。"一带一路"倡议不仅对律师的英语能力提出了更高的要求,还对律师掌握其他外语语种提出了要求。此外,"一带一路"倡议也对为司法领域提供语言服务的机构提出了更高的要求,各类翻译机构,尤其是法律翻译机构不仅仅需要提供英汉法律文本的翻译服务,还需提供"一带一路"沿线国家的语言法律文本的翻译服务。由此可见,国家战略发展在很大程度上影响了司法领域的语言使用和需求。

12.5　政策建议

司法活动是一系列的语言行为,法官的审判、检察官的公诉、警官执行公务等都是通过语言行为进行的,语言能力是司法能力的重要构成。法律语言学在国内外的发展凸显了语言在司法领域的重要性。当今,随着国家间人口、技术、资源的流动,司法领域的语言行为不仅仅涉及单一语言,外语、双语、方言等都是影响司法活动的重要语言问题。本调查表明,我国司法领域的从业人员对外语、方言、少数民族语言能力都有需求,而我国外语教育现状、司法主权体现及国家战略需求又进一步凸显了司法领域中的语言问题,因此,依据本调查的结果及其原因分析,我国应进行司法领域的语言规划,通过相应的政策,提升语言能力,从而为我国各类组织和公民提供高质量的司法服务,维护公平和正义。

12.5.1　完善司法领域语言使用的相关立法

世界各国都通过法律规范司法领域的语言使用,以保障国家主权及诉讼当

---

① 毛丽君:陆家嘴法治论坛 12 月 8 日举行　聚焦"法律服务国际化"(参见东方网:http://sh.eastday.com/m/20161125/u1ai10082761.html)。

事人的语言权。我国《宪法》《刑事诉讼法》《民族区域自治法》《民事诉讼法》《行政诉讼法》《人民法院组织法》都有关于司法领域语言使用的规定,但是这些条款因其大多是政策性和原则性条款,欠缺操作性,无相应的违犯者的法律后果及相应处罚等规定,以至于在很多诉讼案件中,相关法律规定并没有得到有效的执行(翁金箱,2011)。因此,为改变目前我国在语言相关立法中的规定很少考虑到如何维护公民个体的语言权利、侵犯该权利所应承担的后果的状况,确保不因语言问题而损害诉讼人的权利及国家语言主权,我国应完善相关语言立法。首先,我国在语言立法理念上应以当事人权利为本位,兼顾国家治理社会的需要。第二次世界大战以来,世界各国开始把语言权作为人权的一个重要组成部分进行保护(苏金智,2003),《世界人权宣言》《公民与政治权利国际公约》《世界语言权宣言》都把语言权列为人权之一进行相应的规定。我国应基于此理念,在相应的法律规定中,对在司法活动中侵犯当事人语言权利的行为列出相应的惩罚性规定,进而更有效地保障诉讼当事人的语言权利的实现,从而避免在一些诉讼中应为诉讼双方提供翻译服务而未执行,或者未能提供有效翻译服务的情况(王隆文,2014)。其次,需要考虑语言的特殊属性,即语言是我国文化资源的重要构成,也是国家软实力的重要体现。在立法中,我国在兼顾本国主权利益的同时,也要考虑在国际政治、经济、文化竞争中和国际接轨的问题,因此,在涉外争端中,要注意充分保护当事人的语言权利,通过完善立法及一些政策性规定,规定一些领域的争端处理所应采取的语言,进而储备这些领域所需的关键性语言能力,尽可能确保在争端处理中不因为语言问题而处于劣势。此外,面对全球跨国法律市场的竞争和英语的优势地位,一方面,我国要建立起符合国际法制理念的法律规章制度,体现我国司法的开放性,另一方面,也必须提升司法领域从业人员的英语能力,提升我国司法服务的国际化水平,从而在一些争端的解决程序中,促使更多的贸易国选择我国的法律来处理争端[①],最终更好地实现国家利益。

12.5.2　建立司法翻译服务制度

　　我国在司法领域对一些语言问题的立法不够完善,导致缺失了司法领域的

---

① 当今全球化深入发展,在很多领域,法律已经成为一个产品,促使很多个人和公司寻求更有利的法律规章制度来解决可能发生的争端或寻求保护,很多国家也在全球宣传自己的相关法律制度以期在全球法律市场中具有更大的竞争力。

翻译服务制度和对翻译质量的有效监控。尽管国家质量监督检验检疫总局及国家标准化管理委员会于 2003 年、2005 年、2006 年分别发布了《翻译服务规范第 1 部分：笔译》(*Specification for Translation Service Part 1：Translation GB/T 19363. 1 - 2003*)、《翻译服务译文质量要求》(*Target Text Quality Requirements for Translation Services GB/T 19363. 2 - 2006*)、《翻译服务规范第 2 部分：口译》(*Specification for Translation Service—Part 2：Interpretation GB/T 19363. 2 - 2006*)，但这些只是一般性翻译质量管理标准，没有针对司法这一特殊领域的翻译质量进行管理，尤其是《翻译服务规范第 2 部分：口译》所界定的口译领域没有包括法庭口译。目前我国没有建立科学规范的司法翻译服务制度，尤其没有建立针对少数民族的法庭翻译人员管理及法庭翻译操作规范、法庭翻译培训等制度，从而影响了案件审理的公平性及效率。相比而言，美国不仅颁布了翻译服务规范、行业标准，而且制定了专门的《法庭口译法》(*The Court Interpreters Act, 28 U. S. C. § 1827*)，授权美国联邦法院管理办公室制定相应的法庭口译的制度。该法案在 1978 年、1988 年、1990 年、1996 年进行了相应的修订。根据该法律，联邦法院管理办公室对法庭翻译的指导标准、职业责任、法庭口译的资格、口译类型、法庭口译培训规范、口译资格考试及薪酬标准都进行了详细的规定，并建立法庭口译人员的数据库。正如美国联邦法院所宣称的："在司法中涉及不讲英语的当事人，聘用合格的口译对保证司法公正和当事人及相关利益人的合法权益起着关键性的作用。"[①]因此，我国应建立科学合理的司法领域的翻译服务制度，一方面捍卫司法领域的语言主权，尊重外国人及少数民族的语言权利，进而保障司法公正；另一方面，可以促进我国培养更好的法庭口译人才及法律翻译人才。据统计，法庭口译在世界 100 强的语言服务供应商的业务领域中位列第二，高达 51.2%，而法律笔译位列第三（穆雷、沈慧芝等，2017）。因此，建立良好的司法翻译服务制度不仅是解决司法领域外语能力不足的重要措施，也可以提升我国法律服务能力及语言服务业在全球市场的竞争力。

12.5.3 改革大学外语教育

司法领域从业人员的外语能力在很大程度上是由我国大学外语教育决定

---

① 参见美国联邦法院官网关于联邦法庭口译的规定：http://www. uscourts. gov/services-forms/ federal-court-Interpreters，原句为 "The use of competent federal court interpreters in proceedings involving speakers of languages other than English is critical to ensure that justice is carried out fairly for defendants and other stakeholders. "。

的。我国政法类院校及各个综合性大学的法学院是培养司法从业人员的重要机构,除公安类院校隶属于公安部,其他政法类院校都隶属于教育部或省教育厅,如中国政法大学隶属于教育部,因此由教育部颁发的各类大学外语教学改革措施往往也都在政法类院校得以实施和贯彻。我国自 20 世纪 80 年代恢复大学外语教学以来,大学英语逐步成为大学外语教育的核心甚至是全部,大学英语在各类院校都被划归为必修的公共基础课,这在一定程度上保证了我国大学生的英语能力水平满足国际交流的需要。然而,以英语为主的大学外语教学虽然在教育效率和功用上具有现实合理性,但却导致了我国的语种能力严重不足(李宇明,2011),甚至连西班牙语、阿拉伯语语种的人才也很欠缺,这种欠缺也影响了司法领域的语言能力。鉴于目前司法领域语言能力状况和一些特殊需求,大学外语教育可以从以下两个方面进行改革:一是改革大学外语课程的组织结构,目前我国大学外语教学主要由外国语学院进行,但是由于历史原因及学科发展和管理的限制,以英语、日语、法语、俄语等语言为主要教学语种,很难在开设新的语种方面进行大的突破。正因为此,尽管自 21 世纪初,我国就有学者开始呼吁解决我国语种偏少的问题(胡文仲,2001),但是语种偏少的问题仍然没有得到根本性的解决,以至于我国在提出"一带一路"倡议后,缺乏懂"一带一路"沿线国家和地区语言的人才又一次成为我国外语学界要解决的重大问题。因此,要解决这个问题,可以借鉴美国和日本,改革外语课程组织结构,通过设置国别和区域研究机构或者专门的语言中心,开设"一带一路"沿线国家的语言课程(龚献静,2012、2016),有针对性地对这些国家的语言和国情进行教学和研究,逐步解决我国语种偏少的问题。二是各政法类院校应根据司法领域人才培养需求调整学校外语教育体系,我国自 2004 年开始试行《大学英语课程教学要求》,在一定程度上赋予高校自主设计课程体系的权力,但目前我国几大政法类院校和全国其他院校一样,只是提供英、德、法、日、俄等语言的教学,很多其他语言的教学,特别是一些对法学教学和研究具有重要价值的语言如拉丁语、意大利语等都未能在这些学校开设。2013 年,高等教育外语专业指导委员会又进一步提出了构建和谐校园语言生态的要求(王守仁,2013)。因此,我国政法类院校可以根据我国司法领域的需求,改变课程组织结构,并通过灵活的课程设置,提供更多语言供学生修读。例如,中国公安大学根据国际司法和跨国犯罪的需求,废除外语系,增设了国际警务执法学院,培养既具有专业知识又具有较高外语能力的涉外执法人才,值得一些院校参考和借鉴。

12.5.4 加强中文推广

随着全球化的发展,世界各个国家一方面加强外语特别是英语的学习,另一方面也积极推广自己的语言。无论是英国的文化委员会还是第二次世界大战后的美国的文化中心,抑或是德国的歌德学院及日本国际交流基金会,都是这些国家设置的专门推广自己国家语言的机构,以培养掌握本国语言的人才,服务于本国各行业的国际化发展,促进本国企业的本地化发展。例如,美国和英国在全球的法律服务是随着本国各企业在全球的发展而发展起来的,但这些涉外法律服务主要是聘用所在国既懂专业,又具有较高英语能力的人才,从而为本国企业的本地化发展提供更好的法律服务,促进企业的发展。我国自 21世纪以来,也开始设置了孔子学院,在全球推广中文,服务中国文化、经济走出去。孔子学院在取得巨大成就的同时,也需要进一步发展,尤其是在提升中文教学的深度,促使国外更多的学习者具有高级中文水平方面需要进一步拓展。近年来,随着"一带一路"倡议的推进,我国除了在国内增设相关专业掌握沿线国家的语言与文化之外,更需要培养当地既懂法律又具有高水平的中文能力的人才。只有这样,在共建"一带一路"倡议过程中,投资国与被投资国的语言人才才会双向流动、内外联通。我国除了要培养供需对路的语言人才外,还应该认真思考如何满足被投资国学习中文的需求(文秋芳,2016)。因此,我国在提升司法领域的外语能力的同时,还需要促进世界其他国家培养懂中文的法律人才,为我国企业本地化及开展相关法律业务服务。此外,我国的一些少数民族聚居区的法院,为了更好地开展审判工作,开始要求法官掌握少数民族语言,但是我国在保护和尊重少数民族的语言权利的同时,也要考虑我国司法主权及相应的语言主权,因此,应该更好地在少数民族区域开展中文教学,促使更多的少数民族群众掌握中文,或者培养更多的双语人才及翻译人才,为少数民族群众服务。目前我国少数民族地区的中文教学,还需进一步提升其质量和深度[①],从而保障少数民族学习更有利于提升自己经济、文化地位的语言权利,进而也

---

① 教育部和国家语委 2012 年发布的《国家中长期语言文字事业改革和发展规划纲要(2012—2020)》(http://www.china-language.gov.cn/14/2013_1_6/1_14_5306_0_1357459095363.html)及 2016 年 8 月发布的《国家语言文字事业"十三五"发展规划》(http://www.chinalanguage.gov.cn/14/2016_9_19/1_14_6466_0_1474250878797.html)的工作任务中都明确规定要加快民族地区国家通用语言的普及;加强国家通用语言文字教育教学,确保少数民族学生基本掌握和使用国家通用语言文字。

能更有效地通过司法保障自己的各项权利不受侵犯。

12.6　结语

本调查对我国司法领域从业人员的语言能力尤其是外语能力及需求进行了研究,尽管我国曾进行过全国性的外语需求调查研究(鲁子问、张荣干,2012),但专门针对司法领域的几乎没有。本调查限于一些客观条件,未能进行大规模调查,但调查所涵盖的范围较广,并采用了定量和定性研究相结合的方法,在一定程度上反映了司法领域各种语言能力现状和需求。本调查表明我国司法领域仍需储备多语种能力,方言、少数民族语言方面的能力也需进一步提升。本报告也针对我国司法领域语言使用的特点、语言需求以及语言能力现状,提出了相应的策略来解决我国司法领域因语言能力不足而带来的问题,以期为我国国际化战略,尤其是"一带一路"倡议提供更好的司法保障和法律服务。

涉外五星级酒店外语服务能力调查[①]
——以成都涉外五星级酒店为例

　　随着中国国际化水平不断提高,城市的国际化水平也日益提高。国际化城市汇聚了许多来自世界各地的外籍旅游者、工作者和移民人士,他们拥有不同的文化背景,说着不同的语言。为了让外籍人士更快、更好地了解本地的风土人情和文化,拥有更好的旅游、工作和生活体验,语言服务问题是我们必须重视的一个关键影响因素。

　　外籍人士到一座新的城市,最先面临的是交通和住宿的问题,这两方面在很大程度上决定了他们对一座城市的第一印象。公共交通领域和酒店服务业的外语服务能力是城市外语服务能力的重要组成部分,对城市的外语服务环境建设起到引领和示范的作用。外语服务作为酒店服务的一个重要方面,在酒店服务业内部都还未引起足够的重视,当然,更不用说放到城市外语环境建设的高度去进行规划和管理。与此同时,关于酒店外语服务的研究比较少,酒店外语服务能力的问题亟待展开专项研究,以服务于行业需求和城市建设的需要。

　　成都作为“一带一路”规划中的内陆开放型经济高地之一,交通网络正在快速升级,举办的国际性会议与日俱增。根据《成都市国际化城市建设2025规划》,成都将主动融入世界的城市网络体系,建设具有通达全球能力的内陆开放门户城市、具有较强国际竞争力和影响力的亚洲内陆综合性经济中心城市、具有高度吸引力和辐射力的国际交往中心城市、具有一定带动引领作用的国际创新型城市、具有较优城市生态环境和多元包容性的国际生态宜居城市。城市国际化水平的提高意味着必须同时建设国际化的城市语言服务环境,以满足城市发展的基本语言需求。

[①] 本文作者为张文(上海外国语大学语言研究院)。

基于成都市建设国际化城市的大背景和构建国际化语言环境的迫切需求，本文以涉外五星级酒店的外语服务能力为切入点，以微观领域语言规划理论和个体语言规划者分析框架为理论支撑，采用内容分析法和批判话语分析，通过研究酒店的外语服务能力现状，发现酒店外语服务水平与国际化城市发展的外语需求之间的差距，找到酒店外语服务存在的问题，从而有针对性地提出改进的建议和措施，推动酒店的外语服务能力建设，并进一步为城市的外语服务环境建设做出贡献。

13.1　文献综述

13.1.1　语言服务研究综述

中国的国际吸引力正在快速提高，越来越多的海外人士愿意到中国旅游、工作和生活，由此对城市国际语言服务环境的建设提出了更高的要求。如何满足人们日益多样化的语言需求，为不同的人群提供不同的语言服务，是进一步提升重要城市国际化水平和加强各个城市国际语言环境建设的当务之急。近十年来，语言服务研究已经成为国内语言政策与语言规划研究的热点领域之一，而酒店作为城市对外服务的一个窗口，其外语服务水平能够在很大程度上直接反映城市的外语服务能力，因此酒店外语服务能力的研究也日益受到重视。本文对近几年国内外语言服务研究现状进行梳理，并进一步对酒店外语服务研究进行述评，以了解酒店外语服务研究的现状。

13.1.1.1　国外研究现状

国外学者日益重视不同行业和不同领域中语言服务的重要性，在语言服务的研究领域、研究方法及理论建构三个方面著述甚多，建树颇丰。

1）研究领域广泛

就研究领域而言，国外的研究已经远远超过了最初的语言翻译服务的研究范围，扩大到更多的行业和产业，相关的研究成果也十分丰富。

（1）语言服务与商务环境。查尔斯和皮卡里（Charles & Marschan-Piekkari, 2002）研究发现，即便是成功的跨国公司也依然存在各种横向交际问题，语言能力对交际的影响十分大。科拉佩尔和戴维斯（Krapels & Davis, 2003）、余（Yu, 2005）、斯帕罗（Sparrow, 2007）、特雷文（Treven, 2006）、邦巴卡斯和帕特里克森(Bambacas & Patrickson, 2009)等学者提出了人才招聘和选拔过程中语言和交际能力的标准、语言能力测试分析方法等问题的重要性。此外,科德斯梅勒等人(Kordsmeier etal., 2010)研究发现,美国的企业十分需要和重视员工的外语能力,且认为口语能力比阅读、写作能力更重要,外语能力直接影响到招聘、录用和升职。莱茵哈德和安德莉亚(Reinhard & Andrea, 2012)研究了商务环境中的语言意识和语言问题。

(2) 语言服务与休闲旅游业。戴维斯(2007)研究了休闲旅游产业员工的语言选择和语言能力、老板对员工语言能力的要求,提出现代休闲旅游业的竞争核心不再是价格,而是服务的能力和质量,其中语言服务起着重要的作用。德罗泽斯基(Drozdzewski, 2011)通过研究波兰的语言旅游,发现波兰语言旅游的驱动因素主要包括教育、家庭、文化、工作等。布鲁也·奥摩多和格鲁(Bruyèl-Olmedo & Juan-Garau, 2015)以加泰罗尼亚语为例,分析少数族裔语言在马略卡岛旅游业语言景观中的状况,提出将少数族裔语言和旅游业相结合,在发展旅游业的同时促进少数族裔语言的保护和发展。

(3) 语言服务与酒店业。布鲁和哈伦(Blue & Harun, 2003)、道森等(Dawson et al., 2014)学者分别研究了酒店业员工和管理人员的外语使用情况和语言态度。卡萨多(Casado, 2013)研究了酒店管理学校为学生提供的外语课程与地区语言需求之间存在的问题。戈塔尔斯(Goethals, 2015)基于客户对酒店语言服务的评价,分析酒店语言服务和酒店评分的关系。

(4) 语言服务与广告业。安和拉斐勒(Ahn & La Ferle, 2008)、蓬托尼等(Puntoni et al., 2009)学者研究了广告中使用地方语言与英语对消费者的情感认同和品牌认可度的不同影响。

综上,语言服务具备"语言"和"服务"的双重属性,语言服务已经渗透到各个不同行业和领域。为了满足市场的需求,语言服务的发展不再局限于语言水平,还结合了各个行业、各个领域、各个企业,乃至个人的特色,甚至涉及定制化的专门语言服务,发展前景广阔。

2) 研究方法多样

就研究方法而言,国外的语言服务研究大多是实证研究,主要可以分为三类:一是以分析数据材料为主的定量研究;二是通过访谈、观察、民族志等途径收集分析材料的定性研究;三是综合运用定性研究和定量研究方法的综合研究。

（1）定量研究。克默（Koermer，2005）通过"服务提供者社会性量表"收集问卷，然后应用定量研究方法中的回归分析处理数据。威廉等人（William et al.，2010）研究美国企业的外语需求时，结合分层抽样和随机抽样，通过邮寄的方式收集问卷，最后用定量方法进行统计分析。

（2）定性研究。罗森达尔（Rosendal，2009）通过分析报纸广告、商店标志和广告牌等，描述卢旺达的语言市场现状。德罗泽斯基（2011）通过研究波兰的语言旅游，了解移民情结和语言学习对语言旅游的影响。布鲁也·奥摩多和格鲁（2015）以加泰罗尼亚语为例，通过 736 幅图片分析马略卡岛旅游业的语言景观。

（3）定性研究和定量研究相结合。瓦尔德克等人（Waldeck et al.，2012）采用内容分析法分析获得的文本，同时对结果进行统计分析，提取出当代商务交际中的六种主要交际能力。英泽利（Incelli，2013）研究商务邮件中的商务英语策略和特征，同时采用了语料库分析、话语分析和定性研究中的民族志研究方法。

通过梳理和分析国外文献可见，国外学者在研究过程中大多数会根据研究需求综合运用定性研究和定量研究方法。除了实证研究，历史研究也是大多数学者在研究中经常采用的方法。比如德罗泽斯基（2011）在研究波兰语言旅游时，首先采用了文献研究方法，梳理了波兰的大流散移民历史。此外，国外学者充分意识到社会化媒体在研究中的重要意义，重视社会化媒体中可利用的数据，如戈塔尔斯（2015）将酒店官方网站上客户对酒店语言服务的评价作为研究的数据进行分析。

3）理论构建丰富

就理论而言，国外的语言服务研究尚没有形成一个系统的理论框架，不同的学者在研究中引用并构建了不同的理论。

（1）语言工作者理论。坦格（Tange，2009）提出了"语言工作者"（language worker）这一概念，即指通过语言运用获得收入的人。语言工作者是语言服务的提供者，如翻译工作者、语言教师、编辑、服务业的多语人才等。赫勒（Heller，2010）基于政治经济学理论，提出了"语言的商品化"（commodification of language）概念，认为语言在工作和产品中的重要性日益明显，语言本身逐渐变成一种可供销售的"商品"。语言既可以作为语言服务的媒介，也可以视为语言服务者提供的商品。

（2）语言产业理论。在语言产业论下，语言是一种可供消费的商品或服务。瓦勒和维拉（Valle & Villa, 2006）提出要通过推广西班牙语发展西班牙语的语言产业。康文多（Kamwendo, 2015）提出，非洲的语言具有巨大的潜力，随着非洲的语言复兴，发展非洲语言产业可以带来可持续的经济回报。语言产业的发展势必带来更多的语言服务需求。

（3）语言供求关系理论。格林（Grin, 1995）用经济学中的"供求关系"探讨语言活动与语言供需之间的关系，他对瑞典普通民众进行电话访问，运用经济学方法分析外语能力与经济收入的关系，发现英语技能和收入成正相关，且这种相关性因地区和行业的不同而不同。格林（2003）提出语言经济学理论，将经济学领域的理论应用于语言政策研究，分析公共语言政策的社会效益、成本效益评价、政府干预必要性等。格左拉（Gazzola, 2014）应用帕累托优化、效率与公平、成本效益分析等理论分析公共语言政策和语言制度。语言服务具备"语言"和"服务"的双重特征，"语言的商品化"和"服务的经济价值"决定了经济学理论在语言服务领域的广泛适用性。

综上所述，国外的语言服务研究存在以下几个特征：①对语言服务的研究立足于不同行业和不同领域；②重视语言服务的实证研究；③研究方法多样化，既包括定性研究也包括定量研究；④跨学科特性十分明显，不同的学者选择了不同的理论阐释自己的研究。然而，国外学者的研究成果虽多，但还没有形成一套系统的理论体系和研究框架，特别是缺乏从语言规划理论框架来分析语言服务的研究。

13.1.1.2 国内研究现状

中国语言服务行业是由原来的翻译产业升级转换而来的，但语言服务行业已经远远超越传统意义上的翻译服务（郭晓勇，2010）。国内语言服务行业及其研究目前仍处于起步阶段，在研究内容和研究方法方面有所创新，但不足之处依然明显。

1）研究内容有待拓展和深化

就研究内容而言，国内的语言服务研究涉及汉语服务、少数民族语言服务、外语服务和特殊语言服务等，近年来相关的研究已经取得了一定的进展。

（1）汉语服务。汉语服务主要以普通话服务为主，涉及国内的普通话推广运动和汉语与外语互译的服务，可供参考的文献十分丰富，如周有光老先生对汉语拼音方案和汉语现代化等有着极其重要的影响，留下了许多可供学习和参考的经典著作和学术文章。周庆生教授对我国的语言国情和语言政策有许多深入的研究，并撰写了许多的相关著作和学术文章。

（2）少数民族语言服务。李现乐、刘芳（2013）以民族地区的旅游业为例，探讨少数民族语言经济开发的意义、途径、必要性和可行性，认为语言服务是市场经济环境下保护语言的重要途径之一。戴红亮（2012）从政府和社会、人和机器、语言和文字、常态和应急、一般和专业、聚居区和其他地区六方面论述了少数民族语言服务的类型，提出少数民族语言服务现存的问题以及加强少数民族语言服务的意义和策略。孙得利（2010）发现少数民族法律语言翻译的短缺及其在司法实践中暴露出的问题，从我国少数民族法律语言翻译的特点和法律规定入手，通过对海外相关经验的借鉴和对国内少数民族法律语言现状进行分析，提出了具体的建议。阿尼沙（2009）提出设立我国刑事诉讼中少数民族翻译制度的立法设想。王隆文（2014）提出了应该顺应保障少数民族语言权利的国际趋势，构建少数民族语言庭审翻译服务制度。

（3）外语语言服务。国家的外语语言服务能力是国家经济实力和文化实力的重要部分。文秋芳、苏静和监艳红（2011）区分了国家外语能力、全民外语能力与公民外语能力，提出了国家外语能力的理论框架，将外语能力分为外语种类和外语质量两个分析维度。但该研究并没有提出领域外语能力，特别是外语服务领域外语能力的理论。

（4）特殊语言服务。与手语、盲文等语言相关的服务可以归类为特殊语言服务。肖晓燕、王继红（2009）回顾国内外手语翻译研究的历史与现状，提出中国手语翻译研究的三大理论模块，指出主要的研究内容和研究方法，同时分析国内手语翻译研究亟待解决的几个问题。王炎龙（2012）分析了盲文出版困境并提出了无障碍信息机制建设的一些途径。高宇翔、刘艳虹（2015）从政策演进、演播现状、收视现状、研究概况四个方面梳理了1982年至2014年中国电视新闻手语翻译的发展情况。倪兰（2015）探讨了手语新闻节目中手语翻译的角色定位、角色形成的原因、角色错位造成的信息传达受阻等问题。总体而言，关于手语和盲文等特殊语言服务的研究并不多见，相关研究主要从特殊人群的弱势地位出发，提出他们应该拥有的特殊权利，而从语言服务的视角进行的研究则比较少。

应该说，在短短十年时间内，语言服务研究发展迅速，国内成果逐步增多，但是，对比国外研究，国内语言服务研究在内容上存在两个问题。

一是现有研究在内容上不均衡,关于外语服务尤其是英语服务的研究居多,关于少数民族语言服务的研究少;以常规的语言和文字服务为主,涉及特殊语言服务比如手语、盲文等的研究极其匮乏。语言服务需要满足的是人们日益多样化的语言需求,扩大服务语种的范围是大势所趋。同样,关于语言服务的研究也需要更多地关注少数民族语言、小语种和特殊语言。

二是研究内容不够深入细致,尚处在概念模糊阶段,现有研究中关于语言服务的实证研究和行业研究比较少,缺少语言服务能力调查的相关研究。陈鹏(2014)对专业语言服务与行业语言服务进行区分,简要分析了行业语言服务的基本内容、语用原则、文化地位、发展策略等基本理论问题。贺宏志(2012)主编的《语言产业导论》一书按照产业分类,阐述了语言在不同领域的社会效益和经济效益。然而与国外学者不同的是,国内学界对特定行业的语言服务进行的研究很少,缺少与社会需求和行业领域相关的实证研究和市场调查。

2) 研究方法需要更加多元化

就研究方法而言,国内目前关于语言服务的研究主要以非实证研究为主,仅有少量的个案研究和实证研究。

屈哨兵(2007)以产品说明书的语言使用与语言服务作为调查对象,对我国说明书语言规范制定的基本情况进行描写。杨荣华(2014)以化妆品出口为例,探析贸易受阻中的语言服务问题及其根源,并提出企业层面和国家层面的应对策略。这样的个案研究能够发现具体的问题并提出具体的解决办法。

问卷调查是国内语言服务研究最常使用的方法之一。李现乐(2012)以抽样调查的方式发放问卷,从服务语言的选择、语言服务的方式、语言服务的投入和语言服务的经济价值四个方面,调查南京服务行业的语言服务状况。夏历和董杉(2014)通过问卷调查的方式研究沈阳市出租车司机的语言服务现状。

与国外的研究相比,国内语言服务领域的研究方法存在一定的局限性。目前的语言服务研究几乎都是通过发放问卷的方式收集数据,单纯发放问卷这一研究方法存在的问题在于,问卷的内容有限且缺乏弹性;问卷信息的真实性和回收率难以保证;问卷提供的信息可以对问题和现象进行描述却难以对其进行解释。随着语言服务的发展,相关的研究需要更为科学和客观的多元化研究方法,比如利用社会化媒体收集数据,或者通过定性研究方法中的访谈和民族志等方式收集数据。社会化媒体已经渗透到人们生活、工作和学习的方方面面,是大数据时代的主要信息源,可以提供跨越时间和空间的大量研究材料和数据。定性研究则可以弥补语言服务研究中单纯发放问卷的缺陷,通过获得的一手信息和数据,对定量分析中发现的现象和问题进行解释。此外,由于语言服务本身的跨领域和跨学科特性,语言服务研究面临的问题十分多样和复杂,研究中更需要结合不同的研究方法,如将定性研究和定量研究方法相结合。混合研究方法,有利于突破单一研究方法的局限性,提高研究方法的灵活性和针对性。

3) 研究理论有待完善

语言服务研究并没有形成系统的理论框架。国内学者正在不断探索语言服务的内涵,期望构建语言服务研究的理论体系。目前,国内的语言服务研究存在概念不清和分类模糊的问题,这是构建语言服务理论体系亟待澄清并解决的关键问题。

首先,语言服务在学理上的定义和定位模糊。郭龙生(2012:12)认为语言服务就是"主体因为语言、为了语言或通过语言而为客体工作",更进一步提出了"国家语言服务"的概念,并从八个方面对国家语言服务进行了系统论述。邵敬敏(2012:4)区分了语言服务和语言应用,提出语言服务的三个特性:为他性、实践性和实效性,认为应该在语言服务业的研究和实践基础上建立"语言服务学"。学界对语言服务的定义主要涉及以下三个方面:①提供语言服务的主体,大到国家、政府或机构,小到团体和个人;②接受语言服务的客体,同样可以是国家、政府、机构、团体或个人;③语言服务的媒介,包括语言、文字和技术支持媒介等。这些定义存在一个不足之处,即没有把语言服务的区别性特征呈现出来。语言服务的广泛定义包括了国家层面的语言资源配置、语言政策规范等,导致语言服务和语言政策、语言规划等领域的界限变得模糊不清。不同的学者对语言服务的认识不同,最后落实的研究方向也大相径庭,既不利于语言服务研究的快速发展,也不利于语言服务的学科建设。

其次,语言服务可以从不同的角度进行分类。屈哨兵(2007)提出,语言服务的基本类型可以从要素类型、行业领域、服务成品、职业类型等不同的角度进行划分,国内外提到的语言服务通常包括语言翻译服务、语言教育服务、语言支持性服务和行业领域的语言服务四个方面。赵世举(2012:4)将语言服务定义为"行为主体以语言文字为内容或手段为他人或社会提供帮助的行为和活动",从服务内容的角度可将其分为语言的知识服务、技术服务、工具服务、使用服务、康复服务、教育服务六个类型。李德鹏(2015)建议按服务领域将语言服务分为政治服务、经济服务、文化服务三类。语言服务的分类本质上决定了语言服务研究的领域和核心问题,是语言服务研究不同于其他研究领域的区别性特征。上述学者都是从语言服务的应用领域进行分类,但是,很多行业和领域之间存在交叉,而且经济和社会的不断发展总会带来新的行业和领域,因此上述分类都存在领域界限不确定的问题。

同样,企业或机构的外语服务能力也是其服务水平的重要指标之一。但企业的外语规划和国家外语规划在很多方面都存在一定的差异。首先,国家外语规划是宏观层面的规划,其规划主体是政府或其授权组织,规划的过程是自上而下的,很多情况下体现为显性的规范性文本或政策标准,具有广泛的影响。企业或机构的外语规划则属于微观层面的规划,其规划主体是管理者,通常是根据运营的需要和目标客户群的语言需求对企业或机构的外语服务能力和语言实践进行规划和管理。其次,企业和机构是微观语言规划的重要行动者之一,在语言规划领域具有重要的研究价值。因为从内部而言,企业和机构通过语言选择和语言培训,有条件对员工的语言使用进行系统的规划和管理(Jiří Nekvapil & Marek Nekula, 2006);从外部而言,企业和机构有责任落实国家层面的语言规划,同时其内部的语言规划也在一定程度上塑造了外部的社会语言环境(Saulière J., 2014)。企业和机构作为人们的主要工作场所和活动空间之一,在语言规划和管理中处于重要的位置,但它们作为语言规划的行动者这一角色还没有引起足够的重视,相关的研究较少,有待我们进行更为广泛和深入的研究。

要提升城市的国际化水平,必须建设国际化的语言服务环境。如今,酒店作为城市对外的一个窗口,需要接待来自世界各地的客户,其语言服务水平是外籍游客对城市语言服务环境的第一印象。因此,通过研究酒店的外语服务能力,可以在一定程度上反映城市的国际化语言服务水平,有利于在现有的基础上进一步促进城市的国际化语言服务环境建设。

13.1.2　酒店外语服务研究综述

13.1.2.1　国外研究现状

海外的酒店业和旅游业发展比较早,因此国外的研究者很早就开始关注酒店的外语服务,相关的研究比较丰富。

1) 外语服务需求研究

早期的研究主要是关于酒店业对外语服务能力的需求研究。科德斯梅勒等人(2000)给美国各行各业的人力资源经理发放问卷,调查美国不同行业对外语能力的需求情况,发现航空业和酒店业十分需要能够与外国客户直接交流和沟通的员工。卡萨多(2003)提出,由于美国的非英语人口比例日益增多,酒店业需要考虑为不能说英语的客户提供语言服务,酒店专业也应该将外语课程纳入培养计划之中。马修等人(Matthew et al., 2015)通过研究保加利亚酒店经理的招聘要求,发现外语能力,尤其是多语言能力是员工个人交际能力中十分重要的组成部分。

2) 将外语作为服务能力要素的研究

国外研究者十分关注酒店业员工的服务能力要素。大部分的相关研究表明,外语能力对于酒店业员工的职业成功十分重要。杨等人(Yang et al., 2014)在分析酒店专业毕业生所需要的技能时发现,虽然酒店管理层和学校教育者之间存在一定的意见分歧,但他们都认为外语能力是一项重要的必备技能。苏拜赫(Sobaih, 2015)提出,酒店员工的能力指标主要包括教育水平、职业结构和软技能,其中软技能主要体现在与客户的互动交际能力和外语能力上。余(Yu, 2015)通过分析酒店企业跨国扩张时影响知识成功转移的因素,发现外语能力是一个不可或缺的因素。

3) 基于社会化媒体的外语能力研究

国外学者充分意识到社会化媒体在研究中的重要意义,重视社会化媒体中可供利用的数据,很多关于酒店外语服务能力的研究都是基于社会化媒体的数据进行的。许(Hsu, 2004)通过分析中国酒店的官方网站,发现大多数五星级酒店的官方网站提供汉英双语服务界面,还有一些网站提供多语选择,但是预订服务却大多只有中文和英文界面,这种网站的信息界面和交易界面衔接不稳定的现象,会阻碍酒店的发展,不利于获得非英语国家的客户。黄和蔡(Huang & Cai, 2010)分析了美国的跨国酒店品牌在中国和美国的不同语言平台上的在线形象,认为品牌形象的连续性和一致性十分重要,如果品牌在美国和中国的网站上形象不一致,会影响客户对品牌的信任度。戈塔尔斯(2015)收集网站上客户对酒店语言服务的评价语作为研究的数据,以布鲁日、根特和安特卫普星级酒店为研究对象,分析了酒店的德语、西班牙语和法语服务能力,研究语言服务和客户评价的关系,以及酒店语言服务能力和酒店星级之间的关系。斯帕克和布朗宁(Sparks & Browning, 2010)、任伟等(Ren et al., 2015)学者从论坛或网站收集酒店客户的负面评论语,利用文本分析软件和内容分析法进行语料分析,找出客户对酒店的哪些方面感到不满以及发表不满的动机,从而有助于酒店针对客户的不满提出解决方案。斯特灵姆和格德斯(Stringam & Gerdes, 2010)分析网站上的客户评论语言与酒店评分的关系,发现"便利""早餐""饮料"等词语通常与高评分相联系,而"浴室""马桶"等词语通常与低评分相联系。别列津纳(Berezina, 2016)通过分析网站上的酒店客户评论,发现表示满意的客户更加注重无形的服务,如服务人员的态度和服务能力,而感到不满意的客户更加注重有形的服务,如卫生、家具等。

总体而言,国外关于酒店语言服务的研究十分丰富。其中最值得注意的是,基于社会化媒体的酒店评论研究。相对于传统的客户反馈调查,针对网上酒店评论的研究存在一些优势。第一,网上的酒店评论通常是以客户的亲身体验为基础,客户会针对酒店的具体服务进行评论,十分具有针对性。此外,客户是从自己的关注点出发进行评论,不会受到研究者的影响。第二,网上平台可以保存不同时间客户所写的评论,有利于进行历时的调查。第三,网上评论打破了传统调查模式的空间局限性,有利于获得更丰富、更全面的数据。但是,基于社会化媒体的酒店评论研究也有一定的局限性。网上评论大多只能反映客户写评论时关注的焦点,而不关注的方面不论是否满意可能都不会被提及。此外,网上的评论大多都是一次性的,而客户信息的隐匿性或虚拟性导致针对部分问题进行深入研究会比较困难。因此,基于社会化媒体的研究方法给研究者提供了更多的选择,但其应用时的局限性是必须考虑的问题。

13.1.2.2　国内研究现状

国内关于酒店外语服务能力的研究,主要集中在简介英译的问题和员工外语服务能力的现状调查两个方面。

1)酒店对外宣传的英译研究

随着中国对外开放的不断深化,中国许多城市的国际化程度日益增高。越来越多的酒店都必须向国外的游客和来宾提供住宿和餐饮服务。酒店作为对外宣传的一个重要窗口,其简介正不断被翻译成英语以及其他外语,从而给国外的游客提供信息和资源。但是,很多学者研究发现,许多酒店的对外宣传材料翻译文本存在一定的问题,对酒店的发展带来了不利影响。

林宗豪、缪肖强、胡立敏(2009)等学者通过分析许多星级酒店印制的英译本简介或网络介绍材料,分别从标点、语法、逻辑、拼写、用词、句子、段落等不同层面分析材料英译版本中存在的问题,并提出各自的修正建议和翻译提高措施,从而提高酒店对外宣传材料的翻译水平。

王瑞雪(2014)从体裁理论的视角出发,对比分析中国和美国的酒店简介文本,发现中文酒店简介英译文本存在一些违反体裁规约的问题,并针对这些问题提出了概括省略、避免空大词汇、重构、转换视角四种有效的酒店简介翻译策略。

还有很多学者运用语言学的理论分析酒店简介的翻译问题。王银屏(2008)、赵耀(2014)提出通过应用翻译理论系统中的"经济简明、信息突出"策略原则,来指导酒店简介的翻译实践。丛丽君(2011)基于词块理论分析酒店简介的英译本语篇。吴咏花、区俏桃(2011),莫红利(2009)根据目的论的框架分析酒店的英文简介。罗婷(2013)、洪亦然(2013)从顺应论的视角阐释了酒店简介翻译中存在的问题并提出了切实有效的应对策略。胡国语(2011)、肖静(2012)、李四萍(2012)、谢康(2015)从德国功能翻译理论出发,分析酒店宣传册或简介的英译文本,发现其中的问题并提出策略。

2) 酒店工作人员的外语服务能力和外语培训调查

侯可怡(2014)研究发现,河南省星级涉外酒店中,英语的使用比较广泛,但是对于其他国际语种,如法语、阿拉伯语以及其他语言,只有部分五星级涉外酒店在公共标识中偶有提及,这造成国外的客户在酒店中无法获得正常的服务。刘杰(2007)认为,酒店服务的无形要素包括语言行为。郭晋媛(2007)、江增光(2010)、周琦(2012)、朱冬碧(2013)、魏有附(2014)、卢雪英和屈云茜(2014)等学者通过问卷调查或访谈等方式,分析我国各地区的星级酒店员工英语服务能力现状,发现酒店的英语服务培训存在诸多的问题,很多酒店缺乏正规的培训教师、权威的酒店英语培训资料和有针对性的培训项目,而且由于员工流动率高且工作压力大,许多酒店的从业人员缺乏提升自身外语服务能力的动力。

郭炎华、唐飞(2010)从跨文化的视角出发,分析文化差异给酒店涉外服务交流带来的障碍,提出了提高酒店员工跨文化交际能力的培训方法,包括情景培训模式法等。余超、黄慧(2010),李婷婷、许晓晶(2013)等通过实地走访和调查,分析了星级酒店的外语需求、外语使用和外语培训现状,提出要根据需求来确定产、学、研相结合的具体培养方案。居珈璇(2014)分析涉外酒店专业学生英语服务能力现状及其原因,提出通过校企合作,以职业英语能力发展为中心,充分利用现代教学手段,多途径培养学生的综合语言服务能力。

从上述文献可以看出,国内学者十分关注酒店外语服务能力的研究,研究成果正在逐步增多。但是,对比国外的研究可以发现,国内的酒店外语服务能力研究还存在一些不足之处。

首先,研究过程缺乏系统的理论支撑。大多数相关研究都以简单罗列调查或观察结果为主,没有深入探索不同利益相关者的作用和影响。

其次,研究范围比较局限。国内的研究几乎只涉及酒店对外宣传材料翻译和酒店工作人员英语能力调查两个方面,很多值得研究的问题没有引起关注,比如酒店外语服务规划、工作人员小语种服务能力、酒店外语服务与酒店可持续发展的相关性等。

最后,研究方法单一。国内目前关于酒店外语服务的研究通常都单独采用问卷调查、观察、访谈或翻译材料文本分析等方法收集资料,很少关注社会化媒体调查方法,也少有结合使用多种方法的研究。

从上述的文献综述可以看出,在数据来源方面,国外的学者很早就注意到社会化媒体的影响力和研究价值,除了传统的访谈、观察式研究和问卷调查等方式,社会化媒体也是研究酒店外语服务能力的一个十分丰富的数据来源。通过社会化媒体开展研究,可以打破时空的局限性,收集到大量具有针对性的研究材料,有利于根据客户评论研究酒店外语服务能力的现状。在研究范围方面,当前国内的研究普遍较关注酒店外语服务的语言层面,比如翻译中存在的问题、员工的外语口语水平、酒店相关外语服务缺失等,很少关注语言之外的因素。事实上,酒店外语服务的利益相关者是比较多元的,包括官方管理机构、酒店管理层、在线酒店预订网站、酒店工作人员以及酒店客户。因此,研究者可以从不同利益相关者的视角出发,综合研究酒店的外语服务。

13.2　研究设计

本文以巴尔道夫(Baldauf)的微观领域语言规划理论和赵守辉等人的个体语言规划者分析框架为支撑,采用内容分析法和批判话语分析对收集的数据进行阐释,以成都涉外五星级酒店为例,探讨不同的语言规划参与者对酒店外语服务的作用和影响。整个研究过程包括四个环节。

第一,通过检索国家旅游局的政策规范文件,了解官方机构对酒店外语服务规划的相关要求和规范。

　　第二,通过分析各个酒店预订网站,选择酒店信息齐全、受众范围大、国际化程度高的网站作为网上数据的来源。收集酒店在预订网站上呈现的外语服务信息,了解酒店是否提供外语服务,以及提供外语服务的种类和数量。使用AntConc软件对获取的数据进行词频分析,采用内容分析法和批判话语分析方法对评论内容进行深入分析。

　　第三,通过半结构式访谈,与酒店入住的外籍客户进行访谈,并使用Nvivo8软件对访谈内容进行转写和管理。为了确保访谈录音转写的准确性,笔者请同校一名英语专业硕士和一名外籍留学生对访谈转写文本进行了校对。

　　第四,以微观领域语言规划理论和个体语言规划者分析框架为指导,对研究中通过不同渠道获得的数据进行分类汇总和深入分析,了解成都市涉外五星级酒店外语服务的现状,分析不同的个体参与者在酒店外语服务规划中扮演的角色和发挥的作用。

13.2.1　理论依据

13.2.1.1　微观领域语言规划理论

　　传统的语言规划理论认为语言规划是自上而下的过程,包括本体规划和地位规划两个方面,前者是对语言本身的规范化、标准化和现代化,后者是对语言地位和功能的规范化与合法化。传统观点将语言规划视为单向的自上而下的过程,忽视了非官方机构、团体和个体的能动性。

　　哈尔曼(1990)最先开始关注自下而上的微观领域语言规划,他在传统语言规划的理论上增加了声誉规划,认为语言规划是一个双向互动的过程,语言规划的制定者分为官方的(政府行为)、机构的(授权组织行为,即国家语言规划部门行为)、团体的(群体行为)和个人的(个体行为)四个层次。此后,巴尔道夫(2005)对微观领域语言规划进行了系统的阐述,认为微观语言规划不同于宏观语言规划在微观领域的实施过程,而是企业、团体或个体主动地制定计划,以开发和利用自身具有的语言资源,满足自身的语言需求,解决语言问题,或实现语言管理为目标,这是一个自下而上的过程。

　　另外,赵守辉等人(2012)进一步阐述了个体能动性(individual agency)在微观语言规划中的作用。具有能动作用与影响的个体微观语言规划者包括四个类别,即专业人士(people with expertise)、有影响力的人(people with influence)、权威人士(people with power)和利益相关者(people with interest)

（赵守辉，2011）。专业人士主要包括语言学家、应用语言学家以及其他具备语言相关的专业知识和技能的人。有影响力的人是依靠自己的知识/技能、职业、贡献、人格魅力、道德标准等产生一定社会影响力的人。权威人士是指国家领导人、政府高官以及其他语言规划授权机构的人士。利益相关者是指不具备显性的权威、专业知识和社会影响力的普通民众，他们在语言规划中的作用常常被忽视，但他们通过自身的语言态度和语言选择，也能以一种不可忽视的方式影响社会中的语言行为。他们可以从不同的方面对语言规划的过程和结果产生一定的影响。此外，个体微观语言规划者的作用和影响可以分别在五个环节中体现出来，即语言规划的启动、参与、影响、干涉和实施，但实际上这五个环节并不是截然分开的，且不同的微观语言规划者在每个环节的影响力大小并不相同。

微观语言规划理论可以用于分析微观领域的语言规划现状，比如某个具体的行业或企业、学校、社区和家庭等，有利于让微观语言规划者从规划的视角去了解、探索和开发可供利用的语言资源，满足自身的语言需求。

13.2.1.2 研究框架

基于上述理论，本研究从酒店外语规划的显性规划者和隐性规划者两方面进行分析，探讨不同的参与者对酒店外语规划的影响，同时分析客户对酒店外语服务的反馈，以了解酒店的外语服务现状是否实现了酒店外语规划的预期目标。本研究的分析框架如图 4 所示。

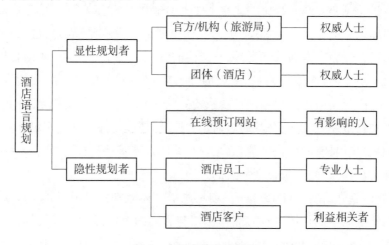

图 4　本研究的分析框架

酒店外语服务规划的显性规划者包括官方机构(旅游局)以及团体(酒店)。根据赵守辉(2011)对个体语言规划者的分类,旅游局和酒店在酒店外语服务规划过程中扮演的角色是权威人士,前者会制定权威的规章制度对酒店的外语服务进行规范的管理,后者则会根据自身发展的目标和需求制定符合自身长远发展的语言规划。显然,旅游局和酒店都属于显性的语言规划者,他们制定的相关规章制度和对员工语言能力的要求等,都属于显性的规划。在线预订网站作为集中酒店预订信息的社会化平台,会根据酒店的星级、价格、地理位置、客户评分、语言服务等指标对酒店进行分类和排序,影响客户的选择以及酒店的声誉和入住率等,但网站本身并不会直接对酒店的外语服务提出要求,因此在线预订网站在酒店外语服务规划中扮演的角色为有影响力的"人",属于隐性的语言规划者。此外,酒店的员工和客户也属于隐性的语言规划者。由于酒店是典型的服务业,其宗旨就是为客户提供满意的入住体验,酒店的员工通过掌握一定的语言技能为客户提供语言服务,是酒店服务的专业人士,他们通过实际的服务过程直接影响酒店外语服务的质量和效果,从而对酒店的外语服务规划产生一定的影响。酒店的客户属于利益相关者,酒店的外语服务直接涉及客户的利益问题,客户的需求和反馈会对显性规划者的决策和行为产生重要的影响。综上可知,显性规划者是主动制定语言规划的一方,而隐性语言规划者是通过自己的影响力在语言规划过程中发挥一定的作用或施加一定的影响。

13.2.2　研究背景

成都市作为四川省的省会、副省级市,是西南地区的科技、商贸、金融中心和交通、通讯枢纽,2015年被国务院确定为国家重要的高新技术产业基地、商贸物流中心和综合交通枢纽、西部地区重要的中心城市,2016年国家发展和改革委员会、住房和城乡建设部联合印发的《成渝城市群发展规划》指导文件中,将成都定位为国家中心城市。随着成都市的不断发展,国际化水平也日益提高。要进一步提升成都市的国际化水平,加强国际语言服务环境的建设至关重要。酒店作为城市对外服务的一个窗口,其外语服务水平能够在很大程度上直接反映城市的外语服务能力。因此,本文以酒店外语服务作为城市微观语言规划研究的切入点,分析成都市涉外五星级酒店外语服务水平和外语规划中存在的不足之处,并提出可供参考的建议,促进成都市酒店外语服务水平不断提高,进一步为国际化城市外语环境建设提供一定的参考和借鉴。

13.2.3 研究问题

随着中国城市的国际化水平提高,越来越多的外籍人士到中国旅游、学习和工作。为了满足日益多样化的外语需求,提高城市外语服务的质量和增加外语服务的语种数量是建设国际化语言环境的当务之急。本文以微观领域语言规划理论为指导,以酒店外语服务规划的不同参与者为研究的切入点,分析成都市涉外五星级酒店外语服务的现状,发现当前酒店外语服务规划中存在的问题并提出可供参考的建议,为进一步促进酒店的外语服务水平提高和城市的外语环境建设提供一些思路。主要的研究问题包括:

(1) 酒店外语服务规划与现实服务效果是否一致? 如果存在不一致,问题在哪里?

(2) 隐性规划者在酒店语言服务规划中是如何发挥个体影响的? 酒店外语服务是否影响客户行为?

13.2.4 研究方法

本文的研究过程主要分为三个部分,即文献研究、数据收集和数据分析,每个环节根据研究需要灵活采取了不同的研究方法。

13.2.4.1 文献研究

文献研究部分,笔者通过查阅国内外有关语言服务研究的文献,对近十年国内外语言服务研究现状进行了归纳和总结。同时,笔者对酒店语言服务相关的文献进行了详细阅读和分析,了解酒店语言服务研究的关注点和研究方法,搜集了关于酒店外语服务的政策和规范文本,主要包括:中华人民共和国国家旅游局发布的《旅游饭店星级的划分与评定》《旅游饭店英语等级考试大纲》《旅游饭店英语等级考试指南》、缤客网(http://www.booking.com)和猫途鹰(http://www.tripadviser.com)酒店预订平台,以及成都市部分五星级酒店官方网站的语言服务标准和声明。

13.2.4.2 数据收集方法

本文的数据来源主要包括两个部分:在线数据和半结构式访谈。

当今的大部分外籍人士会通过酒店在线平台或社会化媒体了解酒店,同时通过这些平台发表自己的入住体验。社会化媒体的优点是,具备信息性、互动性和社交性三大特征,虽然信息是沟通过程的基本组成,但是用户在社交平台拥有充分的主观能动性，可以决定是否分享、何时分享以及分享多少信息（Ariel & Avidar, 2015）。因此，社会化媒体承载的不仅仅是信息传递的功能，也承载了内容发布者的情感、思想、价值观甚至意识形态。客户对酒店入住体验的评价同样具有信息功能、情感功能和评价功能。因此，本文以酒店客户的在线评论作为研究数据的主要来源之一。本文通过搜集分析缤客网（http://www.booking.com）、HRS（http://www.hrs.com）、艺龙网（http://www.elong.com）、携程网（http://www.ctrip.com）、Agoda（http://www.agoda.com）和猫途鹰（http://www.tripadvisor.com）等酒店预订网站的界面、酒店信息和客户在线评论，并进行比较，最终采用缤客网和猫途鹰作为收集数据的网站。选择这两个网站的原因主要有以下三个。

第一，可供选择的语种多。缤客网的网站界面提供 42 种语言选择，猫途鹰的网站提供 53 种语言，两者均有遍布全球数百个国家和地区的酒店和公寓可供选择，很大程度上扩大了网站的国内外受众范围。相比之下，Agoda 的网站界面提供 38 种语言，HRS 提供 26 种语言，而且目前这两个网站的酒店数量和受众范围都远远比不上缤客网和猫途鹰。携程网提供 14 种语言选择，艺龙网只提供英文和简繁体中文 3 种界面的选择，语种较少在很大程度上会限制国外的受众范围。

第二，客户评论较多，且可以通过语种进行分类，有利于数据的筛选和收集。携程网、艺龙网的客户评论不能直接通过语种进行筛选。

第三，酒店信息部分注明了酒店提供的语言服务种类，同时酒店的星级分类比较详细，有利于分类查找和数据收集。HRS 的酒店服务部分只提及了白天或晚上有说英语的服务人员，对于其他语种则不提及。艺龙网、携程网的酒店信息部分少有提及酒店的语言服务。

本文的在线数据主要来源于酒店预订平台，收集了成都市市区内 21 家涉外五星级酒店 2014 年 7 月 1 日至 2016 年 6 月 30 日两年间的全部评论。

此外，本文的一手数据来源于与外籍客户的面对面访谈。考虑到网络评论数据与现实情况可能存在误差，出于数据和信息准确性目的，笔者还通过半结构式访谈，于 2016 年 7 月 1 日至 2016 年 11 月 30 日期间前往网络评论中语言服务问题较为集中的酒店，与部分住店外籍客户进行访谈和交流（访谈者信息见附录 3），通过深度访谈的方式了解外籍客户遇到的具体语言问题以及他们对酒店外语服务的期待和需求（访谈提纲见附录 3）。笔者在酒店先后随机联系外籍客户 16 人,经过沟通和交流,有 7 人表示愿意就酒店外语服务问题接受访谈,在得到受访者同意的前提下,笔者对访谈过程进行了录音,每人访谈时间为 30 分钟至 50 分钟不等,共计 247 分钟。之后笔者使用 Nvivo 软件对访谈录音和转写文本进行储存和管理,便于后续话语分析过程中的内容提取。

13.2.4.3 数据分析方法

本文主要采取的分析方法有内容分析法和批判话语分析。

内容分析法(Content Analysis)是对各种信息的显性内容进行客观、系统和定量描述,从显性内容的特征去推断与之相关的隐性内容的特征(风笑天,2009)。内容分析法经常用于分析新闻报纸、杂志、文学作品、电视广告等各种素材内容,现在也越来越多地被应用于分析社会化媒体中的各种在线评论和反馈信息等。由于评论的数量较多且文本内容丰富,构成了一定数量的语料,因此本研究十分适合用内容分析法中的词频统计等方法对评论进行定量分析。本文采用 AntConc 软件对评论语料进行词频统计,分析客户入住后的反馈信息,从客户的角度探索酒店外语服务的现状。

批判话语分析(Critical Discourse Analysis,简称 CDA)是一种具有跨学科特点的话语分析方法(李晓红,2007),被广泛应用于各个不同的研究领域。CDA 通过结合社会理论和话语分析,以描述、阐释和解释话语与社会世界的构建与被构建、表征与被表征的过程(Rogers & Joseph, 2005)。根据 CDA 理论,语言是一种社会事实、社会实践和社会符号,它反映了人们的信念和价值观。CDA 对话语结构的分析不仅是描述性的,也是解释性的。访谈的内容既包括客户的主观评价,也有客户对观察和体验的客观描述,兼具描述性和解释性,通过 CDA 对酒店客户的访谈话语进行分析,可以从批判的视角去解读外籍客户对酒店外语服务的体验和评价,发现酒店外语服务水平和外语服务规划的不足之处。

13.3 研究结果与分析

酒店服务业的外语服务能力作为酒店管理的一个方面,还并没有受到太多的重视。与此同时,关于酒店外语服务的研究比较少,酒店外语服务能力的问题亟待展开专项研究,以服务于行业需求和城市建设的需要。

在中国,酒店业是属于旅游服务业的一个部分,其星级的评定和划分、行业标准制定等均由中华人民共和国国家旅游局负责,因此,国家旅游局和地方旅游局是负责酒店业服务规划的官方机构。作为酒店外语服务规划的显性规划者,旅游局对五星级酒店外语服务规划的要求主要参考中华人民共和国旅游局颁发的《旅游饭店星级的划分与评定》。此外,酒店自身也属于其外语服务规划的显性规划者,他们的规划主要体现在酒店预订网站上发布的语言服务说明。

另一方面,酒店的客户通过浏览官方预订平台上的信息预订酒店,在入住后对酒店的各方面服务进行评分并发表入住体验和评论,为其他潜在的客户提供酒店选择的参考信息。同理,酒店的外籍客户通过在社会化媒体上对酒店的外语服务水平做出评价和反馈,可以影响其他外籍客户的选择,从而对酒店的入住率和长远发展带来一定的影响,反过来也会刺激酒店调整自身的外语服务规划,以满足外籍客户的语言需求。因此,酒店的客户可被视为酒店外语服务规划的隐性规划者。

本文对酒店客户的在线评论和访谈内容进行了分析,发现酒店外语服务规划的显性规划者制定的外语服务规划并没有达到预期的目标,不能满足隐性语言规划者的外语需求。

13.3.1　酒店外语服务语种不健全

表 18　酒店外语服务语种要求

显性规划者	对酒店外语服务语种的要求
旅游局	规定五星级酒店"员工训练有素,能用普通话和英语提供服务,必要时可用第二种外国语提供服务"
酒店	使用的语言:中文、英语……

旅游局作为权威人士,规定五星级饭店(酒店)"员工训练有素,能用普通话和英语提供服务,必要时可用第二种外国语提供服务"。同时,笔者通过缤客网获取成都市市区内 21 家涉外五星级酒店的服务信息,发现酒店自身已经意识到外语服务对于酒店服务的重要性。酒店在预订平台上明确地提出可提供的外语服务语种,是一种有目的地吸引外籍客户的方法。但是,通过进一步分析可以发现,研究中的所有五星级酒店提供的外语服务总共只涉及五种外语,分别是英语、日语、法语、德语和泰语。虽然 21 家五星级酒店均能提供英语服务,但只有三家五星级酒店可以提供日语服务,只有两家五星级酒店可以提供法语

服务,提供德语服务和泰语服务的酒店也分别只有一家(见图 5)。

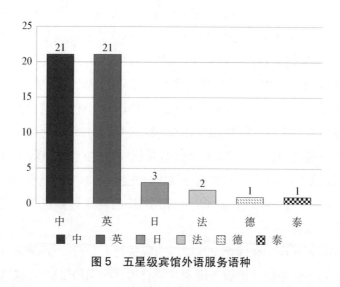

图 5　五星级宾馆外语服务语种

　　对于外籍客户来说,酒店能否提供适当的外语服务,是他们选择是否入住酒店的一个重要因素。通过数据我们也可以发现,这 21 家五星级酒店的外语服务语种十分有限。从图 6 可知,虽然所有酒店涉及的外语种类包括了英、日、法、德、泰语五种,但能够提供五种语言服务(中文及四种外语)和四种语言服务(中文及三种外语)的酒店分别只有 1 家,能够提供三种语言服务的酒店有两家,其他的 17 家酒店则都只能够提供两种语言服务(中文和英语)。显然,调查中的 21 家五星级酒店的外语服务仍然以英语为主,提供其他语种外语服务的能力还有待大力提高。

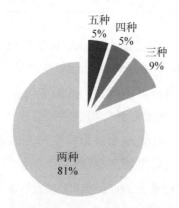

图 6　不同语种数量所占比例

此外,笔者通过统计外籍客户发表入住体验所使用的语言,发现客户在发表评论时使用的语言十分多样化,外语中使用最广的依然是英语,除此之外,评论使用最多的外语语种依次为日语、法语、德语、意大利语、西班牙语和荷兰语(见图7)。

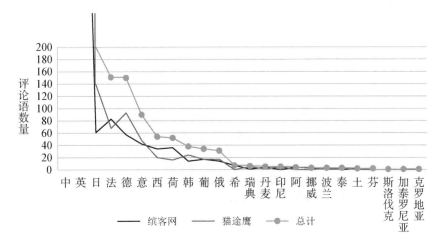

图7　宾馆客户评论的语种和数量

通过比较酒店提供的外语服务语种和客户评论所采用的语言种类,我们可以发现,成都市五星级酒店目前提供的外语服务种类由高到低依次为英语、日语、法语、德语和泰语;而客户评论使用得最多的外语种类由高到低依次为英语、日语、法语、德语、意大利语、西班牙语、荷兰语、韩语等(见图8)。

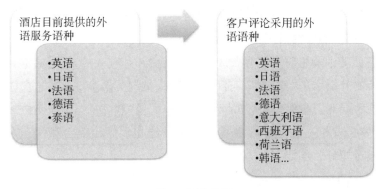

图8　语种差异

酒店也是酒店外语服务规划过程中的权威人士,但是不同的酒店对于外语服务规划的要求并不一致。此外,客户评论采用的外语语种比较丰富,说明外籍客户存在对小语种外语服务的需求。客户作为隐性的外语服务规划者,其对外语服务的需求说明酒店外语服务规划在语种方面存在明显的不足之处,同时并没有实现显性规划者对酒店外语服务规划的目标,即"必要时可用第二种外国语提供服务"。

13.3.2 酒店外语服务水平参差不齐

表 19　酒店员工外语服务水平要求

显性规划者	对酒店员工外语服务水平的要求
旅游局	规定五星级酒店"员工训练有素,能用普通话和英语提供服务,必要时可用第二种外国语提供服务"; 前厅工作人员"熟练掌握岗位英语或岗位专业用语"; "员工中通过'饭店职业英语等级测试'的人数比例"(通过率20%以上)。
酒店	使用的语言:中文、英语……

从旅游局的规范文件和酒店官方网站上的信息可以知道,旅游局和酒店作为酒店外语服务规划的显性规划者均意识到了酒店员工外语服务能力的重要性。旅游局规定五星级酒店"员工训练有素,能用普通话和英语提供服务,必要时可用第二种外国语提供服务",前厅工作人员"熟练掌握岗位英语或岗位专业用语",且对"员工中通过'饭店职业英语等级测试'的人数比例"有具体的指标要求。但是,根据对客户评论的内容分析,本文发现,酒店员工的外语服务水平参差不齐,同一酒店的员工英语水平存在岗位差异性。

酒店员工中最先与入住客人接触的是前台和礼宾人员,酒店通常对前台和礼宾人员的外语水平要求更高,前台和礼宾人员的英语水平通常也会较好。这一点与旅游局对五星级饭店(酒店)前厅工作人员"熟练掌握岗位英语或岗位专业用语"的要求相一致。同时,外籍客户的评论也反映出前台和礼宾人员的英语水平相对较好。例如:

(1)"Apart from the **front desk**, the staff does not speak English which was difficult sometimes and should be expected in such a high class hotel."（除了**前台**，其他员工都不会说英语，有时候会比较麻烦，在这样一个高级酒店，员工应该要会英语的。）

（2）"···the **staff/concierge** speak enough English to help with trips, taxis，etc."（······**礼宾人员**的英语水平足以给我们提供有关旅游、出租车等相关信息。）

随着中国旅游业的不断发展，与国外经济、文化交流的不断深化，酒店业需要提供的服务变得更为多元化，不再仅仅局限于提供住宿，尤其是五星级酒店。对很多外籍客户来说，五星级酒店提供的服务不仅涉及入住期间的衣食住行等相关服务，还包括了休闲、娱乐、健身等方面的服务。除了硬件设施和服务范围之外，如何提高酒店的软性语言服务以更好地落实酒店的全面服务，就变成了提高酒店核心竞争力所不可缺少的环节。

然而，根据酒店客户的评论内容分析，我们发现酒店对于除前台和礼宾人员以外的其他岗位工作人员，比如客房服务员、餐厅服务员和厨师、健身房员工等，英语服务能力的要求相对比较宽松，而外籍客户的评论进一步显示出这些岗位员工在外语服务能力方面的明显欠缺。例如：

（3）"...language barrier with **room service**..."（······**客房服务**遇到语言障碍······）

（4）"...**pool staff** did not speak English or French so difficult to communicate with them."（······**泳池的员工**不会英语或者法语，所以和他们交流有困难。）

（5）"The **restaurant options** were limited but this may have been **down to language issues**".（**餐厅的选择**有限，但是这可能要**归根于语言问题**。）

（6）"...**gym staff** speaking no English and just giggling..."（······**健身房的员工**不会说英语，只会一直笑······）

上述评论也反映出酒店的外语服务水平和质量并没有达到旅游局对五星

级酒店制定的"员工训练有素，能用普通话和英语提供服务"的外语服务目标。酒店是典型的服务行业，其发展的前提是尽可能满足客户的合理需求，提高客户的入住体验和满意度。显然，酒店的客户作为酒店外语服务的隐性规划者，通过其自身的语言需求以及对酒店外语服务现状的评价和反馈，会对酒店的外语服务规划产生很大的影响。从上述评论可以看出，酒店的外语服务规划重视前台和礼宾人员的外语服务能力，对其他岗位员工的外语服务能力并没有引起足够的重视。但是客户在入住过程中，不时会接触到不同岗位的员工，这些员工的外语服务能力对客户的入住满意度会产生一定的影响。

13.3.3 酒店跨文化沟通能力欠缺

表 20　对酒店跨文化沟通能力的需求

显性规划者	对酒店跨文化沟通能力的要求
旅游局	规定"在总台能提供中英文版所在地交通图、与住店宾客相适应的报刊"
酒店	"使用的语言：中文、英语……"

对于酒店的跨文化沟通能力，旅游局的规定只有一条，即"在总台能提供中英文版所在地交通图、与住店宾客相适应的报刊"，而酒店并没有具体指出跨文化沟通能力在外语服务中的重要性，说明显性的酒店外语服务规划者并没有关注跨文化沟通能力在酒店外语服务规划中的重要影响。这一点通过外籍客户的在线评论和访谈话语可以得到进一步的证实。

本文从酒店外籍客户的评论内容中发现，酒店的语言服务局限于员工的基本口语交流能力，缺乏对酒店跨文化沟通能力的关注。例如：

（7）"… however **the sign** explaining it's a children's pool is in Chinese…"（……但是，说明这个泳池是儿童专用泳池的**提示牌**是用中文写的……）

（8）"… the **TV remote control** took some time to work out as it is not in English at all！！（……操作**电视遥控器**花了很多时间，因为遥控器上完全没有英文！）

（9）"My only complaint would be that it'd be amazing if they could make up an **English language map** of Chengdu, as the one they give out isn't much good to non-Chinese speakers."（唯一的不满在于，如果他们能提供**英文版的成都地图**就太好了，因为他们给我的地图不适合外籍客户使用。）

从上述评论可知，对于外语服务，大部分人的认知依然停留在用英语进行基本的沟通和交流。虽然旅游局规定了酒店应提供中英文地图和报刊等，但是对于很多其他与外语相关的服务，比如提示牌、电视频道、各种介绍材料或者使用说明等使用的语言，旅游局和酒店都还未引起足够的重视。这一点，通过后续的访谈可以更进一步得到证实。例如：

受访者 A："I've been here for ten days and I haven't watched TV because **all in TV are Chinese**...I could use my phone. There was Wi-Fi in the room, but I could only visit a few sites. I couldn't go to any **Danish sites**. So I don't know anything. I'm from Denmark. I don't know anything about what's going on in Denmark."（我在这儿待了十天都没有看过电视，因为**电视里全是中文**……我可以用手机。房间里有无线网络，但是我只能访问几个网站。我访问不了任何**丹麦的网站**。所以我什么消息都不知道。我是从丹麦来的，但是我对丹麦发生的事情一无所知。）

这位来自丹麦的客户抱怨了到中国十天都没有看过电视，因为"电视里全是中文"，后来又用无奈的语气抱怨对自己国家的信息"一无所知"。显然，这位受访者对于酒店的电视没有外语频道感到十分不满。这可以说明，酒店的跨文化服务能力不仅仅是员工可以用流利的外语与客人进行沟通交流，也涉及非员工素质的因素，包括客户看到的告示牌、标语、各种文本材料以及电视频道等是否能够为外籍客人提供充足的信息，满足外籍客人的需要。

另一方面，虽然酒店的外语服务规划比较重视员工的外语服务能力，但通过分析与外籍客户的访谈内容，笔者发现外籍客户对酒店员工的外语服务能力并不十分满意。外籍客户发现酒店员工的交际能力存在一定的局限性，酒店重视员工的口语表达能力,却忽视了员工的听力水平和沟通理解能力,这一点是酒店外语服务的显性规划者并没有引起重视的问题。我们通过以下的例子可以具体说明:

受访者 B:"It (English) was enough to do what I needed to do... Enough for me to ask for, say, a bowl, or a bottle of water, a cup of tea, **but not much more**... Yeah, I have to go **sign language**... In terms of what happens in the hotel, it's OK to say, they come and ask, 'Would you like a cup of tea?' or 'Do you want a cup of tea?' And I would say 'Yes'. But if you say something like, **speak quickly**, that 'I need **a spoon for my yogurt**.' Then they **don't understand**.... I would say their English is fine, cause it's more they can **say things**, but **not understand** you say **well** when you speak to them."(英语足够满足我的需要了……比如,我可以用英语要一个碗、一瓶水或者一杯茶,**但再多就没办法了**……我不得不**比划手势**……说到酒店的情况,还行吧。他们会说,"请问您需不需要一杯茶?"然后我会说,"要的"。但是,如果你**语速快一点地**说,"**我需要一个喝酸奶的勺子**"。他们就**听不懂**了……要我说的话,他们的英语还行,但他们主要是可以**说英语**,但是你对他们说英语,他们却**听不太懂**。)

受访者 C:"I needed money, so I said, 'Nihao! **Do you speak English**?' And the girl said **'Yes'**. Then all I asked was 'Where can I get some money, a cashpoint machine, cash machine?' But she **didn't understand**."(我需要一些现金,然后我说,"你好! **你会说英语吗**?"那个女孩回道,"**会说**。"然后我问了,"我到哪儿可以取钱呢? 哪里有取款机、提款机?"但是她**没听懂**。)

分析受访者 B 和受访者 C 的话语可以发现,酒店工作人员的英语交流存在两个问题。第一,表达范围有限。酒店工作人员能够使用基础的英语表达,比如询问客人需不需要茶水之类的常用语句,但是超出这些常用基础语句之外的表达就不能够运用自如。比如客户想要一个"喝酸奶的勺子",酒店人员就没听懂。因此,客户在和酒店人员沟通时需要使用肢体语言。第二,酒店工作人员会说英语,但听力水平有限。受访者 C 就提到了一个典型的例子。当客人问道是否会英语的时候,工作人员回答"会说"。接着,当客人立即询问提款机位置时,工作人员就完全没听懂。

综上所述,从酒店外语服务的显性规划者一方来看,旅游局规定五星级酒店"在总台能提供中英文版所在地交通图、与住店宾客相适应的报刊",这条规定覆盖的内容十分有限,并没有突出外籍客户可能存在的语言需求和文化需求。酒店要有针对性地提升其外语服务水平,在没有更为宏观的外语服务规划可供参考的情况下,更应该重视隐性语言规划者的作用和影响。在线预订网站和酒店客户作为隐性规划者,可以对酒店的外语服务规划产生重要的影响。一方面,虽然客户作为利益相关者,对酒店外语服务发表的评论只能代表个人的看法,但是当客户以一个群体的形式存在,并在社会化媒体上发出自己的声音,就会对在线预定网站产生影响。另一方面,在线预订网站作为有影响力的"人",可以将客户评价和评分作为酒店排序和分类的一个指标,影响其他潜在客户的判断和选择,从而影响酒店的口碑和声誉,促使酒店不得不提升自身的外语服务以满足更加多样化的外语需求,来推动酒店的长远发展。

13.3.4　酒店外语服务反馈与评价的作用与影响

13.3.4.1　酒店外语服务水平影响外籍人士对酒店的选择

本研究收集了市区内 21 家五星级酒店 2014 年 7 月 1 日至 2016 年 6 月 30 日两年间的全部网络评论,发现外语评论以英语评论为最多,因此,本研究选取英语评论作为外语评论分析的样本。本研究获得的英语评论总共有 3,071 条,其中直接提到语言服务(包括英语、中文)的评论有 569 条,约占 18.53%。通过使用 AntConc3.4.4 对从网站上获得的所有评论进行词频统计和分析,排除不相关的词汇后,发现在 3,071 条评论中,与酒店评价相关的前 20 个名词词频顺序如表 21 所示。

表 21　与酒店相关的名词词频表

序号	名　词	频率
1	Hotel(酒店)	5,596
2	Room(s)(房间)	3,857

（续表）

序号	名　词	频率
3	Staff（员工）	2,352
4	Location/located（地理位置）	1,634
5	Service（服务）	1,524
6	Breakfast（早餐）	1,419
7	Food（食物）	868
8	English（英语）	594
9	Check-in/check-out（入住/退房）	533
10	Pool（游泳池）	476
11	Airport/shuttle（机场/班车）	462
12	Buffet（自助餐）	426
13	Bed（床）	412
14	Floor（地板）	403
15	Bathroom（浴室）	387
16	Facilities（设施）	369
17	Bar（吧台）	350
18	Lobby（大厅）	293
19	Concierge（礼宾部员工）	282
20	Front/reception/concierge desk（前台）	223

由表21可以看出，外籍客户在评论酒店的入住体验时，英语服务显然已经成为一个高频词。酒店的服务可以从有形服务和无形服务两个方面进行讨论。上述高频词当中，房间（room）、地理位置（location）和食物供应（breakfast/food）可以归类为酒店的有形服务，体现了酒店的物质条件和物理环境水准。无形服务则包括员工（staff）、英语水平（English）、入住/退房（check-in/check-out）等。可以看出，对于使用英语的外籍客户来说，在酒店服务的无形服务中，英语水平（English）的词频较高，是无形服务的重要组成部分，是酒店服务能力的重要指标之一。酒店在保证优质物理环境水准的基础上，提高无形服务的质

量才能让酒店具有不可替代的竞争优势。外籍客户的语言需求说明了酒店外语服务规划的重要性和必要性,语言能力作为酒店员工的基本素质之一,是酒店软实力的重要组成部分。

此外,在与外籍客户的访谈中也发现,很多客户在选择酒店时,会考虑酒店的外语服务能力。例如:

受访者 D:"The **foreign language is not a big consideration** for me, because I'm normally with someone who can speak the language I need or I get access to someone who can... friends or business colleagues. **But when I travel with my family, I will consider language... But with google translation and applications in my phone, I don't think English is a big problem.** When you travel more often, you learn a bit **patience** to work with people. I was in Spain early in the year, and most of people, you know, speak **Spanish**, but then a lot of people speak **English** as well, and some people work with **French**, **German**, and **Spanish**, you know, **everything.**"(对我来说,**外语并不是一个重要的考虑因素**,因为我一般都有会说当地语言的人同行,不然我自己也会找会说当地语言的人……朋友或者同事。**但是,如果我和家人一起旅行,我会考虑语言问题……不过,手机里有谷歌翻译和应用软件,我觉得英语不是大问题。**如果你经常出去旅行,你就会学着耐心地和人沟通。今年年初我在西班牙的时候,大部分的人都说**西班牙语**,但也有很多人说**英语**,还有一些人说**法语、德语和西班牙语**,你懂的,**各种语言都有**。)

受访者 E:"... If I came as a tourist, I would choose a four- or five-star hotel, **but be sure that they speak English well at the reception... I won't consider a hotel without English-speaking staff**, not as a tourist..."(……如果我是专门来旅游的话,我会选一个四星级或者五星级的酒店,不**过还是会确认前台工作人员会说英语**……**如果酒店没有人会说英语**,作为游客的话,**我是不会选择那个酒店的**……)

从受访者 D 的话语可以看出,这位受访者对于酒店外语服务的态度是比较开放和包容的,比较能够体现年轻人的态度。这位受访者是一位年轻的 IT 工程师,对于他个人而言,语言并不是一个重要的问题,如果有家人结伴出行的情况,他会考虑语言问题。但之后又提出,手机中的应用软件能够辅助沟通和交流,因此英语并不是一个重要的问题。随后,受访者 D 又通过西班牙多语言环境的例子说明,语言并不是一个影响出行的大问题。虽然这位受访者在态度上是比较包容的,但是从他的话语中,比如"not a big problem(不是大问题)""patience(耐心)""get access to someone who can(找会说当地语言的人)""google translation(谷歌翻译)"等,依然可以看出语言是酒店服务提升的一个重要方面。而对于受访者 E 来说,外语服务则是选择酒店的一个重要参考因素。他明确地提出,即使是四星级或五星级酒店,他在入住之前也会提前确认酒店是否能提供英语服务,同时自己作为游客不会考虑入住一个不能提供英语服务的酒店。

从上述访谈话语可以发现,虽然年轻的外籍游客能够自己找到办法解决语言沟通问题,但对于更加重视沟通效率或者不习惯使用翻译软件的外籍客户来说,外语服务是酒店服务的一个重要参考指标,提升外语服务能够在很大程度上提升酒店的口碑和声誉。虽然客户在酒店的外语服务规划中不具有权威性、专业知识和社会影响力,客户个人并不能直接对酒店的外语服务规划产生影响,但是,每一位客户都是酒店外语服务的利益相关者,当大量的客户在社会化媒体上发表自己的评论和观点时,他们就以群体的方式对在线预定网站施加了影响,并通过在线预订网站形成一个有影响力的群体,对酒店的外语服务规划产生了间接但不可忽视的影响。因此,酒店在制订其外语服务规划的过程中,要更加重视客户和在线预订网站作为隐性语言规划者所带来的影响。

13.3.4.2 酒店外语服务水平影响外籍人士对城市语言环境的认知

五星级酒店作为很多外籍客户认识一座城市甚至认识中国的一个窗口,其外语服务能力在很大程度上会影响他们对中国城市外语服务环境的评价。外籍客户在入住酒店之前,对中国、成都以及五星级酒店的外语服务水平都有一定的预估和期待;而在入住酒店之后,客户会将酒店的外语服务水平与自己的预期水平进行比较,从而形成对酒店外语服务现状的评价。如下列评论:

(10)"Almost all the people that work there can speak English, something that is **rare in Chengdu.**"(几乎在这儿工作的所有员工都会说

英语,这在**成都很少见**。)

(11)"All staffs also speak perfect English from doorman to front desk to guest relations. That is **a rare treat in China**, trust me."(从门童、前台到客户关系工作人员,所有的员工都会说流利的英语。相信我,这样的服务**在中国是很少见**的。)

(12)"Staff is kind and helpful and can speak Chinese(of course) and English(good level which is **rare also among 5* hotels in China**)."(员工既友好又乐于助人,而且会说中文(理所当然的)和英语(水平高,这**在中国的五星级酒店里也是很少见**的)。)

从上面的英语评论可以看出,多名客户认为酒店员工英语好"在中国很少见"。

"在成都很少见"或"在中国的五星级酒店里也是很少见"等,说明很多外籍客户在入住之前对成都市五星级酒店的外语服务并没有太高的期望,这种高于预期值的服务水平给客户留下了良好的印象,有利于改善外籍客户对成都甚至对中国的国际语言环境的印象。

另一方面,也有客户在入住酒店之后,发现酒店的外语服务水平低于自己的预期水平,从而进一步加深自己对成都甚至对中国外语服务的不良印象。例如:

(13)"... as is usual, the staff struggle with English. **YES! It's China, but Chengdu** is not in the boondocks, staff should perhaps have a better grasp of English."(……一如既往地,员工说英语很费劲。**是呀,这是中国!** 但是**成都**也不是什么穷乡僻壤,员工可能需要更好地掌握英语才行。)

从上述评论可以看出,外籍客户在入住酒店之前会对酒店的外语服务水平和城市的外语服务环境存在一个预期值,并在入住之后根据自己体验的酒店外语服务水平来验证自己的预期,并形成一定的评价和反馈。因此,为了提高城市的外语服务环境建设水平,提升外籍客户对中国外语服务水平的认可度,提高五星级酒店的外语服务能力便是其中至关重要的一个环节。

13.3.5 讨论

13.3.5.1 自上而下外语服务规划的局限性

旅游局对酒店外语服务的规划主要是以自上而下的方式制定标准和规范文件，并以访查的方式对酒店进行监督和指导。由于酒店的星级评定会影响酒店的定价范围和客户认可度，将外语服务规划纳入星级评定的标准，有利于督促酒店提升其外语服务能力。同时，旅游局对五星级酒店外语服务的规范标准也可以为较低级别的酒店、饭店和宾馆提供参考和引导。但是，旅游局对五星级酒店外语服务的规划也存在一定的局限之处。

第一，酒店的星级评定和划分采取的是评分制，而外语服务仅仅是酒店评分的其中一项参考指标，并不是强制性指标，如果酒店在其他方面得分较高，外语服务水平的得分高低可能对星级评定的结果并不会产生什么影响。这就可能导致部分的五星级酒店忽视或者不够重视外语服务。

第二，有关五星级酒店外语服务的规定和要求比较笼统。比如，"能用英语提供服务"和"必要时可用第二种语言提供服务"，这样的表述对员工外语水平、需要掌握的外语种类以及外语服务涉及的职责范围等都没有明确的界定，存在很大的弹性空间和不确定性，因此也可能导致酒店在提升外语服务方面无法获得切实可行的参考指标。

自上而下的语言规划是宏观层面的语言规划，具有引导方向的指标性作用。但是，自上而下的语言政策和规划能否发挥作用，很大程度上取决于中观层面和微观层面的参与和支持(Kaplan & Baldauf, 2003)。旅游局对酒店外语服务的要求属于宏观层面自上而下的规划，虽然能够让酒店对其提供的外语服务引起重视，但是这种宏观且宽泛的规划并不能替代酒店作为微观语言规划者的作用。酒店要制定符合自身发展需求的自下而上的外语服务规划，需要综合考虑自身的语言资源和目标客户的语言需求，这一点是自上而下的语言规划者难以顾及的方面，却也是酒店作为微观语言规划者可以发挥其能动作用的方面。

13.3.5.2 酒店作为微观语言规划者的能动作用有待改善

虽然旅游局的规划并不能提供具体可供参考的执行计划，但是酒店作为微观语言规划者，应该发挥自身的主观能动性来制定符合自身发展需要的外语服务规划。根据巴尔道夫的微观领域语言规划理论，微观层面的语言规划是指企业、机构、团体或个人制定计划以利用和开发可获得的语言资源,这并不是更高层次宏观语言规划的结果,而是为了满足自身的语言需求、解决自身面临的语言问题和促进语言管理。因此,酒店属于典型的微观语言规划者。

然而,本次研究发现,虽然所有受调查的五星级酒店都将英语纳入其外语服务之中,且部分酒店还规划了其他语种的外语服务,如日语、法语等。但根据外籍客户的评价和反馈,酒店的显性外语服务规划与客户实际体验的外语服务水平之间存在极大的落差,许多外籍客户的语言需求并没有得以满足。

第一,所有五星级酒店在网站上均显示能提供英语服务,但从外籍客户的反馈可以发现,酒店不同岗位员工的英语水平不一致,且客户都强调了前台工作人员的英语能力,说明外籍客户对于不同岗位员工的外语服务有着不同的需求。因此,酒店应该重点培训前台礼宾部工作人员的外语交流能力,但是,如果其他部门的员工也具备一定的英语能力,在很大程度上可以给外籍客人留下良好的影响。

第二,酒店对员工的外语能力考察以基础口语为主,忽视了听力能力的同步提高。根据外籍客户的反馈,虽然很多员工可以"说"英语,但是听力水平却非常有限。很多基本的日常用语,从外籍客人口中说出来,酒店工作人员就听不懂。酒店服务人员的主要工作就是理解客人的需要,并为客人提供满意的服务。如果听不懂客户的需求,那么就谈不上服务了。

第三,酒店的外语服务依靠的是酒店的跨文化交际能力,这不仅是工作人员"说"外语的问题,还包括了员工与客户互动交际的过程,以及客户可获得信息的各种渠道和材料,如酒店的各种宣传手册、旅游导图、标语、设施设备使用说明、电视频道和各种电子通信设备的界面语言等。

第四,酒店的外语服务语种有限,不能满足许多非英语外籍客户的需求。

从客户反馈的一系列问题中可以知道,酒店并没有发挥其微观语言规划者的能动作用。虽然酒店都意识到外语服务的重要性,但是这些酒店并没有制定出符合自身长远发展的外语服务规划,以促进酒店自身的语言管理和解决酒店面临的语言问题。

13.3.5.3　在线预订网站对外语服务规划具有重要影响

基于网络社会化媒体的调查显示,在线预订网站在酒店外语服务规划中是重要的能动者,作为有影响力的"人",会对酒店的外语服务规划产生影响。以缤客网为例,该网站是一个国际化程度特别高的在线酒店预订平台。

首先,缤客网提供了多种语言可供客户选择,就语种的丰富性方面,会对酒店产生一定的影响,让酒店意识到外语服务的重要性,并在酒店信息中明确标注酒店可提供的外语服务种类。

其次,该酒店预订网站会根据客户的反馈对城市的酒店进行排序,关于酒店排序标准的一个说明文本是,"搜索结果已根据客人最关注的内容进行排序,如最新点评数量、综合评分及质量评价等。人气住宿已优先显示"。由于该网站的客户遍及全世界,因此,不同语言使用者发表的评论都会被纳入酒店评分和排序系统之中,促使各个酒店不得不重视使用不同语言的客户的需求。

通过缤客网的例子我们就可以发现,在线预订网站作为连接酒店和客户的一个中间平台,一方面会通过其页面布局和酒店排序影响客户的判断和选择,另一方面也会基于客户的评价和反馈以动态的方式更新酒店的排序,从而影响酒店的受众范围和入住率。因此,在线酒店预订网站通过客户与酒店之间的动态互动,会对酒店的外语服务规划产生重要的影响。酒店在制定其外语服务规划的过程中,应该进一步重视在线预订网站作为重要影响者的能动作用。

13.3.5.4 客户作为隐性语言规划者不容忽视

旅游局和酒店是酒店外语服务的显性规划者,他们制定的外语服务规划本质上是为了建设符合酒店长远发展的外语服务环境,这就需要考虑外语服务接受者的需求,并根据他们的评价和反馈做出适当的调整。一方面,酒店的客户作为隐性的外语服务规划者,通过在社会化媒体上发表自己对酒店外语服务的评价,同时对酒店的各个方面进行评分,会直接影响其他客户对酒店的预期和酒店的入住率,同时影响酒店在网站上的排名顺序和受众范围。另一方面,酒店的客服和售后部门会定期浏览酒店客户的评论,包括外籍客户发表的各种外语评论,针对客户提出的不满做出回应,同时根据客户的评论和反馈做出相应的调整,以不断提升酒店的外语服务。因此,酒店的客户作为隐性的外语服务规划者,通过其自身的需求和对酒店外语服务现状的评价,仍然可以对酒店的外语服务规划产生极大的影响。

13.4 优化酒店外语服务规划的建议

酒店需要了解客户的潜在需求才能为客户提供满意的服务,这就意味着酒店业的服务是以客户需求为导向的,酒店业的外语服务规划要同时结合自上而下的监督规范和自下而上的反馈调节。针对研究所发现的问题,笔者从语言规划的视角出发,提出以下两个建议。

第一,本研究发现,酒店外语服务规划与现实的服务效果并不完全一致,即显性规划者的外语服务规划并不能满足隐性外语服务规划者(客户)的外语需求。对此,笔者建议,酒店要充分发挥其作为微观语言规划者的能动作用,以官方层次(旅游局)自上而下的外语服务规划为指导,充分重视在线预订网站作为重要影响者的作用,根据客户作为隐性外语服务规划者提出的意见和反馈,制定出符合自身长远发展的定制化的外语服务规划。具体而言,从语种来看,酒店需要大力提高员工的英语服务能力,在保证英语服务的基础上,增加服务的语种。其次,从语言水平提高的角度,酒店在招聘员工时应该考虑其基本的外语素养,同时给在职员工提供长期的学习机会和采用激励方式。员工在提高英语技能时,要重点发展听和说的能力。最后,外语服务本质上也是酒店的跨文化沟通能力,不仅要让员工用外语为客户提供服务,还包括酒店提供信息的各种渠道和材料,即保证外籍客户不会因为语言障碍而无法获得需要的信息或者应该享有的服务。

第二,在线预订网站和客户作为酒店外语服务的隐性规划者对酒店的外语服务规划具有重要的影响,前者通过其数量较多的网站语种选择和评分排序机制影响酒店的外语服务规划,后者通过在网站上对酒店的外语服务发表评价和反馈间接促进酒店的外语服务提升。因此,笔者建议酒店应更加重视客户的语言态度和语言需求,并增加与客户沟通和互动的渠道,及时了解客户对酒店语言服务的意见和评价,有针对性地改善酒店自身的语言服务。

酒店的外语服务规划需要结合不同层次的规划以服务于自身的发展。酒店外语服务规划能否有效地落实,规划的结果能否促进酒店外语服务水平的提高,以及外语规划最终是否能满足不同外籍客户的语言需求,这些问题不仅取决于官方机构所制定的外语规划的可操作性和适用性,还取决于每个酒店能否发挥其微观外语服务规划者的能动作用,根据自己的特点制定符合自身发展的外语服务规划。同时,在线预定网站的受众范围扩大会带来更加多样化的外语需求,且网站的评分排序机制会影响酒店的受众范围,这说明在线预订网站可以对酒店的外语服务规划发挥重要的影响。此外,酒店自身的外语服务规划在很大程度上受到潜在客户和目标客户需求的影响,要进一步关注客户作为隐性外语服务规划者所发挥的影响力。

综上所述,酒店在外语服务规划的过程中需要发挥其微观外语服务规划者的主观能动性,综合考虑官方层次的规范、酒店自身的条件、在线预订网站的影响和目标客户的需求,制定出有利于酒店发展的定制化外语服务规划,以获得不可替代的竞争优势。

13.5 结论

13.5.1 研究的主要发现

官方层次的规范文件对酒店的外语服务规划提出了要求,将外语服务纳入酒店星级评定的指标之一,说明外语服务是酒店服务的一个重要组成部分,但是旅游局的规范比较言简意赅,对酒店外语规划有一定的指导作用,但可操作性略显不足。在团体层次(酒店)的外语服务规划方面,本研究通过浏览成都市五星级酒店的网站,发现外语服务已经成为五星级酒店的重要信息值,说明酒店已经意识到外语服务的重要性。但是,从外籍客户作为隐性外语服务规划者的角度来看,研究发现,成都的很多五星级酒店均能提供英语服务,但是在服务水平和能力上还存在许多不足之处。第一,酒店员工的英语水平参差不齐,存在岗位差异。第二,员工的听力水平不足,经常不能完全理解客户的需求。第三,外语服务的语种有限。第四,语言服务的范围存在局限性,忽视了设施设备使用说明、电视频道和各种电子通信设备的界面语言等方面。此外,本研究也发现,酒店的语言服务水平会影响外籍人士对整个城市语言环境的认知。

综上所述,官方层次(旅游局)和团体层次(酒店)的外语服务规划如果脱离了酒店客户作为隐性外语服务规划者的需求,就难以达到预期的目标,无法为客户提供满意的外语服务,也不利于城市外语服务环境的建设。因此,酒店的外语服务规划作为城市外语服务环境建设的重要环节,必须要同时结合自上而下的显性外语服务规划和自下而上的隐性外语服务规划。酒店自身需要更加重视作为微观外语服务规划者的能动作用,结合隐性外语服务规划者的反馈和需求,制定符合自身发展需要的外语服务规划,有针对性地提升酒店的外语服务水平。

13.5.2 研究的创新之处

本文从语言规划的角度,检索官方层次(旅游局)和团体层次(酒店)的外语服务规划信息,并结合社会化媒体上的客户评论和与酒店客户的访谈,验证酒店的显性外语服务规划是否能实现其预期目标,能否满足隐性外语服务规划者(酒店客户)的需求。本研究的主要创新点在于以下三个方面。

其一,在研究内容上,将语言规划的理论应用于酒店的外语服务能力研究,属于理论与现实相结合的应用型研究,丰富了行业领域语言服务方面的研究。

其二,在研究视角上,本研究基于微观领域语言规划理论,分析了酒店这一微观领域的语言服务现状,丰富了我国微观领域语言服务方面的研究。

其三,在研究方法上,本研究通过社会化媒体和访谈两种方式收集数据,通过多种渠道丰富了数据来源,有利于多维度分析酒店的外语服务现状,并进一步支持了混合研究方法在语言规划和语言服务研究领域的应用。

13.5.3 研究的局限之处及未来研究方向

由于外语服务规划是一个涉及面十分广泛的研究领域,研究者需要考虑语言规划、语言服务等多方面的因素,本研究难免存在局限之处。

第一,本研究重点分析了官方层次和团体层次的酒店外语服务规划,以及外籍客户作为隐性外语服务规划者所做出的评价和反馈,但是并没有研究酒店员工在酒店外语服务规划中的作用和影响。酒店员工作为酒店外语服务的专业人士,是酒店外语服务的直接提供者,在酒店外语服务过程中扮演着重要的角色。未来的研究需要进一步分析酒店员工作为个体层次的参与者对酒店外语服务规划的影响。

第二,网上数据的收集和选取具有一定的局限性。本研究选择的是2014—2016 年的客户评论,其他年份的评论并未纳入研究之中,酒店的选择主要是市区的五星级酒店,因此研究结论不能够说明整个行业的现状。未来研究可以通过将分层抽样和随机抽样结合的方式,研究不同区域和不同星级酒店的外语服务规划。

第三,由于时间、人力、物力方面的有限性,本研究选择的受访者相对较少,且只对每位受访者进行了一次访谈,可能还存在很多方面的问题并没有从受访者的反馈中体现出来的情况。未来的研究有必要选择更多的受访者,同时与同一位受访者通过多种途径进行多次沟通,以获得更加丰富和全面的研究数据。

上海市民外语能力现状及需求调查

进入 21 世纪以来，上海国际化步伐不断加快，正逐步向着国际化全球城市发展，进入对外全方位开放的新格局。作为中国改革开放的"排头兵"，创新发展的"先行者"，上海正在大力实施创新驱动发展战略，加快建设具有全球影响力的科技创新中心。在全球化的大背景和上海积极打造全球都市的时代潮流中，外语能力成为上海实现这一宏伟目标的必要条件。技术、资本、资源、市场以及人才的国际交流无一不需要外语能力作为强大支撑。尤其是近些年来，不仅英语国家同上海的交流在领域和层次上进一步扩展升级，越来越多的非英语国家也在积极地同上海进行频繁地往来，上海也将在建设"一带一路"倡议下的新一轮对外开放中大有作为。为了更好地制定上海城市的外语规划，积极引导并提高市民的外语能力，提升上海城市的多语能力，我们开展基于网络的大规模市民外语能力和使用情况调查活动。在中国语言文字使用调查中(1998—2004)，魏日宁和苏金智(2008)曾对上海 600 个市民外语使用情况进行调查，鲁子问和张荣干(2012)也曾经对我国城镇居民外语使用需求进行抽样调查，但是，开展基于网络实名大规模(n>10,000)的市民外语能力和使用状况调查，在国内尚属首次。虽然这一调查反映的是上海市民外语能力的基本情况，但是调查结果能够在一定程度上为其它省市提供参考和借鉴。

此项调查历时近一年，2013 年 4 月至 5 月，课题组研制调查问卷，并开展线下试测，经过反复论证，课题组于 2013 年 6 月至 11 月在上海"市民信箱"正式投放问卷，上海"市民信箱"是一个实名制综合性信息发布和互动网站，被誉为上海市民的随身"虚拟门牌号码"，在市民中具有较强的知名度。为了鼓励市民踊跃参与问卷调查，课题组还开展网络有奖问答活动，对所有的参与者实行抽奖奖励。经过对网络问卷统计,本次网络调查共回收有效答卷 10,046 份,受访者中男性为 4,116 人,女性为 5,930 人,年龄层次覆盖 20 岁以下(1,168 人,占比 12%)至 50 岁以上(605 人,占比 5%)各个年龄区间,其中超过半数受访者为 31～40 岁(5,698 人,占比 57%)。从受访者职业分布情况看,受访者职业涉及机关事业单位、教育行业、媒体、交通、旅游、金融、通讯、医护、商业服务业等 18 个领域。

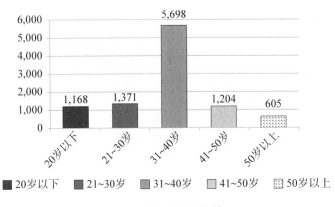

图 9　受访者年龄分布情况

14.1　上海市民外语能力现状及调查结果分析

本次网络调查的问题共分三大类,16 个问题,主要涉及:①受访者外语能力基本情况,如市民学习和掌握外语的种类、程度以及学习时间等;②受访者外语使用基本情况,如市民对外语使用的需求、目标和态度;③受访者自身提高外语能力的基本情况,如提高外语能力的意愿和途径。

14.1.1　上海市民外语人口比例

在 10,046 个网络受访者中,9,261 人(92%)自报曾经学过外语,仅有 785 人(8%)从未学习过外语。这一数据令人振奋,因为根据全国大城市外语使用调查结果(1998—2004 年),全国仅有不到 40% 的人自报学过外语,而当时上海有 75.8% 的受访者学过外语(魏日宁、苏金智,2008)。从这里可以看到,近十年来,上海市民中的外语人口比例有了显著上升,虽然网络调查与入户调查相比,受访者学历和受教育程度相对较高,从受教育程度看,60%以上的受访者均具有专科及以上学历,34%的受访者具有高中及以下的学历。但根据鲁子问和张荣干(2012)在经济发达城市(江苏常州)做的抽样调查,92.7%的常州市民表示学过外语。两个数据基本接近,考虑到社会经济和教育发展程度,课题组认为网络调查获得的上海市民外语人口比例,即学习过外语的人口在90%以上,应该是符合实际情况的。

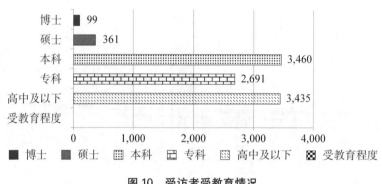

图 10　受访者受教育情况

14.1.2　上海市民外语学习语种情况

作为全球通用语的英语是上海市民外语学习的最主要语种,大约有 9,000余人学习英语,占累计学习语种人数的 73%,形成"一家独大"的局面。日语学习者紧随其后(1,860 人),这充分说明在上海,日语已经不属于小语种了。上海作为中国内地最靠近日本的大城市之一,与日本的交流自然也比其他城市要多。此外,调查统计学习人数超过 100 人的语种为:韩语(371 人)、德语(322人)、法语(248 人)、俄语(238 人)以及西班牙语(139 人),但是其他国际通用语种(如阿拉伯语)的学习人数不超过百人。从外语语种人口看,上海外语语种还是比较有限的,且语种人口极不均衡,除了英语之外,其他主要国际通用语种学习者人数普遍偏少,对比国际大都市如美国纽约、日本东京以及英国伦敦等城市,上海的外语语种偏少,距离全球城市的标准还有很大差距,这种状况将会直接制约城市多语能力的发展。

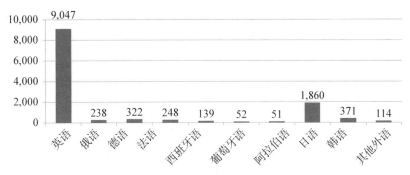

图 11　上海市民外语学习语种情况

14.1.3　上海市民外语学习起始年龄

调查显示,上海市民普遍外语学习起始年龄是 10～13 岁,这一比例高达 45%,这表明近半数市民在小学中高年级阶段开始学习外语。另有 22% 的受访者从小学一年级开始学习外语,这可能是由于上海自 2001 年在全国率先开始在小学一年级教授外语课程的缘故。值得注意的是,10% 的受访者在学龄前,即 7 岁前就开始学习外语,比照全国数据,绝大部分人的外语学习起始阶段为初中,上海市民外语学习则明显呈现出逐步低龄化的趋向,超过 7 成的受访者在初中之前就已经开始外语学习。

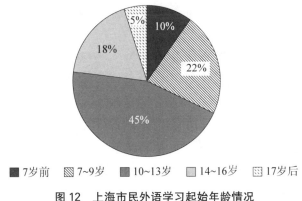

■ 7岁前　▨ 7~9岁　■ 10~13岁　□ 14~16岁　▧ 17岁后

图 12　上海市民外语学习起始年龄情况

14.1.4　上海市民外语能力调查

调查显示,尽管上海市民中外语人口众多,但是外语能力相对有限。囿于网络调查的客观限制,课题组无法对每位受访者进行实测,只能通过受访者自报外语能力和提供外语水平资格信息的方式获取信息,分别从外语阅读能力、听说能力、写作能力以及外语等级考试四个方面进行调查。

1) 上海市民的外语阅读能力

仅有 10%(913 人)左右的受访者表示可以基本无障碍阅读外文资料,14%(1,307 人)的受访者可以借助工具书(如词典)进行阅读,21%(1,936 人)能看懂简易外文读物,42%(3,908 人)仅能看懂简单句子和单词,另有 13%(1,197 人)的受访者表示基本看不懂外文材料。这些数据表明,仅有不到 1/4 的市民具备中高级外语阅读能力,有六成左右的市民具备基本外语阅读能力。

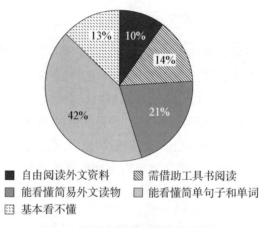

图 13　上海市民外语阅读能力情况

2) 上海市民的外语听说能力

统计显示,累计仅 10%(共 1,015 人)左右的受访者表示个人外语听说能力已经达到比较流利或是熟练的水平,32%(2,962 人)的受访者能够进行一般外语会话,44%(4,117 人)的受访者只能进行简单问候,另有 13%(1,167 人)的受访者表示自己无法开口说外语。这一结果与上文"上海市民的外语阅读能力"调查结果高度相关,但也显示出和适中的外语阅读能力相比,上海市民的外语听说能力相对较低。这也反映出一段时期以来,外语教育中较为普遍的"重阅读,轻听说"的弊病,限制了学习者口头表达能力的提升。

同时,课题组将相关数据与全国和上海市十年前的统计数据进行比照,发现当时全国和上海达到基本外语阅读能力者,分别是 30%和 40%左右,达到基本外语听说能力者,分别不到 20％和 30％(魏日宁、苏金智,2008),这说明十年来上海市民的外语阅读和听说能力均有大幅提高。

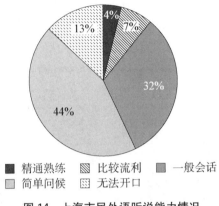

图 14 上海市民外语听说能力情况

3) 上海市民的外语写作能力

在中国外语使用情况调查中(1998—2004 年),外语写作水平没有被列入调查范围,但课题组认为,随着全球城市的建设,更高层次的外语书面交流,尤其是专业技术和商务领域的对外交往不容忽视,因此,在此次网络调查中,课题组将外语书面交流能力列入调查范围。调查显示,仅有不到六成的上海市民具备基本外语书面表达能力,其中仅有 5％(460 人)的受访者能熟练运用外语进行专业写作,如撰写论文和报告等,13％(1,209 人)的受访者表示可以运用外语书写电子邮件,作会议记录等,而 45％(4,172 人)的受访者表示基本无法进行外语写作,这一比例说明上海市民目前在专业和商务层面的外语书面交流能力还有待提升。

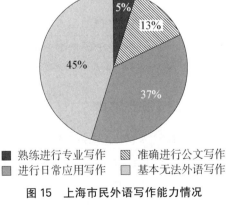

图 15 上海市民外语写作能力情况

4) 上海市民外语水平资格认证情况

由于网络调查时间和问卷实际情况限制,课题组无法对受访者进行外语能力实测,同时也由于我国尚无统一和权威的外语能力标准可以参照,课题组将目前国内外主要外语水平测试指标作为选项,以此来了解受访者外语综合能力(听、说、读、写等方面)的基本水平。问卷中涉及社会上普遍承认的外语水平考试,一般认为,能够获得以上外语考试证书或是获取资格认证者,外语水平至少已经达到中等及以上程度,如果获得英语专业八级证书,说明其英语水平已经达到相对较高程度。

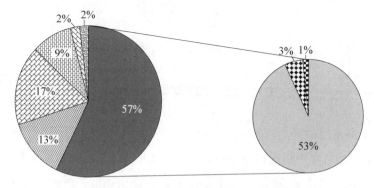

图 16 上海市民外语水平资格认证情况

调查发现,53%的受访者没有通过或是未参加任何外语考试,在一定程度上说明超过半数的受访者外语综合能力还没有达到中等水平。在通过者中,相对较多的受访者通过了公共英语三级考试(1,377 人,占 13%)、大学英语四级考试(1,689 人,占 17%)以及大学英语六级考试(932 人,占 9%)。需要指出的是,各类外语考试的标准各异,无法简单将所有考试分级归类,此外,以上数据只能在客观上反映或是印证受访者自报外语水平和测试水平之间的偏差,并不能完全说明受访者的真实外语水平。

14.1.5 上海市民外语使用基本需求调查

14.1.5.1 上海市民工作语言(外语)语种调查

随着上海将逐步建设全球科技创新中心、中国(上海)自贸区以及"十二五"规划中的国际经济、金融、贸易和航运中心,上海的企事业单位,尤其是外资企业对于员工的外语能力要求会有所提高,课题组首先要了解的是对于工作外语语种的使用需求情况。据调查,近半数受访者表示自己所在单位需要使用外语作为工作语言,其中需求量最大的还是英语,依次排在前列的语种还有日语、德语、韩语、法语、西班牙语、俄语等。值得注意的是,课题组在外语学习语种调查中发现阿拉伯语等通用语种的学习人数较少,但是从需求角度来看,这个语种还是有需求的,此外,在其他外语中,还有单位需要意大利语、泰语等语种人才。这在一定程度上反映出,在日益多元化的上海,多语种外语需求正在扩大,在小语种,乃至非通用语种人才培养方面,上海还有进一步提升的空间。

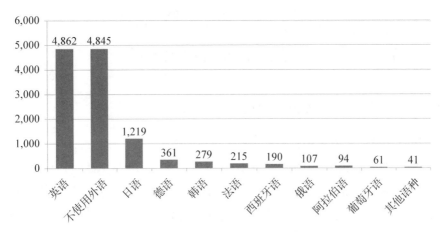

图 17　上海市民工作语言(外语)语种使用需求情况

14.1.5.2　上海市民日常生活中外语接触调查

课题组结合外语语言技能使用的多个层面在受访者调查中得知,在日常生活中素以海派文化标榜的上海市民中大约有 59%(5,484 人)的受访者接触外语的途径主要是收看外语影视作品或节目,16%(1,440 人)的受访者日常还会阅读外文书籍和资料,直接在日常生活中需要使用外语对话、写作和翻译的比例相对都不高,另有 12%(1,140 人)受访者表示在生活中基本不会接触到外语,也就是说在上海接近 90% 的市民在日常生活中多多少少都会接触到外语。这也说明,在绝大多数上海市民中,外语已经不仅仅是在学校课堂中学习的语言,也不仅仅是工作语言了,上海市民已经有了实实在在的"外语生活"。尽管这样的外语生活还是处于有限的"向己型"外语生活状态(李宇明,2010),但是随着上海逐步迈向全球城市,国际交往日趋频繁,从"向己型"转向"向外型"的外语生活将会逐步进入上海的"寻常百姓家"。

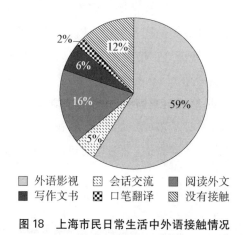

图 18　上海市民日常生活中外语接触情况

14.1.6　上海市民外语能力的现实需求及态度调查

14.1.6.1　上海市民外语能力现实需求调查

社会对个人外语能力的需求往往会决定个人学习和提高外语的动机。调查发现,市民的外语能力实际需求主要来自单位或是学校。由于用人单位对于员工有外语能力要求,因此,工作应聘(职前)外语需求(4,125 人,占比 23%)和职业晋升(在职)外语需求(2,883 人,占比 16%)居所有需求来源的前两位,而来自考试升学和学校毕业这两方面的需求,也相对较高,分别有 2,695 人(15%)和 2,486 人(14%)认为这两方面需求较大。此外,也分别有 14%和 9%的受访者认为国际交往和资讯获取都需要一定的外语能力。以上现实需求都反映出现实社会和工作单位对市民提出的客观外语需求,主导了市民外语学习的工具性动机。

14.1.6.2　上海市民对外语能力需求的态度调查

与此同时,课题组还就个人对于外语能力需求的态度进行调查,以此来了解受访者对自身外语能力和需求之间关系的认知和态度。调查显示,77%的受访者认为在现代社会中,外语能力对于个人发展具有重要作用,21%的受访者认为有一定作用,但重要性一般。这表明大多数的上海市民对于外语能力的重要性是充分认同的。在被问及当前社会和用人单位对于个人外语能力的各项要求和标准是否合理时,分别有 2,003 人(20%)和 2,649 人

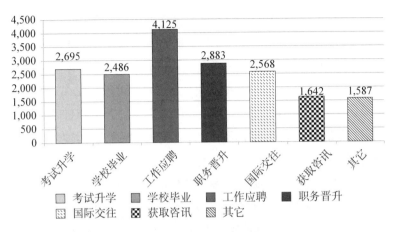

图 19　上海市民外语能力现实需求情况

（26%）认为外语能力要求过高,不切实际或是较高,较难达到,有 43%
（4,343 人）表示要求适中,可以接受和达到。这一组数据表明有将近一半的
上海市民认为自己现有的外语能力与社会和单位期望之间存在一定的差距,
这一差距可能是来自自身外语能力的欠缺,当然也可能来源于个人对外语能
力要求的认同差异。

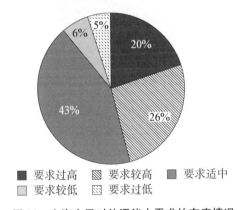

图 20　上海市民对外语能力需求的态度情况

14.1.7　上海市民提高外语能力需求调查

14.1.7.1　上海市民提高外语能力意愿调查

在这次网络调查中,约有 54% 的受访者表示近期有计划提升自己的外语

能力,且有绝大多数(72%)的受访者表示提高外语会话能力最为重要,其次是外语听的能力、阅读能力、翻译能力,希望提高写作能力的意愿最低,这表明大多数受访者对外语口头交际能力的重视。在对市民进行"提升自身外语能力的主要动力",即主动学习外语的内在动机的调查时,课题组发现,与外语现实需求调查结果(14.1.6.1)不同的是,上海市民主观上提升外语能力的动机,呈现出显著的融合性动机。这主要表现在31%的受访者认为提升外语能力的主要动力在于出国进修、海外工作、出境旅游与探亲的现实交际和沟通的需要,更有15%的受访者出于兴趣爱好愿意继续提高外语能力,以上动机都属于融合性动机。相比之下,来自职务晋升(19%)和入学考试(14%)的工具性动机占的比例并不显著。外语学习理论认为,融合性动机比工具性动机对于学习者的外语学习具有更为稳定和长期的影响和作用,这对于提升城市外语能力和跨文化素养更为有益。

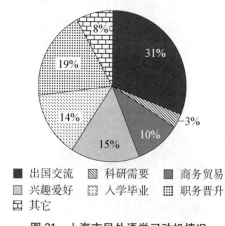

图 21　上海市民外语学习动机情况

在被问及未来外语学习计划时,73%的受访者认为有必要学习第二甚至是第三外语。调查还显示,受访者希望继续提高或学习掌握的语种除了英语(4,655 人,占比 38%)之外,日语(2,005 人)、法语(1,732 人)、韩语(1,548 人)、德语(1,278 人)、西班牙语(553 人)和俄语(430 人)紧随其后,这对上海多语种外语教学规划和管理都提出更高的要求。

14.1.7.2　上海市民外语能力提升途径调查

课题组在调查目前上海市民外语能力提升途径时,发现绝大多数市民主要还是希望通过自主学习或是辅助学习的方式,提高自己的外语能力。20%的市民表示会在家利用各类外语书籍阅读学习,而随着互联网技术的普及,以及"智慧型"城市建设加速,越来越多的人更愿意"足不出户"学习,或者是以"泛在学习"的方式提高外语能力,有近25%的市民愿意利用个人空闲时间,通过网络、电视、手机等移动客户端,收听、收看外语影视节目,辅助自己进行外语学习。另外,28%的上海市民更倾向于利用自己业余时间,到社会外语培训机构提高外语能力,这也从一个侧面证明以社会外语培训为主的语言服务产业在上海还是很有市场和发展潜力的,因为受制于工作和生活的压力,超过1/4的受访市民希望通过这种途径提高自身外语能力。相比之下,尽管到海外学习或是到专业院校脱产学习外语的效果更佳,但是由于时间和财力成本要求较高,仅有少部分上海市民愿意以这两种方式提高外语能力。

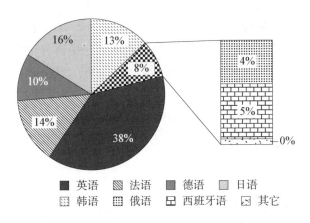

图 22　上海市民外语语种学习意愿情况

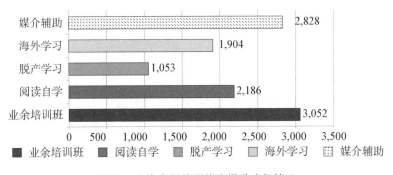

图 23　上海市民外语能力提升途径情况

14.2　问题与建议

14.2.1　存在的问题

通过这次网络调查,课题组初步掌握并了解到上海市民外语能力、外语使用以及外语能力提升的基本情况,经过初步统计和比照,发现上海市民外语能力发展和使用方面存在不少问题。

第一,市民外语能力发展不均衡,整体外语水平不高。调查显示,尽管上海在市民外语人口比例、外语学习语种以及外语学习起始年龄方面都居于全国各大城市前列,上海市民的外语能力较十年前,整体有了较大提高,但是市民外语能力发展并不均衡,除外语阅读能力适中之外,听、说、写的能力相对较低,更为重要的是,市民整体外语水平不高,这与目前缺乏相应的外语水平标准和质量保障体制有关,市民中外语能力达到中高级水平者的比例依然不高。

第二,社会对外语使用需求较高,市民英语高水平和多语种能力相对欠缺。本次调查发现,随着上海向全球城市转型,客观上社会对于上海市民外语使用的需求与日俱增,这不仅体现在来自工作单位和学校的外语现实需求在不断加大,还体现在城市对于高水平英语应用能力的需求,以及对于多语种外语能力的要求在提高。上海市民在主观上对外语的重要性也高度认同,对于提高第二或是第三外语的意愿强烈,然而目前上海还是无法满足高层次外语人才,特别是多语种工作语种的客观需要。

第三,市民提升外语能力途径受限,语言服务和语言管理亟待规范。调查显示,上海市民提升外语能力的愿望普遍比较强烈,但受制于工作和生活压力,大多只能依靠个人自学和社会化外语培训机构来帮助自己"充电"。由于传统外语教育政策只关注学校外语教育,而社会化外语培训或个人自主外语学习,因其属于成人教育和终身教育范畴,一直没有进入主流教育研究的视域之中。从语言管理角度看,这些领域也往往是外语规划和监管的盲区。因此,如何在市场化大环境中,重视规范外语培训和外语产业所提供的语言服务质量和标准,是对城市多语种外语规划和管理提出的更高要求。

14.2.2　提升上海市民外语能力的若干建议

第一,尽快启动上海城市外语发展规划,倡导建设"全球多语能力"城市。

在国家战略转型的新形势下,国民外语能力已经成为国家语言能力的重要组成部分,更是中国走向世界的重要关键能力之一,上海的城市定位和规划也决定了市民外语能力的重要性,市民的外语能力将会成为上海在未来创新发展的重要资源之一。上海市民的外语能力首先取决于市民掌握外语能力的质量,还取决于市民掌握的外语语种的种类,即多语种外语的能力,这对于上海对接国家"一带一路"倡议,以及进一步推进中国(上海)自贸区建设都意义重大。目前上海在整体外语水平和语种数量上,都无法全方位满足和对接这一国家战略,除了具有日语和韩语人才外,上海尚不具备其他周边国家的主要语种,市民整体外语能力更是普遍不高。为此,笔者建议上海市教育委员会牵头,由上海市语言文字工作委员会组织成立上海市外语规划指导小组,启动上海城市外语发展规划,倡导建设"全球多语能力"城市。

第二,加紧研制上海市民外语能力标准,建立上海高层次多语种外语人才库。为了提升上海市民的整体外语能力,实现外语能力整体提高和均衡发展,笔者建议上海市加紧研制市民外语能力标准,对现行外语能力标准进行评估、分类和整理,参照欧盟语言能力标准,研究制定上海市民外语能力标准,同时也要鼓励市民积极学习第二外语甚至第三外语,出台多语种外语学习指导性文件和优惠政策招聘小语种师资。同时,市语委还应和人力资源管理部门合作,尽快建立上海高层次多语种外语人才库,通过建立数据信息库的方式,掌握上海高层次外语人才信息,包括高级口译、专业笔译、非通用语种人才等重要外语人才和专家资源,以应对未来城市面对高端外语人才在非传统安全领域的现实需求。

第三,深入开展城市外语服务和产业调查,建立健全城市外语服务监管机制。语言服务和语言产业是提升市民外语能力的重要途径,但是目前社会办学机构鱼龙混杂,办学资质千差万别,外语服务网站和相关企业缺乏行业规范和标准,这会直接影响市民外语能力提升和城市外语能力建设。因此,笔者建议市语委协调市教委、工商部门、网管信息部门和民政部门,对上海市各类外语培训机构开展外语服务调查,对外语培训网站、外语媒体(包括 APP 客户端企业)开展行业调查,对其资质、规范和标准进行专项管理和监控,从而达到建立健全城市外语学习服务监管机制的目的。

15

上海高校外语教育资源供给现状调查

在全球化背景下,中国正从本土型国家向国际型国家转变,在推动"一带一路"倡议过程中,国家外语能力的提升已经成为一项刻不容缓的重大使命和任务。与此同时,外语能力是国民语言能力不可缺少的一个重要组成部分,提高国民外语能力,不仅是巩固和拓展国家外语能力的迫切需要,也是城市外语能力提升和发展的当务之急。根据国家对上海的战略定位和要求,上海要基本建成与我国经济实力和国际地位相适应、具有全球影响力的科技创新中心,以及具有全球资源配置能力的国际经济、金融、贸易、航运中心,未来上海的发展将进一步从国际大都市向全球城市迈进。这样的宏伟发展蓝图,对市民外语能力,尤其是多种外语能力提出了新的挑战,上海高校的外语学科和专业,以及开设的外语类课程都直接关系到高端外语专业人才和研究型与应用型外语人才培养,也关系到各层次专业人才外语能力和城市外语整体水平。为进一步了解上海高校外语类课程设置和实施的具体情况,在上海市教委、市语委指导下,课题组于 2013 年 4—6 月在上海各高校开展了相关调研,现将调查结果汇报如下。

上海市现有普通高校 66 所,加上上海开放大学共计 67 所。本次调查以问卷调查为主,辅以访谈和信息检索等调研方式,课题组召开集体论证和专家咨询会共计 4 次,确定问卷以多项选择题和开放问答题为主要形式,对选择题部分采集的数据做频数统计和差异检验,对开放题做归类统计。在市教委语管处协助下,课题组于 5 月初向各高校教务管理部门发放调查问卷,现已回收问卷 43 份,其中有效问卷 42 份。考虑到各高校办学层次和专业规模有所不同,课题组通过网络查询招生简章、学院网站、教务处网站等方法,对其余未做反馈的 25 所高校外语类课程的情况进行调查和统计。

本次调查内容包括:①上海高校外语专业语种分布调查;②多语种外语课程情况调查;③上海高校全英语课程实施情况;④现有上海高校外语课程实施中存在的现实困难和问题。

15.1　调查结果及分析

15.1.1　语种专业分布

通过问卷调查和招生信息检索,我们可以基本了解上海高校开设外语专业语种分布情况,图 24 和图 25 分别是本科院校和专科院校的外语语种分布情况。

首先,目前上海高校均开设英语课程(包括专业类和非专业类大学英语课程),其中开设英语专业的高校达到 43 所,其中本科 21 所,占所有本科外语专业语种比例的 32%,专科层次开设英语专业的高校达到 22 所,占比高达 46%。若以平均每校每年 100 人的规模招生,那么上海市每年招收的英语专业学生应超过 4,000 人。

其次,近年来由于日语专业发展迅猛,分别有 16 所本科院校(占比 24%)和 10 所专科院校(占比 21%)开设日语专业,日语成为继英语之后,在上海高校开设最多的外语语种。

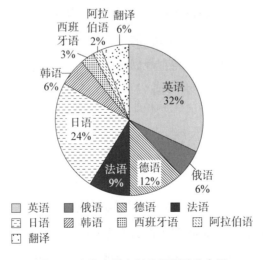

图 24　上海高校本科外语语种分布图

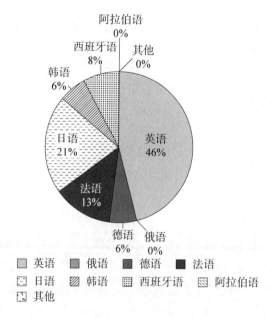

图 25 上海高校专科外语语种分布图

最后,其他语种专业分布情况为:德语专业(本科8所,专科3所)、法语专业(本科6所,专科6所)、韩语专业(本科4所,专科3所)、西班牙语专业(本科2所,专科4所)、俄语专业(本科4所)以及翻译专业(4所)。阿拉伯语等15个语种的外语专业仅在上海外国语大学开设。总体而言,上海高校外语语种比较单一,不少院校外语专业局限于英语和日语两个语种,专业招生规模过大、同质化专业布点过多过密等引起的教育规划问题,必须引起相关部门重视。出于对外交流和合作的需要,其它语种专业发展力度还有待加强,以满足国家和上海市国际发展战略的需求。

15.1.2 多语种外语课程开设情况

国民外语能力的提升,除了要有高端和实用的外语专业人才之外,还需要为数众多的具备较高外语能力的专业技术人才和职业人才。因此,外语类课程因其受众多,影响面大,也是我们调查的重头戏。囿于课题经费和时间的限制,课题组暂未开展上海高校公共外语课程和教学情况调查,经课题组讨论,目前仅就上海高校开设的多语种课程进行专项调查。

15.1.2.1　多语种课程开设目的

多语种课程过去一般是为外语专业第二外语教学或是研究生第二外语学习需求而开设，往往局限于通用外语课程（如日语、法语或德语等）。近十年来，针对本专科生，上海很多高校开设了英语以外的多语种课程。据调查（见图 26），上海高校开设多语种课程的主要目的在于：①提升学生就业的国际化竞争力；②满足学生第二外语、甚至是第三外语学习的需要；③提高学生的国际文化理解能力；④适应国际化教育（如中外合作办学）；⑤提升学生的专业技术国际化能力。

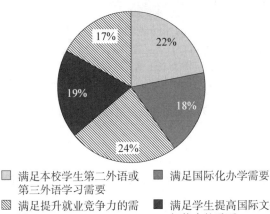

满足本校学生第二外语或第三外语学习需要　　满足国际化办学需要

满足提升就业竞争力的需要　　满足学生提高国际文化理解能力的需要

满足学生提升专业技术国际化能力的需求

图 26　高校开设多语种课程目的调查结果

15.1.2.2　多语种课程语种分布

从开设外语课程的语种分布来看（见图 27），在收到问卷反馈的 42 所高校中，除了每所学校均开设英语课程之外，日语课程开设最为普遍，共有 38 所高校开设日语课程；有 18 所高校开设法语课程；17 所高校开设德语课程；11 所高校开设西班牙语课程；10 所高校开设韩国语课程；6 所高校开设俄语课程；3 所高校开设意大利语课程；1 所高校同时开设瑞典语和葡萄牙语课程。此外，个别高校还设有重要的学术语种课程，如拉丁语（4 所）、古希腊语（1 所）、梵语（1 所）和巴利语（1 所）。在课程类型上，大多数高校将多语种课程列为选修课或是通识教育课程，丰富了外语教育的层次和多样性。当然，我们同时也发现，还有个别高校，主要是高职院校、工程类等专业院校在外语课程设置方面语种较为单一，仅开设英语课程。

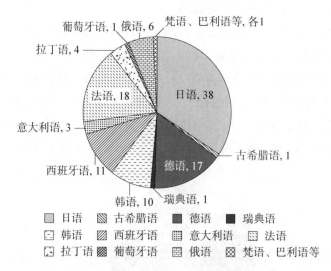

图 27 开设多语种课程高校语种分布图

15.1.2.3 多语种课程选课人数

在对多语种课程选课人数调查中(见图 28),经过课题组粗略计算,42 所高校多语种课程选课人数(每学期)合计超过 7,000 人(按 35 人/班测算的话,可达 200 个课程班)。其中韩语、法语和日语分列前三名,各校平均选课人数普遍在 70 人左右(每学期至少 2 个班),甚至多达 100 人(3～4 个班),其他语种课程选课人数一般都在 40 人以上(1～2 个班)。由此带来的教学工作量和对师资的需求可想而知。

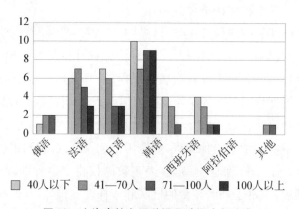

图 28 上海高校多语种课程选课人数分布

　　在开设多语种课程程度调查中(见图29),我们发现零起点或是初级水平课程占有很大的比例,特别是日语、德语、法语和西班牙语等语种多以入门级课程为主,中高级以上的外语课程开课量较少,这与课时不足有着较大关系,绝大多数高校多语种课程课时都在40学时以下,这对语言学习的持续性带来一定的影响。

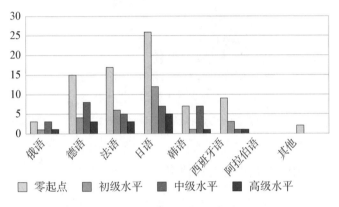

图29　上海高校多语种课程程度调查

15.1.2.4　师资状况

　　外语师资是确保多语种课程教学质量的关键所在。2012年,上海外国语大学在对上海部分高校外语教师进行的抽样调查中发现,上海市高校外语教师普遍存在"女多男少"现象(约为7:3),教师年龄层次偏低,中青年教师占主力军。外语教师学历普遍较高,大部分教师拥有博士(占13.8%)或硕士(占62.8%)学历,但是高级职称教授比例偏低(7.1%),讲师(46.7%)和助教(21.2%)比例较高。此外,由于英语专业布点较多,且有公共英语课程教学的需求,各校英语教师占绝对多数。因此,在多语种课程建设过程中,师资问题始终是影响课程发展的瓶颈。

　　据调查(见图30),目前从事多语种课程教学的师资来源较多,其中本校师资所占比例并不高,仅为28%,而外聘教师所占比例最高,达到34%,外国教师比例为30%。此外,也有外校研究生和社会办学机构参与这类课程教学,分别占6%和2%。由于缺少合格和充裕的多语种师资,高校教育管理部门在课程开设、教学管理以及课程评价过程中遭遇了很大的麻烦和困难。

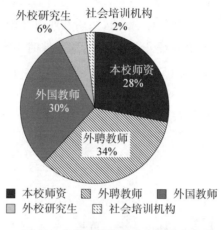

图 30　多语种课程师资来源分布图

15.1.3　上海高校全英语课程开设情况

2010 年 12 月颁布的《上海市中长期教育改革和发展规划纲要（2010—2020 年）》（以下简称《上海纲要》）指出：上海将不断增强城市的综合竞争力和国际竞争力，到 2020 年基本建成国际经济、国际金融、国际贸易、国际航运"四个中心"和社会主义现代化国际大都市。为了达到这一目的，《上海纲要》对高等教育提出两大任务：①推进教育国际化，扩大教育对外开放，大力培养国际化人才，提升上海教育国际化水平；②增强学生国际交往和竞争能力，培养具有国际视野、知晓国际规则并能参与国际交流的国际化人才。为此，市教委从 2009 年起每年开展"上海高校示范性全英语课程"建设。5 年来，共有 221门课程被遴选为上海高校示范性全英语课程，入选课程的学科分布情况如下表所示。

表 22　2009—2013 年上海高校示范性全英语课程学科分布情况

年份	课程数	法学	工学	管理学	经济学	理学	历史学	文学	教育学	医学
2009	45	18%	20%	24%	14%	16%	2%	2%	0	4%
2010	43	16%	12%	21%	19%	16%	0	4.5%	4.5%	7%
2011	49	14%	12%	23%	21%	14%	0	2%	2%	12%

（续表）

年份	课程数	法学	工学	管理学	经济学	理学	历史学	文学	教育学	医学
2012	43	12%	14%	21%	14%	16%	0	7%	2%	14%
2013	41	2.5%	10%	34%	12%	17%	0	2.5%	10%	12%

从上表可以看出，工学、管理学、经济学、理学以及医学学科的全英语课程所占比例较大，反映出这些学科在国际化教育进程中对于专业人才的外语能力要求较高，这对专业师资的外语水平也提出了更高的要求。相比之下，传统人文类学科的全英语课程比例较低，课程的国际化程度还有待进一步提升。

另外，在调研中我们还了解到近年来不少高校加大了全英语课程建设的力度，例如，复旦大学要求本科生在四年专业学习中至少要选修一门全英语课程，并有一个学期在境外大学游学的经历；同济大学在 2012 年上半年开设的全英语课程达到 256 门，并规定每年将引进 100 名国外学者进行至少一个学期的授课；上海交通大学在 2012 年暑假小学期内，集中邀请 70 多位国外一流大学的教授给学生上课。可以预见的是，全英语课程将逐步成为未来上海高校外语类课程的重要形式之一，打破多年以来公共英语教学模式，改变外语类课程和教学现有面貌。全英语课程在原版教材适用性、课堂教学模式以及课程评估等方面都有很多不确定因素，亟待制定规范的课程评价体系，才能确保课程教学质量。同时，全英语课程也受到师资问题掣肘。全英语课程对任课教师提出了更高的要求，不仅要求教师使用英语进行全程授课（包括课程设计、课堂讲授、实验、上机指导等），而且要求教师选用国外优秀的英文原版教材作为主教材，制作并使用英文课件，用英语讲授课程内容并与学生开展互动，布置并批阅英文作业，考试采用英文命题并要求学生用英文答题。目前从事全英语课程教学的师资主要有三个来源：第一类是专业科班出身，具有国外留学经历的"海归"教师或是自身英语能力较强的教师；第二类是具有跨学科背景（主要是人文社科学科），属于"半路出家"的外语教师；第三类是直接聘请外国专家和教师。这三类教师从事全英语课程教学都或多或少存在一些问题，如专业教师欠缺英语沟通能力，外语教师能够胜任的学科领域有限，而聘请外教一方面校方会有财力限制的现实考虑，另一方面直接由外教授课也会给学生带来一定的语言障碍。

15.2　存在的问题

15.2.1　高校外语语种规划不够，教育布局不尽合理

上海高校外语专业的语种分布现状调查结果显示，不同办学层次的外语专业语种规划还很不够，部分高校在开设和设置外语专业上存在一定的盲目性，缺乏对市场需求的敏锐眼光和外语专业发展的长远规划。一方面，目前英语专业和日语专业遍地开花的现状，就暴露出一些高校的"短视"行为。据了解，由于受到就业"预警"的影响，部分高校的日语专业不得不停止招生，造成大量日语教师资源的闲置和浪费。另一方面，上海国际化大都市发展急需的高端小语种人才（如西班牙语人才，英法同声传译人才等）却是"一将难求"。这与外语教育专业布局不尽合理有着不可分割的关系。

15.2.2　外语课程建设"千人一面"，人才培养机制单一

除语种规划不够之外，上海外语专业建设"千人一面"，缺乏专业特色和创新点也是一个较为突出的问题。部分高校在人才培养模式、课程体系以及学科方向等方面都沿用传统的语言文学培养模式，较为单一，一些院校的复合型人才培养模式尚在摸索之中，目前还缺乏独树一帜的培养机制，致使社会急需的高层次外语人才"奇缺"。在调查中，我们发现重点高校大多依托其办学优势，凝练学科方向，都已形成较为成熟的人才培养机制；高职高专院校发挥其办学灵活机动的特点，可以根据市场需求调整专业设置，按需培养职业型外语人才。但是，不少地方本科院校在缺乏学科平台基础上，并没有形成具有自身特色的应用型外语人才培养机制，而是按部就班地沿用传统模式，致使毕业生遭遇"高不成，低不就"的就业困境。

15.2.3　高校课程设置缺乏规范，师资匮乏问题严重

在调查中，我们发现高校多语种课程以及全英语课程设置缺乏规范，师资匮乏问题也不容忽视。一方面，多语种课程的课时设置五花八门，大多以零起点或是入门级课程为主，缺乏课程连贯性和系统性，无法满足学生精通和掌握外语的现实需求，同时，多语种课程建设还缺乏较为完善和一致的课程标准和

评价体系,现有课程教学的随意性较大;另一方面,多语种课程的开设也对英语、日语之外其他语种的外语教师需求较高,现有各高校的外语师资无法满足将来多语种课程对教师的需求,而按照现有的外语专业学科博士点和硕士点语种分布来看,除英语、日语以外的其他语种研究生培养规模有限,一时无法缓解这方面师资匮乏的现状。此外,全英语课程设置中的师资问题尤为突出,主要表现在课堂教师语言能力欠缺,中英文夹杂现象较为普遍。为此,师资的培养和教师发展问题,将会是上海高校外语课程建设不得不面对的重要问题。

15.3 政策建议

上海高校外语教育的整体水平一直在全国居于前列,上海高校在外语学科建设、专业发展和课程创新方面应敢于"先行先试",争当全国外语教育改革的"排头兵",应当从国家和地区发展战略、理论研究和实践探索的角度全面论证现有高校外语教育中遭遇的现实问题。已经启动的中国(上海)自由贸易试验区对上海城市外语能力提出新的要求和挑战,这也是摆在语言文字工作管理者和研究者面前的重大课题。为此,上海市必须积极开展外语规划工作,制定有利于提升上海国际化大都市外语能力的战略计划。为了实现这一目标,上海市语言文字工作委员会首先应该对上海高校外语专业和外语类课程存在的现有问题予以关注和重视。具体建议如下。

第一,成立上海市外语规划指导小组,对接国家战略,服务上海社会经济发展,在全国率先开展外语教育规划工作,打造中国外语教育"升级版"。目前世界上主要国家和不少国际化城市(如纽约、东京、伦敦等)都已开展或着手开展语言规划工作,在城市外语环境建设、语言服务、语言教育等方面都有很多成功的经验值得借鉴。美国、英国、日本和韩国都先后提出面向 21 世纪的语言战略,欧盟也提出多语多元外语学习共同参考框架。而我国外语教育从小学到大学都缺乏科学规划,"多头管理"现象严重,没有统一抓手,缺乏衔接性。地方高校外语教育从学科建设到专业设置都存在盲目无序性,无法直接对接国家战略和社会需求。笔者建议由上海市语委牵头,全面指导和管理外语教育规划工作,制定未来 10～20 年"上海市中长期外语教育发展规划纲要",科学规划外语学科发展和专业建设的战略格局,满足国家、社会和地方对于外语人才的现实需求,改变外语专业"小才拥挤,大才难觅",高层次外语人才供不应求,普通外语人才供过于求的现状。只有这样，外语专业建设才能真正走出就业"危机"，实现良性发展。

第二，启动上海多语种外语人才库建设，有计划、分步骤地推进多语种专业建设，开展上海市多语种示范性课程建设，提升城市多语种外语能力。随着上海自由贸易试验区建设的全面启动，上海将步入全球城市发展进程之中，未来上海对于多语种外语人才的需求将会激增。未雨绸缪，上海外语语种规划问题将是未来上海语言文字工作的一个新重点，我们必须着手解决这一问题。根据调查可知，上海高校外语专业和外语类课程存在语种单一问题，这将会直接影响城市外语能力的发展，造成外语语种失衡的不利局面。为此，笔者建议尽快启动上海多语种外语人才库建设，了解上海现有多语种外语人才资源现状，制定相应人才培养计划，指导有关高校逐步开设或调整多语种专业，培养相关人才。同时，为改善多语种外语课程教学现状，早日形成相应教学规范和标准，笔者建议适时开展上海市多语种外语示范课程建设，提升教学质量。

第三，扶持和推动高校多语种师资队伍建设，在人才引进、师资培养、教师进修和职称待遇等一系列教师政策上做出适当倾斜和调整。多语种师资是实现上海多语种外语规划，推进多语种课程建设的关键。但是长期以来，无论是学科发展、专业建设还是教师专业发展等方面，英语之外的语种，特别是非通用语种教师始终处于被"边缘化"的地位，教师在学历提升、出国进修、科研项目申报、职称评审等方面都处于劣势。为此，笔者建议相关教育主管部门出台扶持政策，支持和指导各高校推动多语种学科和专业建设，采用多语种师资津贴或其他激励手段改善多语种教师待遇，制定相应倾斜政策，在教师引进、在职进修、国内外访学、科研项目设立以及职称评审等方面，适当调整现有政策，以利于高校多语种教师队伍健康持续发展。

第四，建立外语专业标准和课程体系规范，着手研制上海大学生外语能力标准。为解决目前各高校外语人才培养没有基本规范与标准的问题，教育部新一届外语专业教学指导委员会将制订外语专业的"国标"。面向未来对上海城市外语能力的新要求，我们应该未雨绸缪，提前做好预案，着手制定各类适合上海高校外语课程实际的高校外语能力标准和课程标准体系。首先，我们应根据城市建设与发展战略对高端外语人才的需求，制订地方性外语专业的标准和外语专业课程体系规范，提高外语人才培养的质量。第二，随着广大学生对多语种外语课程的需求与日俱增，笔者建议尽快出台多语种外语课程教学标准，规范各类外语课程教学，提高教学质量。最后，启动研制上海高校大学生外语能力标准，建立以国际通用语能力为主，其他多语种外语能力为辅的外语能力评价体系，从而满足上海建设全球城市的战略目标。

第五，全面评估全英语课程设置和实施问题，从语言安全角度予以规范。全英语课程在设置和实施上已经超越传统外语课程，是体现出语言和专业知识相结合的内容教学新模式，这对师资储备、教材引进和编写、师生语言能力和评价体系都提出新的要求。随着高等教育国际化的深入推进，以上海纽约大学等中外合作办学大学和高水平大学为龙头的高校，必将掀起全英语课程，乃至全英语授课专业的建设新高潮。为此，我们必须清醒地看待这一"新生事物"。一方面，语言管理机构要从质量和评价体系上规范全英语课程的语言问题，另一方面，还要从国家语言安全角度，考虑将全英语课程设置和实施控制在一定合理的范围之内，加紧开展语言监管和风险评估工作。

附　　录

全国 11 所外语类院校 2015—2021 年
非通用语专业变化情况汇总

附表 1　北京外国语大学 2015—2021 年非通用语专业变化情况

序号	专 业 名 称	专业数目	年份
1	波兰语、捷克语、罗马尼亚语、柬埔寨语、老挝语、僧伽罗语、马来语、瑞典语、葡萄牙语、匈牙利语、阿尔巴尼亚语、保加利亚语、斯瓦希里语、缅甸语、印尼语、意大利语、克罗地亚语、塞尔维亚语、豪萨语、越南语、泰语、土耳其语、朝鲜语、斯洛伐克语、芬兰语、乌克兰语、荷兰语、挪威语、冰岛语、丹麦语、希腊语、菲律宾语、印地语、乌尔都语、希伯来语、波斯语、斯洛文尼亚语、爱沙尼亚语、拉脱维亚语、立陶宛语、爱尔兰语、马耳他语、孟加拉语、哈萨克语、乌兹别克语、拉丁语、祖鲁语、吉尔吉斯语、普什图语、梵语、巴利语、阿姆哈拉语、尼泊尔语、索马里语、**泰米尔语、土库曼语、加泰罗尼亚语、约鲁巴语**	58	2015
2	波兰语、捷克语、罗马尼亚语、柬埔寨语、老挝语、僧伽罗语、马来语、瑞典语、葡萄牙语、匈牙利语、阿尔巴尼亚语、保加利亚语、斯瓦希里语、缅甸语、印尼语、意大利语、克罗地亚语、塞尔维亚语、豪萨语、越南语、泰语、土耳其语、朝鲜语、斯洛伐克语、芬兰语、乌克兰语、荷兰语、挪威语、冰岛语、丹麦语、希腊语、菲律宾语、印地语、乌尔都语、希伯来语、波斯语、斯洛文尼亚语、爱沙尼亚语、拉脱维亚语、立陶宛语、爱尔兰语、马耳他语、孟加拉语、哈萨克语、乌兹别克语、拉丁语、祖鲁语、吉尔吉斯语、普什图语、梵语、巴利语、阿姆哈拉语、尼泊尔语、索马里语、泰米尔语、土库曼语、加泰罗尼亚语、约鲁巴语、**蒙古语、亚美尼亚语、马达加斯加语、格鲁吉亚语、阿塞拜疆语、阿非利卡语、马其顿语、塔吉克语**	66	2016

（续表）

序号	专业名称	专业数目	年份
3	波兰语、捷克语、罗马尼亚语、柬埔寨语、老挝语、僧伽罗语、马来语、瑞典语、葡萄牙语、匈牙利语、阿尔巴尼亚语、保加利亚语、斯瓦希里语、缅甸语、印尼语、意大利语、克罗地亚语、塞尔维亚语、豪萨语、越南语、泰语、土耳其语、朝鲜语、斯洛伐克语、芬兰语、乌克兰语、荷兰语、挪威语、冰岛语、丹麦语、希腊语、菲律宾语、印地语、乌尔都语、希伯来语、波斯语、斯洛文尼亚语、爱沙尼亚语、拉脱维亚语、立陶宛语、爱尔兰语、马耳他语、孟加拉语、哈萨克语、乌兹别克语、拉丁语、祖鲁语、吉尔吉斯语、普什图语、梵语、巴利语、阿姆哈拉语、尼泊尔语、索马里语、泰米尔语、土库曼语、加泰罗尼亚语、约鲁巴语、蒙古语、亚美尼亚语、马达加斯加语、格鲁吉亚语、阿塞拜疆语、阿非利卡语、马其顿语、塔吉克语、**茨瓦纳语、恩德贝莱语、科摩罗语、克里奥尔语、绍纳语、提格雷尼亚语、白俄罗斯语、毛利语、汤加语、萨摩亚语、库尔德语**	77	2017
4	波兰语、捷克语、罗马尼亚语、柬埔寨语、老挝语、僧伽罗语、马来语、瑞典语、葡萄牙语、匈牙利语、阿尔巴尼亚语、保加利亚语、斯瓦希里语、缅甸语、印尼语、意大利语、克罗地亚语、塞尔维亚语、豪萨语、越南语、泰语、土耳其语、朝鲜语、斯洛伐克语、芬兰语、乌克兰语、荷兰语、挪威语、冰岛语、丹麦语、希腊语、菲律宾语、印地语、乌尔都语、希伯来语、波斯语、斯洛文尼亚语、爱沙尼亚语、拉脱维亚语、立陶宛语、爱尔兰语、马耳他语、孟加拉语、哈萨克语、乌兹别克语、拉丁语、祖鲁语、吉尔吉斯语、普什图语、梵语、巴利语、阿姆哈拉语、尼泊尔语、索马里语、泰米尔语、土库曼语、加泰罗尼亚语、约鲁巴语、蒙古语、亚美尼亚语、马达加斯加语、格鲁吉亚语、阿塞拜疆语、阿非利卡语、马其顿语、塔吉克语、茨瓦纳语、恩德贝莱语、科摩罗语、克里奥尔语、绍纳语、提格雷尼亚语、白俄罗斯语、毛利语、汤加语、萨摩亚语、库尔德语、**比斯拉马语、达里语、迪维希语、斐济语、库克群岛毛利语、隆迪语、卢森堡语、卢旺达语、德顿语、纽埃语、皮金语、切瓦语、塞苏陀语、桑戈语**	91	2018
5	波兰语、捷克语、罗马尼亚语、柬埔寨语、老挝语、僧伽罗语、马来语、瑞典语、葡萄牙语、匈牙利语、阿尔巴尼亚语、保加利亚语、斯瓦希里语、缅甸语、印尼语、意大利语、克罗地亚语、塞尔维亚语、豪萨语、越南语、泰语、土耳其语、朝鲜语、斯洛伐克语、芬兰语、乌克兰语、荷兰语、挪威语、冰岛语、丹麦语、希腊语、菲律宾语、印地语、乌尔都语、希伯来语、波斯语、斯洛文尼亚语、	94	2019

（续表）

序号	专 业 名 称	专业数目	年份
5	爱沙尼亚语、拉脱维亚语、立陶宛语、爱尔兰语、马耳他语、孟加拉语、哈萨克语、乌兹别克语、拉丁语、祖鲁语、吉尔吉斯语、普什图语、梵语、巴利语、阿姆哈拉语、尼泊尔语、索马里语、泰米尔语、土库曼语、加泰罗尼亚语、约鲁巴语、蒙古语、亚美尼亚语、马达加斯加语、格鲁吉亚语、阿塞拜疆语、阿非利卡语、马其顿语、塔吉克语、茨瓦纳语、恩德贝莱语、科摩罗语、克里奥尔语、绍纳语、提格雷尼亚语、白俄罗斯语、毛利语、汤加语、萨摩亚语、库尔德语、比斯拉马语、达里语、迪维希语、斐济语、库克群岛毛利语、隆迪语、卢森堡语、卢旺达语、德顿语、纽埃语、皮金语、切瓦语、塞苏陀语、桑戈语、**塔玛齐格语**、**旁遮普语**、**爪哇语**		
6	波兰语、捷克语、罗马尼亚语、柬埔寨语、老挝语、僧伽罗语、马来语、瑞典语、葡萄牙语、匈牙利语、阿尔巴尼亚语、保加利亚语、斯瓦希里语、缅甸语、印尼语、意大利语、克罗地亚语、塞尔维亚语、豪萨语、越南语、泰语、土耳其语、朝鲜语、斯洛伐克语、芬兰语、乌克兰语、荷兰语、挪威语、冰岛语、丹麦语、希腊语、菲律宾语、印地语、乌尔都语、希伯来语、波斯语、斯洛文尼亚语、爱沙尼亚语、拉脱维亚语、立陶宛语、爱尔兰语、马耳他语、孟加拉语、哈萨克语、乌兹别克语、拉丁语、祖鲁语、吉尔吉斯语、普什图语、梵语、巴利语、阿姆哈拉语、尼泊尔语、索马里语、泰米尔语、土库曼语、加泰罗尼亚语、约鲁巴语、蒙古语、亚美尼亚语、马达加斯加语、格鲁吉亚语、阿塞拜疆语、阿非利卡语、马其顿语、塔吉克语、茨瓦纳语、恩德贝莱语、科摩罗语、克里奥尔语、绍纳语、提格雷尼亚语、白俄罗斯语、毛利语、汤加语、萨摩亚语、库尔德语、比斯拉马语、达里语、迪维希语、斐济语、库克群岛毛利语、隆迪语、卢森堡语、卢旺达语、德顿语、纽埃语、皮金语、切瓦语、塞苏陀语、桑戈语、塔玛齐格语、旁遮普语、爪哇语	94	2020
7	波兰语、捷克语、罗马尼亚语、柬埔寨语、老挝语、僧伽罗语、马来语、瑞典语、葡萄牙语、匈牙利语、阿尔巴尼亚语、保加利亚语、斯瓦希里语、缅甸语、印尼语、意大利语、克罗地亚语、塞尔维亚语、豪萨语、越南语、泰语、土耳其语、朝鲜语、斯洛伐克语、芬兰语、乌克兰语、荷兰语、挪威语、冰岛语、丹麦语、希腊语、菲律宾语、印地语、乌尔都语、希伯来语、波斯语、斯洛文尼亚语、爱沙尼亚语、拉脱维亚语、立陶宛语、爱尔兰语、马耳他语、孟加拉语、哈萨克语、乌兹别克语、拉丁语、祖鲁语、吉尔吉斯语、普什	94	2021

（续表）

序号	专 业 名 称	专业数目	年份
7	图语、梵语、巴利语、阿姆哈拉语、尼泊尔语、索马里语、泰米尔语、土库曼语、加泰罗尼亚语、约鲁巴语、蒙古语、亚美尼亚语、马达加斯加语、格鲁吉亚语、阿塞拜疆语、阿非利卡语、马其顿语、塔吉克语、茨瓦纳语、恩德贝莱语、科摩罗语、克里奥尔语、绍纳语、提格雷尼亚语、白俄罗斯语、毛利语、汤加语、萨摩亚语、库尔德语、比斯拉马语、达里语、迪维希语、斐济语、库克群岛毛利语、隆迪语、卢森堡语、卢旺达语、德顿语、纽埃语、皮金语、切瓦语、塞苏陀语、桑戈语、塔玛齐格特语、旁遮普语、爪哇语		

注：当年新增专业用粗体表示，新增专业于对应年份通过教育部本科专业备案或审批，此处未统计诸如"捷克语（法学）"等专业。

附表2 上海外国语大学2015—2021年非通用语专业变化情况

序号	专 业 名 称	专业数目	年份
1	波斯语、朝鲜语、印度尼西亚语、印地语、泰语、希伯来语、越南语、葡萄牙语、瑞典语、土耳其语、希腊语、意大利语、荷兰语、乌克兰语	14	2015
2	波斯语、朝鲜语、印度尼西亚语、印地语、泰语、希伯来语、越南语、葡萄牙语、瑞典语、土耳其语、希腊语、意大利语、荷兰语、乌克兰语、**匈牙利语**	15	2016
3	波斯语、朝鲜语、印度尼西亚语、印地语、泰语、希伯来语、越南语、葡萄牙语、瑞典语、土耳其语、希腊语、意大利语、荷兰语、乌克兰语、匈牙利语、**波兰语**、**捷克语**、**哈萨克语**、**乌兹别克语**	19	2017
4	波斯语、朝鲜语、印度尼西亚语、印地语、泰语、希伯来语、越南语、葡萄牙语、瑞典语、土耳其语、希腊语、意大利语、荷兰语、乌克兰语、匈牙利语、波兰语、捷克语、哈萨克语、乌兹别克语、**斯瓦希里语**	20	2018
5	波斯语、朝鲜语、印度尼西亚语、印地语、泰语、希伯来语、越南语、葡萄牙语、瑞典语、土耳其语、希腊语、意大利语、荷兰语、乌克兰语、匈牙利语、波兰语、捷克语、哈萨克语、乌兹别克语、斯瓦希里语、**塞尔维亚语**	21	2019

(续表)

序号	专 业 名 称	专业数目	年份
6	波斯语、朝鲜语、印度尼西亚语、印地语、泰语、希伯来语、越南语、葡萄牙语、瑞典语、土耳其语、希腊语、意大利语、荷兰语、乌克兰语、匈牙利语、波兰语、捷克语、哈萨克语、乌兹别克语、斯瓦希里语、塞尔维亚语	21	2020
7	波斯语、朝鲜语、印度尼西亚语、印地语、泰语、希伯来语、越南语、葡萄牙语、瑞典语、土耳其语、希腊语、意大利语、荷兰语、乌克兰语、匈牙利语、波兰语、捷克语、哈萨克语、乌兹别克语、斯瓦希里语、塞尔维亚语、**罗马尼亚语**	22	2021
注:当年新增专业用粗体表示,新增专业于对应年份通过教育部本科专业备案或审批。			

附表3 四川外国语大学2015—2021年非通用语专业变化情况

序号	专 业 名 称	专业数目	年份
1	朝鲜语、越南语、意大利语、葡萄牙语	4	2015
2	朝鲜语、越南语、意大利语、葡萄牙语、**泰语**、**希伯来语**、**匈牙利语**	7	2016
3	朝鲜语、越南语、意大利语、葡萄牙语、泰语、希伯来语、匈牙利语	7	2017
4	朝鲜语、越南语、意大利语、葡萄牙语、泰语、希伯来语、匈牙利语	7	2018
5	朝鲜语、越南语、意大利语、葡萄牙语、泰语、希伯来语、匈牙利语、**波兰语**、**捷克语**、**印地语**、**缅甸语**	11	2019
6	朝鲜语、越南语、意大利语、葡萄牙语、泰语、希伯来语、匈牙利语、波兰语、捷克语、印地语、缅甸语、**马来语**、**罗纳尼亚语**、**土耳其语**、**乌克兰语**	15	2020
7	朝鲜语、越南语、意大利语、葡萄牙语、泰语、希伯来语、匈牙利语、波兰语、捷克语、印地语、缅甸语、马来语、罗纳尼亚语、土耳其语、乌克兰语	15	2021
注:当年新增专业用粗体表示,新增专业于对应年份通过教育部本科专业备案或审批。			

附表 4　西安外国语大学 2015—2021 年非通用语专业变化情况

序号	专 业 名 称	专业数目	年份
1	意大利语、葡萄牙语、朝鲜语、印地语、泰语、波斯语、土耳其语、**乌尔都语**	8	2015
2	意大利语、葡萄牙语、朝鲜语、印地语、泰语、波斯语、土耳其语、乌尔都语、**印度尼西亚语**	9	2016
3	意大利语、葡萄牙语、朝鲜语、印地语、泰语、波斯语、土耳其语、乌尔都语、印度尼西亚语、**波兰语、马来语、乌克兰语、哈萨克语**	13	2017
4	意大利语、葡萄牙语、朝鲜语、印地语、泰语、波斯语、土耳其语、乌尔都语、印度尼西亚语、波兰语、马来语、乌克兰语、哈萨克语、**罗马尼亚语、希腊语、匈牙利语、捷克语、菲律宾语、白俄罗斯语**	19	2018
5	意大利语、葡萄牙语、朝鲜语、印地语、泰语、波斯语、土耳其语、乌尔都语、印度尼西亚语、波兰语、马来语、乌克兰语、哈萨克语、罗马尼亚语、希腊语、匈牙利语、捷克语、菲律宾语、白俄罗斯语	19	2019
6	意大利语、葡萄牙语、朝鲜语、印地语、泰语、波斯语、土耳其语、乌尔都语、印度尼西亚语、波兰语、马来语、乌克兰语、哈萨克语、罗马尼亚语、希腊语、匈牙利语、捷克语、菲律宾语、白俄罗斯语、**斯瓦西里语**	20	2020
7	意大利语、葡萄牙语、朝鲜语、印地语、泰语、波斯语、土耳其语、乌尔都语、印度尼西亚语、波兰语、马来语、乌克兰语、哈萨克语、罗马尼亚语、希腊语、匈牙利语、捷克语、菲律宾语、白俄罗斯语、斯瓦西里语	20	2021

注：当年新增专业用粗体表示，新增专业于对应年份通过教育部本科专业备案或审批。

附表 5　大连外国语大学 2015—2021 年非通用语专业变化情况

序号	专 业 名 称	专业数目	年份
1	朝鲜语、意大利语、葡萄牙语	3	2015
2	朝鲜语、意大利语、葡萄牙语	3	2016
3	朝鲜语、意大利语、葡萄牙语	3	2017
4	朝鲜语、意大利语、葡萄牙语、**波兰语、哈萨克语、乌克兰语**	6	2018

(续表)

序号	专 业 名 称	专业数目	年份
5	朝鲜语、意大利语、葡萄牙语、波兰语、哈萨克语、乌克兰语、**捷克语**	7	2019
6	朝鲜语、意大利语、葡萄牙语、波兰语、哈萨克语、乌克兰语、捷克语、**泰语**	8	2020
7	朝鲜语、意大利语、葡萄牙语、波兰语、哈萨克语、乌克兰语、捷克语、泰语	8	2021
注:当年新增专业用粗体表示,新增专业于对应年份通过教育部本科专业备案或审批。				

附表 6　天津外国语大学 2015—2021 年非通用语专业变化情况

序号	专 业 名 称	专业数目	年份
1	意大利语、葡萄牙语、朝鲜语、斯瓦希里语、印尼语、缅甸语、马来语	7	2015
2	意大利语、葡萄牙语、朝鲜语、斯瓦希里语、印尼语、缅甸语、马来语、**泰语**	8	2016
3	意大利语、葡萄牙语、朝鲜语、斯瓦希里语、印尼语、缅甸语、马来语、泰语、**波兰语、芬兰语、捷克语、乌克兰语、匈牙利语、印地语、乌尔都语、波斯语、豪萨语、土耳其语、希伯来语、柬埔寨语、白俄罗斯语**	21	2017
4	意大利语、葡萄牙语、朝鲜语、斯瓦希里语、印尼语、缅甸语、马来语、泰语、波兰语、芬兰语、捷克语、乌克兰语、匈牙利语、印地语、乌尔都语、波斯语、豪萨语、土耳其语、希伯来语、柬埔寨语、白俄罗斯语、**保加利亚语、塞尔维亚语、希腊语、罗马尼亚语**	25	2018
5	意大利语、葡萄牙语、朝鲜语、斯瓦希里语、印尼语、缅甸语、马来语、泰语、波兰语、芬兰语、捷克语、乌克兰语、匈牙利语、印地语、乌尔都语、波斯语、豪萨语、土耳其语、希伯来语、柬埔寨语、白俄罗斯语、保加利亚语、塞尔维亚语、希腊语、罗马尼亚语	25	2019
6	意大利语、葡萄牙语、朝鲜语、斯瓦希里语、印尼语、缅甸语、马来语、泰语、波兰语、芬兰语、捷克语、乌克兰语、匈牙利语、印地语、乌尔都语、波斯语、豪萨语、土耳其语、希伯来语、柬埔寨语、白俄罗斯语、保加利亚语、塞尔维亚语、希腊语、罗马尼亚语、**蒙古语**	26	2020

(续表)

序号	专　业　名　称	专业数目	年份
7	意大利语、葡萄牙语、朝鲜语、斯瓦希里语、印尼语、缅甸语、马来语、泰语、波兰语、芬兰语、捷克语、乌克兰语、匈牙利语、印地语、乌尔都语、波斯语、豪萨语、土耳其语、希伯来语、柬埔寨语、白俄罗斯语、保加利亚语、塞尔维亚语、希腊语、罗马尼亚语、蒙古语	26	2021

注:当年新增专业用粗体表示,新增专业于对应年份通过教育部本科专业备案或审批。

附表 7　北京语言大学 2015—2021 年非通用语专业变化情况

序号	专　业　名　称	专业数目	年份
1	朝鲜语、意大利语、葡萄牙语	3	2015
2	朝鲜语、意大利语、葡萄牙语	3	2016
3	朝鲜语、意大利语、葡萄牙语、**土耳其语**	4	2017
4	朝鲜语、意大利语、葡萄牙语、土耳其语	4	2018
5	朝鲜语、意大利语、葡萄牙语、土耳其语、**罗马尼亚语**、**印度尼西亚语**	6	2019
6	朝鲜语、意大利语、葡萄牙语、土耳其语、罗马尼亚语、印度尼西亚语	6	2020
7	朝鲜语、意大利语、葡萄牙语、土耳其语、罗马尼亚语、印度尼西亚语、**波斯语**	7	2021

注:当年新增专业用粗体表示,新增专业于对应年份通过教育部本科专业备案或审批。

附表 8　广东外语外贸大学 2015—2021 年非通用语专业变化情况

序号	专　业　名　称	专业数目	年份
1	印度尼西亚语、泰语、越南语、朝鲜语、柬埔寨语、老挝语、缅甸语、印地语、意大利语、葡萄牙语、波兰语、**马来语**、**乌尔都语**	13	2015
2	印度尼西亚语、泰语、越南语、朝鲜语、柬埔寨语、老挝语、缅甸语、印地语、意大利语、葡萄牙语、波兰语、马来语、乌尔都语、**希腊语**	14	2016
3	印度尼西亚语、泰语、越南语、朝鲜语、柬埔寨语、老挝语、缅甸语、印地语、意大利语、葡萄牙语、波兰语、马来语、乌尔都语、希腊语、**塞尔维亚语**、**波斯语**、**孟加拉语**、土耳其语、**捷克语**	19	2017

(续表)

序号	专 业 名 称	专业数目	年份
4	印度尼西亚语、泰语、越南语、朝鲜语、柬埔寨语、老挝语、缅甸语、印地语、意大利语、葡萄牙语、波兰语、马来语、乌尔都语、希腊语、塞尔维亚语、波斯语、孟加拉语、土耳其语、捷克语	19	2018
5	印度尼西亚语、泰语、越南语、朝鲜语、柬埔寨语、老挝语、缅甸语、印地语、意大利语、葡萄牙语、波兰语、马来语、乌尔都语、希腊语、塞尔维亚语、波斯语、孟加拉语、土耳其语、捷克语	19	2019
6	印度尼西亚语、泰语、越南语、朝鲜语、柬埔寨语、老挝语、缅甸语、印地语、意大利语、葡萄牙语、波兰语、马来语、乌尔都语、希腊语、塞尔维亚语、波斯语、孟加拉语、土耳其语、捷克语、**希伯来语、克罗地亚语**	21	2020
7	印度尼西亚语、泰语、越南语、朝鲜语、柬埔寨语、老挝语、缅甸语、印地语、意大利语、葡萄牙语、波兰语、马来语、乌尔都语、希腊语、塞尔维亚语、波斯语、孟加拉语、土耳其语、捷克语、希伯来语、克罗地亚语	21	2021

注：当年新增专业用粗体表示，新增专业于对应年份通过教育部本科专业备案或审批。

附表 9　北京第二外国语学院 2015—2021 年非通用语专业变化情况

序号	专 业 名 称	专业数目	年份
1	意大利语、葡萄牙语、朝鲜语	3	2015
2	意大利语、葡萄牙语、朝鲜语、**匈牙利语、波兰语、捷克语、拉脱维亚语**	7	2016
3	意大利语、葡萄牙语、朝鲜语、匈牙利语、波兰语、捷克语、拉脱维亚语、**波斯语、印地语、希伯来语、塞尔维亚语、立陶宛语、爱沙尼亚语、土耳其语、罗马尼亚语**	15	2017
4	意大利语、葡萄牙语、朝鲜语、匈牙利语、波兰语、捷克语、拉脱维亚语、波斯语、印地语、希伯来语、塞尔维亚语、立陶宛语、爱沙尼亚语、土耳其语、罗马尼亚语、**阿尔巴尼亚语、斯洛伐克语、斯洛文尼亚语、保加利亚语**	19	2018
5	意大利语、葡萄牙语、朝鲜语、匈牙利语、波兰语、捷克语、拉脱维亚语、波斯语、印地语、希伯来语、塞尔维亚语、立陶宛语、爱沙尼亚语、土耳其语、罗马尼亚语、阿尔巴尼亚语、斯洛伐克语、斯洛文尼亚语、保加利亚语	19	2019

（续表）

序号	专 业 名 称	专业数目	年份
6	意大利语、葡萄牙语、朝鲜语、匈牙利语、波兰语、捷克语、拉脱维亚语、波斯语、印地语、希伯来语、塞尔维亚语、立陶宛语、爱沙尼亚语、土耳其语、罗马尼亚语、阿尔巴尼亚语、斯洛伐克语、斯洛文尼亚语、保加利亚语	19	2020
7	意大利语、葡萄牙语、朝鲜语、匈牙利语、波兰语、捷克语、拉脱维亚语、波斯语、印地语、希伯来语、塞尔维亚语、立陶宛语、爱沙尼亚语、土耳其语、罗马尼亚语、阿尔巴尼亚语、斯洛伐克语、斯洛文尼亚语、保加利亚语	19	2021
注：当年新增专业用粗体表示，新增专业于对应年份通过教育部本科专业备案或审批。			

附表 10　中国传媒大学 2015—2021 年非通用语专业变化情况

序号	专 业 名 称	专业数目	年份
1	朝鲜语、印地语、马来语、乌尔都语、斯瓦希里语、葡萄牙语、土耳其语、匈牙利语、意大利语、泰米尔语、普什图语、孟加拉语、尼泊尔语、荷兰语、波斯语、印尼语、越南语、希伯来语、豪萨语、瑞典语、僧伽罗语	23	2015
2	朝鲜语、印地语、马来语、乌尔都语、斯瓦希里语、葡萄牙语、土耳其语、匈牙利语、意大利语、泰米尔语、普什图语、孟加拉语、尼泊尔语、荷兰语、波斯语、印尼语、越南语、希伯来语、豪萨语、瑞典语、僧伽罗语	23	2016
3	朝鲜语、印地语、马来语、乌尔都语、斯瓦希里语、葡萄牙语、土耳其语、匈牙利语、意大利语、泰米尔语、普什图语、孟加拉语、尼泊尔语、荷兰语、波斯语、印尼语、越南语、希伯来语、豪萨语、瑞典语、僧伽罗语	23	2017
4	朝鲜语、印地语、马来语、乌尔都语、斯瓦希里语、葡萄牙语、土耳其语、匈牙利语、意大利语、泰米尔语、普什图语、孟加拉语、尼泊尔语、荷兰语、波斯语、印尼语、越南语、希伯来语、豪萨语、瑞典语、僧伽罗语	23	2018
5	朝鲜语、印地语、马来语、乌尔都语、斯瓦希里语、葡萄牙语、土耳其语、匈牙利语、意大利语、泰米尔语、普什图语、孟加拉语、尼泊尔语、荷兰语、*波斯语、印尼语、越南语、希伯来语、豪萨语、瑞典语、僧伽罗语、菲律宾语、芬兰语*	14	2019

（续表）

序号	专业名称	专业数目	年份
6	朝鲜语、印地语、马来语、乌尔都语、斯瓦希里语、葡萄牙语、土耳其语、匈牙利语、意大利语、泰米尔语、普什图语、孟加拉语、尼泊尔语、荷兰语	14	2020
7	朝鲜语、印地语、马来语、乌尔都语、斯瓦希里语、葡萄牙语、土耳其语、匈牙利语、意大利语、泰米尔语、普什图语、孟加拉语、尼泊尔语、荷兰语	14	2021
注:新增专业用粗体表示,撤销专业用斜体加下划线表示;相关专业于对应年份通过教育部本科专业备案或审批,或被撤销。			

附表 11　浙江外国语学院 2015—2021 年非通用语专业变化情况

序号	专业名称	专业数目	年份
1	意大利语、葡萄牙语、朝鲜语	3	2015
2	意大利语、葡萄牙语、朝鲜语	3	2016
3	意大利语、葡萄牙语、朝鲜语	3	2017
4	意大利语、葡萄牙语、朝鲜语、**土耳其语**、**捷克语**	5	2018
5	意大利语、葡萄牙语、朝鲜语、土耳其语、捷克语、**波兰语**	6	2019
6	意大利语、葡萄牙语、朝鲜语、土耳其语、捷克语、波兰语	6	2020
7	意大利语、葡萄牙语、朝鲜语、土耳其语、捷克语、波兰语	6	2021
注:新增专业用粗体表示,相关专业于对应年份通过教育部本科专业备案或审批。			

附录 2

全国 11 所外语类院校 2015—2019 年非通用语专业毕业生去向汇总①

附表 12　北京外国语大学 2015—2019 年非通用语专业毕业生去向一览表

序号	学院	专业名称	2015 年				2016 年				2017 年			
			直接就业率	留学率	国内升学率	去向落实率	直接就业率	留学率	国内升学率	去向落实率	直接就业率	留学率	国内升学率	去向落实率
1	西葡语系	葡萄牙语	86.36%	4.55%	9.09%	100.00%	90.48%	4.76%	4.76%	100.00%	85.00%	0.00%	15.00%	100.00%
2		波兰语												
3		捷克语	63.64%	18.18%	9.09%	90.91%					56.25%	31.25%	12.50%	100.00%

① 广东外语外贸大学 2015—2019 年非通用语专业毕业生去向落实率均为 100%，其中直接就业率、留学率和国内升学率均不详，故在此并未单独列表。

（续表）

序号	学院	专业名称	2015年				2016年				2017年			
			直接就业率	留学率	国内升学率	去向落实率	直接就业率	留学率	国内升学率	去向落实率	直接就业率	留学率	国内升学率	去向落实率
4	欧洲语言文化学院	罗马尼亚语	81.25%	12.50%	6.25%	100.00%								
5		匈牙利语	85.71%	0.00%	14.29%	100.00%					75.00%	16.67%	8.33%	100.00%
6		保加利亚语												

（续表）

序号	学院	专业名称	2015年				2016年				2017年			
			直接就业率	留学率	国内升学率	去向落实率	直接就业率	留学率	国内升学率	去向落实率	直接就业率	留学率	国内升学率	去向落实率
7		阿尔巴尼亚语					60.00%	0.00%	20.00%	80.00%				
8		瑞典语									66.67%	20.83%	12.5%	100.00%
9		意大利语	100.00%	0.00%	0.00%	100.00%	55.00%	30.00%	15.00%	100.00%	50.00%	34.62%	15.38%	100.00%
10		塞尔维亚语					80.00%	10.00%	10.00%	100.00%	100.00%	0.00%	0.00%	100.00%

（续表）

序号	学院	专业名称	2015 年				2016 年				2017 年			
			直接就业率	留学率	国内升学率	去向落实率	直接就业率	留学率	国内升学率	去向落实率	直接就业率	留学率	国内升学率	去向落实率
11		芬兰语									91.67%	8.33%	0.00%	100.00%
12		荷兰语												
13		斯洛伐克语	66.67%	8.33%	25.00%	100.00%								
14		克罗地亚语					72.73%	18.18%	9.09%	100.00%				

（续表）

序号	学院	专业名称	2015 年				2016 年				2017 年			
			直接就业率	留学率	国内升学率	去向落实率	直接就业率	留学率	国内升学率	去向落实率	直接就业率	留学率	国内升学率	去向落实率
15		希腊语	58.33%	25.00%	16.67%	100.00%								
16		挪威语	81.82%	0.00%	18.18%	100.00%								
17		丹麦语					80.00%	13.33%	6.67%	100.00%				
18		冰岛语									60.00%	20.00%	20.00%	100.00%
19		柬埔寨语	60.00%	20.00%	20.00%	100.00%								

（续表）

序号	学院	专业名称	2015年				2016年				2017年			
			直接就业率	留学率	国内升学率	去向落实率	直接就业率	留学率	国内升学率	去向落实率	直接就业率	留学率	国内升学率	去向落实率
20	亚非学院	僧伽罗语												
21		老挝语					73.33%	20.00%	6.67%	100.00%	60.00%	20.00%	13.33%	93.33%
22		斯瓦希里语												
23		马来语					64.29%	35.71%	0.00%	100.00%				

（续表）

215 附　录 | 215

序号	学院	专业名称	2015年				2016年				2017年			
			直接就业率	留学率	国内升学率	去向落实率	直接就业率	留学率	国内升学率	去向落实率	直接就业率	留学率	国内升学率	去向落实率
24		印度尼西亚语									80.00%	13.33%	0.00%	93.33%
25		越南语					62.50%	25.00%	6.25%	93.75%				
26		缅甸语									87.5%	0.00%	12.5%	100.00%
27		泰语	91.67%	0.00%	8.33%	100.00%					66.66%	6.67%	20.00%	93.33%
28		土耳其语	81.25%	12.50%	6.25%	100.00%								

（续表）

序号	学院	专业名称	2015年				2016年				2017年			
			直接就业率	留学率	国内升学率	去向落实率	直接就业率	留学率	国内升学率	去向落实率	直接就业率	留学率	国内升学率	去向落实率
29		朝鲜语	59.09%	9.09%	31.82%	100.00%	76.48%	5.88%	11.76%	94.12%	37.50%	43.75%	18.75%	100.00%
30		朝鲜语(国际商务)												
31		印地语	54.55%	18.18%	18.18%	90.91%	100.00%	0.00%	0.00%	100.00%				
32		乌尔都语					72.73%	27.27%	0.00%	100.00%				

（续表）

序号	学院	专业名称	2015年				2016年				2017年			
			直接就业率	留学率	国内升学率	去向落实率	直接就业率	留学率	国内升学率	去向落实率	直接就业率	留学率	国内升学率	去向落实率
33		波斯语									69.23%	23.08%	7.69%	100.00%

序号	学院	专业名称	2018年				2019年			
			直接就业率	留学率	国内升学率	去向落实率	直接就业率	留学率	国内升学率	去向落实率
1	西葡语系	葡萄牙语	73.91%	26.09%	0.00%	100.00%	55.56%	33.33%	11.11%	100.00%
2		波兰语	47.83%	30.43%	21.74%	100.00%				
3		捷克语					58.34%	33.33%	8.33%	100.00%

（续表）

序号	学院	专业名称	2018 年			2019 年			
			直接就业率	留学率	国内升学率	去向落实率	直接就业率	留学率	国内升学率	去向落实率
4	欧洲语言文化学院	罗马尼亚语	56.52%	17.39%	26.09%	100.00%				
5		匈牙利语								
6		保加利亚语	60.86%	21.74%	17.40%	100.00%	66.66%	16.67%	16.67%	100.00%
7		阿尔巴尼亚语								
8		瑞典语								

（续表）

序号	学院	专业名称	2018年				2019年			
			直接就业率	留学率	国内升学率	去向落实率	直接就业率	留学率	国内升学率	去向落实率
9		意大利语	34.79%	52.17%	13.04%	100.00%				
10		塞尔维亚语								
11		芬兰语	54.17%	12.50%	33.33%	100.00%				
12		荷兰语	100.00%	0.00%	0.00%	100.00%				
13		斯洛伐克语					43.48%	21.74%	13.04%	78.26%

（续表）

序号	学院	专业名称	2018年				2019年			
			直接就业率	留学率	国内升学率	去向落实率	直接就业率	留学率	国内升学率	去向落实率
14		克罗地亚语								
15		希腊语					73.92%	13.04%	13.04%	100.00%
16		挪威语					50.00%	36.36%	9.09%	95.45%
17		丹麦语								
18		冰岛语								

（续表）

序号	学院	专业名称	2018年						2019年			
			直接就业率	留学率	国内升学率	去向落实率			直接就业率	留学率	国内升学率	去向落实率
19	亚非学院	柬埔寨语	50.00%	18.18%	31.82%	100.00%			52.00%	20.00%	16.00%	88.00%
20		僧伽罗语										
21		老挝语										
22		斯瓦希里语										

（续表）

序号	学院	专业名称	2018年				2019年			
			直接就业率	留学率	国内升学率	去向落实率	直接就业率	留学率	国内升学率	去向落实率
23		马来语	80.96%	0.00%	9.52%	90.48%	61.91%	23.8%	14.29%	100.00%
24		印度尼西亚语								
25		越南语								
26		缅甸语								
27		泰语					62.49%	16.67%	16.67%	95.83%
28		土耳其语	81.81%	9.09%	4.55%	95.45%				

（续表）

序号	学院	专业名称	2018年				2019年			
			直接就业率	留学率	国内升学率	去向落实率	直接就业率	留学率	国内升学率	去向落实率
29		朝鲜语	25%	37.5%	20.83%	83.33%	40.91%	36.36%	9.09%	86.36%
30		朝鲜语(国际商务)					30.43%	34.78%	26.09%	91.30%
31		印地语					50.00%	18.18%	22.73%	90.91%
32		乌尔都语								
33		波斯语	100.00%	0.00%	0.00%	100.00%				

注：表格中空白处表明当年该专业无毕业生或数据不详。

附表 13　上海外国语大学 2015—2019 年非通用语专业毕业生去向一览表

序号	学院	专业名称	2015 年				2016 年				2017 年			
			直接就业率	留学率	国内升学率	去向落实率	直接就业率	留学率	国内升学率	去向落实率	直接就业率	留学率	国内升学率	去向落实率
1	德语系	瑞典语				92.86%								
2		波斯语				100.0%								
3	东方语学院	朝鲜语				97.30%		24.39%		95.12%		16.28%		97.67%
4		印度尼西亚语				100.0%						8.33%		100.00%
5		泰语				100.0%						45.45%		100.00%

（续表）

序号	学院	专业名称	2015年 直接就业率	2015年 留学率	2015年 国内升学率	2015年 去向落实率	2016年 直接就业率	2016年 留学率	2016年 国内升学率	2016年 去向落实率	2017年 直接就业率	2017年 留学率	2017年 国内升学率	2017年 去向落实率
6		土耳其语				100.0%								
7		印地语										9.09%		100.00%
8		希伯来语						25.00%		100.00%				
9		越南语						58.33%		100.00%				

（续表）

序号	学院	专业名称	2015年				2016年				2017年			
			直接就业率	留学率	国内升学率	去向落实率	直接就业率	留学率	国内升学率	去向落实率	直接就业率	留学率	国内升学率	去向落实率
10	俄罗斯东欧中亚学院	乌克兰语						22.22%		88.89%				
11	西方语系	葡萄牙语				100.00%		21.74%		100.00%		21.74%		95.65%
12		希腊语				100.00%						0.00%		100.00%

（续表）

序号	学院	专业名称	2015年				2016年				2017年			
			直接就业率	留学率	国内升学率	去向落实率	直接就业率	留学率	国内升学率	去向落实率	直接就业率	留学率	国内升学率	去向落实率
13		意大利语				90.00%		38.10%		100.00%		19.05%		95.24%
14		荷兰语				100.00%								

序号	学院	专业名称	2018年				2019年			
			直接就业率	留学率	国内升学率	去向落实率	直接就业率	留学率	国内升学率	去向落实率
1	德语系	瑞典语		8.33%		100.00%		23.08%		84.62%
2		波斯语								

（续表）

序号	学院	专业名称	2018年				2019年			
			直接就业率	留学率	国内升学率	去向落实率	直接就业率	留学率	国内升学率	去向落实率
3	东方语学院	朝鲜语		14.63%		97.56%		23.68%		94.74%
4		印度尼西亚语						11.11%		100.00%
5		泰语						9.09%		100.00%
6		土耳其语						22.22%		100.00%
7		印地语								
8		希伯来语								

（续表）

序号	学院	专业名称	2018 年			2019 年		
			直接就业率	留学率	国内升学率	去向落实率	直接就业率	留学率	国内升学率	去向落实率
9		越南语								
10	俄罗斯东欧中亚学院	乌克兰语		18.18%		100.00%				
11	西方语系	葡萄牙语		22.73%		100.00%		22.22%		100.00%
12		希腊语						25.00%		100.00%

（续表）

序号	学院	专业名称	2018 年				2019 年			
			直接就业率	留学率	国内升学率	去向落实率	直接就业率	留学率	国内升学率	去向落实率
13		意大利语		26.09%		100.00%		10.00%		95.00%
14		荷兰语						23.08%		92.31%

注：表格中空白处表明当年该专业无毕业生或数据不详。

附表 14　四川外国语大学 2015—2019 年非通用语专业毕业生去向一览表

序号	学院	专业名称	2015 年				2016 年			
			直接就业率	留学率	国内升学率	去向落实率	直接就业率	留学率	国内升学率	去向落实率
1	东方语学院	朝鲜语	60.87%	17.39%	21.74%	100.00%	62.50%	25.00%	12.50%	100.00%
2		越南语	78.26%	13.04%	8.70%	100.00%	69.56%	26.09%	4.35%	100.00%

（续表）

序号	学院	专业名称	2015 年				2016 年			
			直接就业率	留学率	国内升学率	去向落实率	直接就业率	留学率	国内升学率	去向落实率
3	法意语系	意大利语	72.00%	20.00%	0.00%	92.00%	60.91%	25.00%	5.00%	90.91%
4	西葡语系	葡萄牙语					71.55%	25.00%	0.00%	96.55%

序号	学院	专业名称	2017 年				2018 年				2019 年			
			直接就业率	留学率	国内升学率	去向落实率	直接就业率	留学率	国内升学率	去向落实率	直接就业率	留学率	国内升学率	落实去向率
1	东方语学院	朝鲜语				100.00%				100.00%				100.00%
2		越南语				100.00%				100.00%				100.00%

（续表）

序号	学院	专业名称	2017 年				2018 年				2019 年			
			直接就业率	留学率	国内升学率	去向落实率	直接就业率	留学率	国内升学率	去向落实率	直接就业率	留学率	国内升学率	落实去向率
3	法意语系	意大利语				86.96%				100.00%				77.78%
4	西葡语系	葡萄牙语				100.00%				100.00%				96.88%

注：表格中空白处表明当年该专业无毕业生或数据不详。

附表 15　西安外国语大学 2015—2019 年非通用语专业毕业生去向一览表

序号	学院	专业名称	2015 年				2016 年				2017 年		
			直接就业率	留学率	国内升学率	去向落实率	直接就业率	留学率	国内升学率	去向落实率	留学率	国内升学率	去向落实率
1	西方语言文化学院	意大利语				100.00%				100.00%			100.00%
2		葡萄牙语				100.00%				100.00%			96.83%
3	东方语言文化学院	朝鲜语				92.00%				92.98%			89.06%
4		印地语				93.10%				95.83%			91.38%
5		泰语				89.66%				88.46%			90.91%

（续表）

序号	学院	专业名称	2015年				2016年				2017年			
			直接就业率	留学率	国内升学率	去向落实率	直接就业率	留学率	国内升学率	去向落实率	直接就业率	留学率	国内升学率	去向落实率
6		波斯语								100.00%				93.75%
7		土耳其语								96.15%				96.15%
8		乌尔都语												

序号	学院	专业名称	2018年				2019年			
			直接就业率	留学率	国内升学率	去向落实率	直接就业率	留学率	国内升学率	去向落实率
1		意大利语				100.00%				100.00%

（续表）

序号	学院	专业名称	2018 年				2019 年			
			直接就业率	留学率	国内升学率	去向落实率	直接就业率	留学率	国内升学率	去向落实率
2	西方语言文化学院	葡萄牙语				98.44%				100.00%
3	东方语言文化学院	朝鲜语				97.01%				100.00%
4		印地语				100.00%				100.00%
5		泰语				93.33%				100.00%
6		波斯语				97.06%				89.29%

（续表）

序号	学院	专业名称	2018年				2019年			
			直接就业率	留学率	国内升学率	去向落实率	直接就业率	留学率	国内升学率	去向落实率
7		土耳其语				96.97%				100.00%
8		乌尔都语								89.66%

注：表格中空白处当表明当年该专业无毕业生或数据不详。

附表 16　大连外国语大学 2015—2019 年非通用语专业毕业生去向一览表

序号	学院	专业名称	2015年				2016年			
			直接就业率	留学率	国内升学率	去向落实率	直接就业率	留学率	国内升学率	去向落实率
1	韩国语学院	朝鲜语	82.35%	3.68%	8.82%	94.85%	60.69%	22.22%	12.82%	95.73%

（续表）

序号	学院	专业名称	2015年				2016年			
			直接就业率	留学率	国内升学率	去向落实率	直接就业率	留学率	国内升学率	去向落实率
2	意阿语系	意大利语					87.00%	13.00%	0.00%	100.00%
3	西葡语系	葡萄牙语	86.00%	14.00%	0.00%	100.00%	91.00%	9.00%	0.00%	100.00%

序号	学院	专业名称	2017年				2018年			
			直接就业率	留学率	国内升学率	去向落实率	直接就业率	留学率	国内升学率	去向落实率
1	韩国语学院	朝鲜语	67.52%	18.56%	9.28%	95.36%	59.84%	25.20%	10.24%	95.28%

（续表）

序号	学院	专业名称	2017 年				2018 年			
			直接就业率	留学率	国内升学率	去向落实率	直接就业率	留学率	国内升学率	去向落实率
2	意阿语系	意大利语					58.62%	34.48%	3.45%	96.55%
3	西葡语系	葡萄牙语	73.44%	23.33%	0.00%	96.77%	79.31%	17.24%	0.00%	96.55%

注:表格中空白处代表当年该专业无毕业生或数据不详;2019 年总体数据缺失。

附表 17　天津外国语大学 2015—2019 年非通用语专业毕业生去向一览表

序号	学院	专业名称	2016年				2018年				2019年			
			直接就业率	留学率	国内升学率	去向落实率	直接就业率	留学率	国内升学率	去向落实率	直接就业率	留学率	国内升学率	去向落实率
1	欧洲语言文化学院	意大利语	73.69%	5.26%	21.05%	100.00%	83.33%	0.00%	11.11%	94.44%	82.6%	8.70%	8.70%	100.00%
2	欧洲语言文化学院	葡萄牙语	59.26%	29.63%	11.11%	100.00%	95.24%	0.00%	4.76%	100.00%	61.91%	28.57%	4.76%	95.24%
3	亚非语言学院	朝鲜语	76.74%	6.98%	13.95%	97.67%	77.27%	15.91%	4.55%	97.73%	23.81%	28.57%	38.10%	90.48%
4	亚非语言学院	朝鲜语（项目班）									19.23%	23.08%	0.00%	42.31%

（续表）

序号	学院	专业名称	2016年				2018年				2019年			
			直接就业率	留学率	国内升学率	去向落实率	直接就业率	留学率	国内升学率	去向落实率	直接就业率	留学率	国内升学率	去向落实率
5		斯瓦希里语												
6		印尼语					69.23%	30.77%	0.00%	100.00%	53.33%	0.00%	6.67%	60.00%
7		马来语					100.00%	0.00%	0.00%	100.00%	92.86%	7.14%	0.00%	100.00%

注：表格中空白处表明当年该专业无毕业生；2015、2017年的毕业生去向数据不对外公开。

附表 18　北京语言大学 2015—2019 年非通用语专业毕业生去向一览表

序号	学院	专业名称	2015 年				2016 年				2017 年			
			直接就业率	留学率	国内升学率	去向落实率	直接就业率	留学率	国内升学率	去向落实率	直接就业率	留学率	国内升学率	去向落实率
1	东方语言文化学院	朝鲜语	35.71%	42.86%	16.67%	95.24%	46.00%	46.00%	4.00%	96.00%	61.77%	20.59%	5.88%	88.24%
2	西方语言文化学院	意大利语	43.33%	40.00%	16.67%	100.00%	56.50%	34.80%	8.70%	100.00%	40.74%	33.33%	18.52%	92.59%

（续表）

序号	学院	专业名称	2015 年				2016 年				2017 年			
			直接就业率	留学率	国内升学率	去向落实率	直接就业率	留学率	国内升学率	去向落实率	直接就业率	留学率	国内升学率	去向落实率
3	西方语言文化学院	葡萄牙语	60.00%	40.00%	0.00%	100.00%	52.40%	42.90%	4.80%	100.00%	59.26%	40.74%	0.00%	100.00%

序号	学院	专业名称	2018 年				2019 年			
			直接就业率	留学率	国内升学率	去向落实率	直接就业率	留学率	国内升学率	去向落实率
1	东方语言文化学院	朝鲜语			8.57%	100.00%			21.88%	100.00%

（续表）

序号	学院	专业名称	2018年				2019年			
			直接就业率	留学率	国内升学率	去向落实率	直接就业率	留学率	国内升学率	去向落实率
2	西方语言文化学院	意大利语			4.35%	100.00%			7.69%	100.00%
3	西方语言文化学院	葡萄牙语			0.00%	95.00%			11.11%	100.00%

注：表格空白处代表相关数据不详。

附表 19 北京第二外国语学院 2015—2019 年非通用语专业毕业生去向一览表

学院	专业名称	2015 年				2016 年				2017 年			
		直接就业率	留学率	国内升学率	去向落实率	直接就业率	留学率	国内升学率	去向落实率	直接就业率	留学率	国内升学率	去向落实率
亚洲学院	朝鲜语	68.08%	27.66%	4.26%	100.00%	29.54%	63.64%	6.82%	100.00%	43.48%	43.48%	10.87%	97.83%
欧洲学院	葡萄牙语	91.67%	8.33%	0.00%	100.00%					82.61%	17.39%		100.00%
	意大利语					77.27%	18.18%	4.55%	100.00%				

序号	学院	专业名称	2018 年				2019 年			
			直接就业率	留学率	国内升学率	去向落实率	直接就业率	留学率	国内升学率	去向落实率
1	亚洲学院	朝鲜语	81.25%	8.33%	8.33%	97.92%	61.7%	21.28%	14.89%	97.87%

（续表）

序号	学院	专业名称	2018 年				2019 年			
			直接就业率	留学率	国内升学率	去向落实率	直接就业率	留学率	国内升学率	去向落实率
2	欧洲学院	葡萄牙语								
3		意大利语	72.73%	9.09%	13.64%	95.45%	73.91%	21.74%	4.35%	100.00%

注：表格中空白处表明当年该专业无毕业生或数据不详。

附表 20　中国传媒大学 2015—2019 年非通用语专业毕业生去向一览表

序号	学院	专业名称	2015 年			2016 年			2017 年		
			直接就业率	国内升学率或留学率	去向落实率	直接就业率	国内升学率或留学率	去向落实率	直接就业率	国内升学率或留学率	去向落实率
1		朝鲜语				50.00%	50.00%	100.00%			

（续表）

序号	学院	专业名称	2015年			2016年			2017年		
			直接就业率	国内升学率或留学率	去向落实率	直接就业率	国内升学率或留学率	去向落实率	直接就业率	国内升学率或留学率	去向落实率
2	外国语言文化学院	印地语									
3		马来语									
4		斯瓦希里语	83.33%	16.67%	100.00%				75.00%	25.00%	100.00%
5		土耳其语									
6		普什图语							83.33%	16.67%	100.00%

（续表）

序号	学院	专业名称	2015年			2016年			2017年		
			直接就业率	国内升学率或留学率	去向落实率	直接就业率	国内升学率或留学率	去向落实率	直接就业率	国内升学率或留学率	去向落实率
7		孟加拉语	50.00%	50.00%	100.00%						
8		尼泊尔语							60.00%	40.00%	100.00%
9		葡萄牙语				66.67%	33.33%	100.00%			
10		意大利语	73.68%	26.32%	100.00%				80.00%	20.00%	100.00%
11		荷兰语	68.42%	31.58%	100.00%						

（续表）

序号	学院	专业名称	2018年			2019年		
			直接就业率	国内升学率或留学率	去向落实率	直接就业率	国内升学率或留学率	去向落实率
1	外国语言文化学院	朝鲜语	62.50%	31.25%	93.75%			
2		印地语	43.75%	56.25%	100.00%			
3		马来语						
4		斯瓦希里语				58.33%	41.67%	100.00%
5		土耳其语	75.00%	25.00%	100.00%			
6		普什图语					0.00%	100.00%

（续表）

序号	学院	专业名称	2018 年			2019 年		
			直接就业率	国内升学率或留学率	去向落实率	直接就业率	国内升学率或留学率	去向落实率
7		孟加拉语				83.33%	16.67%	100.00%
8		尼泊尔语						
9		葡萄牙语	93.75%	6.25%	100.00%	73.33%	26.67%	100.00%
10		意大利语				86.67%	13.33%	100.00%
11		荷兰语				62.50%	37.50%	100.00%

注：表格中空白处自表明当年该专业无毕业生或数据不详。

附表 21　浙江外国语学院 2015—2019 年非通用语专业毕业生去向一览表

序号	学院	专业名称	2017年				2018年				2019年			
			直接就业率	留学率	国内升学率	去向落实率	直接就业率	留学率	国内升学率	去向落实率	直接就业率	留学率	国内升学率	去向落实率
1	东方语言文化学院	朝鲜语			0.00%	100.00%			0.00%	100.00%			0.00%	100.00%
2	西方语言文化学院	意大利语			4.55%	95.45%			8.33%	100.00%			0.00%	100.00%
3		葡萄牙语			0.00%	100.00%			0.00%	100.00%			0.00%	100.00%

注：表格中空白处表明当年该专业无毕业生或数据不详；2015、2016年总体数据不详。

附录 3

涉外酒店外语服务能力调查提纲

一、受访者信息

受访者	性别	年龄	职业	国籍
A	男	50～60 岁	小学校长	英国
B	女	30～40 岁	白领	俄罗斯
C	女	20～30 岁	大学生	白俄罗斯
D	男	20～30 岁	程序员	加拿大
E	男	30～40 岁	体育老师	澳大利亚
F	男	40～50 岁	大学老师	英国
G	女	20～30 岁	业余画家	荷兰

二、半结构式访谈提纲

1. 基本信息:国籍、职业等。

2. 你到成都是为了旅游、工作还是学习?

3. 第几次来到中国? 第几次来成都? 不同时期感受到的外语服务环境是否有变化?

4. 预订酒店的渠道:网站、电话还是由他人代劳? 如果是网站,你是否会参考网站评分和客户评论? 是否有写入住评论的习惯?

5. 你预订酒店时是否会考虑语言问题? 具体举例说明。

6. 与入住酒店工作人员的沟通是否顺利? 具体举例说明。

7. 与工作人员出现交流障碍时你会怎么办?

8. 酒店的外语信息是否充分满足你的需求? 包括各种文本材料、标语、电视频道等。

附录 4

上海市民外语能力需求和现状网络调查问卷

基本情况：

工作所在地：_____区

居住地：_____区

性别：A. 男　B. 女

年龄：A. 20 岁以下　B. 21～30 岁　C. 31～40 岁　D. 41～50 岁　E. 50 岁以上

受教育程度：A. 高中及以下　B. 专科　C. 本科　D. 硕士　E. 博士及以上

月收入情况：A. ＜1,000　B. 1,000～1,999　C. 2,000～2,999　D. 3,000～3,999　E. 4,000～4,999　F. 5,000～7,000　G. 7,000～9,999 H. ＞10,000

职业：

1. 机关、事业单位干部　2. 教师　3. 媒体从业人员　4. 航空、铁路、公交、地铁等公共交通行业从业人员　5. 旅游行业从业人员　6. 金融、邮政、电信行业从业人员　7. 医护人员　8. 商业、服务业从业人员　9. 企业领导或管理人员　10. 专业、文教、科技人员　11. 工人　12. 农民　13. 公检法、军人、武警　14. 学生　16. 私营、个体劳动者　17. 下岗、失业人员　18. 离退休人员　19. 其他

请问您是否学习过外语？（若"是"，请继续做下面的题目；若"否"，请跳到第 17 题。）

A. 是　B. 否

1. 除汉语之外，您所在单位的主要工作语言是（可多选）：_____

A. 汉语　B. 英语　C. 日语　D. 法语　E. 西班牙语　F. 德语

G. 阿拉伯语　H. 日语　I. 韩语　J. 俄语　K. 葡萄牙语　L. 其它外语

2. 您学过的外语有（可多选）：_____

A. 英语　B. 俄语　C. 德语　D. 法语　E. 西班牙语

F. 葡萄牙语　G. 阿拉伯语　H. 日语　I. 韩语　J. 其它外语

3. 您是从何时开始学习外语的？

A. 7 岁以前　B. 7～9 岁　C. 10～13 岁　D. 14～16 岁　E. 17 岁以后

4. 您已经通过哪些外语水平资格考试(可多选)：_____

A. 通过公共英语三级考试

B. 通过大学英语四级考试

C. 通过大学英语六级考试

D. 通过英语专业四级考试或获得中高级口译资格证书

E. 通过英语专业八级考试

F. 通过其它语种的外语考试(如日语、德语、法语等水平考试)

G. 雅思 6 分或托福 80 分以上(或通过其它国外语言考试)

H. 以上均无

5. 您在日常生活中接触外语最多的方式是：_____

A. 听(包括看外语电影、电视)　B. 说　C. 阅读

D. 写(文件、报告等)　E. 翻译(含口/笔译)　F. 不接触

6. 您的第一外语是：_____

A. 英语　B. 俄语　C. 德语　D. 法语　E. 西班牙语

F. 葡萄牙语　G. 阿拉伯语　H. 日语　I. 韩语　J. 其它外语

7. 您目前第一外语的阅读水平是_____

A. 能根据实际需要自由阅读各类外文资料

B. 能借助工具书阅读外文书刊

C. 能看懂一些简易外文读物

D. 能看懂简单句子和单词

E. 基本看不懂外文

8. 您第一外语的会话能力是_____

A. 语言熟练，能做口译

B. 可进行比较流利的交谈

C. 能进行日常一般会话

D. 会说一些问候的话

E. 基本无法开口说话

9. 您第一外语的写作能力是_____

A. 能够熟练运用外语进行专业写作，如论文和报告等

B. 能够准确运用外语书写邮件和会议记录等

C. 只能够用外语写请假条或留言等日常应用文

D. 基本无法进行外语写作

10. 下面哪种情况对您的外语能力有所要求？（可多选）

A. 入学考试　B. 学校毕业　C. 工作应聘

D. 技术职务（职称）评审　E. 国际交往　F. 获得国外的资讯　G. 其他

11. 您近期是否有计划提升自己的外语能力？

A. 有　B. 没有

本题若选 A,请完成 12—17 题;若选 B,可不完成 12—17 题。

12. 您觉得提高下列何种外语技能最为重要？

A. 会话能力

B. 听的能力

C. 阅读能力

D. 写作能力

E. 翻译能力

13. 您觉得自己提升外语能力的主要动力是：_____

A. 出国进修或工作

B. 科学研究的需要

C. 商务贸易的需要

D. 仅仅出于兴趣爱好

E. 其他

14. 您认为如果自己外语水平提高,最有可能给您带来什么机会？

A. 增加求职和就业砝码,获取高薪职位

B. 在职晋升或拓展海外业务

C. 为出国旅游、娱乐休闲提供便利

D. 有利于开阔眼界,学习国外文化,获取新知

E. 可以应对国内外各种考试（升学、出国和职称等）

F. 其他

15. 您觉得是否有必要学习第二外语或第三外语？

A. 完全有必要

B. 有一定必要

C. 不一定

D. 不太必要

E. 完全没有必要

16. 您认为提升外语能力的主要途径是(请按重要性由大到小排序)：_____

A. 参加业余语言培训班突击学习(如参加社会语言培训机构)

B. 购买外语书籍阅读自学(如阅读外文原著、外报外刊等)

C. 到专业院校脱产系统学习(相对固定一段时间封闭式学习)

D. 出国在海外生活一段时间(如参加海外进修或访学)

E. 利用网络、电视等媒介手段辅助学习(如收看原版影视节目等)

17. 若有机会,您希望学习和掌握的外语有(请按重要性由大到小排序)：

_____

A. 英语　B. 法语　C. 德语　D. 日语　E. 韩语　F. 俄语　G. 西班牙语　H. 其他(请注明)

18. 在中国现代社会中,您认为外语能力对个人发展的作用是怎样的?

A. 非常重要

B. 较为重要

C. 一般

D. 不太重要

E. 完全不重要

19. 您认为当前社会和用人单位对于个人外语能力的各项规定和标准如何?

A. 要求过高,不切实际

B. 要求较高,较难达到

C. 要求适中,能够达到

D. 要求较低,较易达到

E. 要求太低,形同虚设

20. 您觉得外语学习与母语学习的关系是怎样的?

A. 是相辅相成的关系

B. 可能有相互促进的作用

C. 没有什么关系

D. 可能会产生负面影响

E. 外语学习严重影响母语能力发展

附录 5

上海高校外语专业、外语类课程设置及实施情况调查问卷

学校名称_____

贵校拥有的学科门类有（请勾选）：

1. 哲学　2. 经济学　3. 法学　4. 教育学　5. 文学　6. 历史学　7. 理学　8. 工学　9. 农学　10. 医学　11. 军事学　12. 管理学　13. 艺术

（一）外语专业语种开设情况

1. 贵校外语专业现开设下列哪些语种？（可多选）

A. 英语　B. 俄语　C. 德语　D. 法语　E. 日语　F. 韩语　G. 西班牙语　H. 阿拉伯语　I. 其他语种（请说明）_____

2. 贵校上述开设的语种专业分别在下列哪些层次办学？（可多选，请分别选择）

A. 专科　B. 本科　C. 硕士　D. 博士

英语(A　B　C　D)　　　俄语(A　B　C　D)　　　德语(A　B　C　D)

法语(A　B　C　D)　　　日语(A　B　C　D)　　　韩语(A　B　C　D)

西班牙语(A　B　C　D)　阿拉伯语(A　B　C　D)　其他语种(A　B　C　D)

3. 贵校开设上述语种专业的时间是？（请分别选择）

A. 1999 年之前　B. 2000—2005 年　C. 2006—2010 年　D. 2011 年至今

英语(A　B　C　D)　　　俄语(A　B　C　D)　　　德语(A　B　C　D)

法语(A　B　C　D)　　　日语(A　B　C　D)　　　韩语(A　B　C　D)

西班牙语(A　B　C　D)　阿拉伯语(A　B　C　D)　其它语种(A　B　C　D)

4. 贵校各语种外语专业每年招生规模如何？（请分别选择）

A. 20～40 人　B. 41～70 人　C. 71～100 人　D. 100 人以上

英语(A　B　C　D)　　　俄语(A　B　C　D)　　　德语(A　B　C　D)

法语(A　B　C　D)　　　日语(A　B　C　D)　　　韩语(A　B　C　D)

西班牙语(A　B　C　D)　阿拉伯语(A　B　C　D)　其它语种(A　B　C　D)

5. 贵校开设的英语专业(本科、专科)的市场就业率如何?

A. 很高　B. 较高　C. 一般　D. 较低　E. 很低

6. 贵校开设的其他语种专业的总体就业状况如何?

A. 供不应求,就业率高于英语专业　　B. 与英语专业就业率相似

C. 总体就业情况一般,供需基本持平　D. 就业率不高,市场需求较小

E. 就业率很低,与英语专业相比相差很大

俄语(A　B　C　D　E)　　　德语(A　B　C　D　E)　法语(A　B　C　D　E)

日语(A　B　C　D　E)　　　韩语(A　B　C　D　E)　西班牙语(A　B　C　D　E)

阿拉伯语(A　B　C　D　E)　其他语种(A　B　C　D　E)

7. 贵校外语专业毕业生的毕业去向如何?(请按照毕业去向从多到少排列)

_____

A. 出国深造或升学考研

B. 国家机关或事业单位

C. 国有大中型企业

D. 外资或中外合资企业

E. 民营企业或中小型企业

F. 自主创业或其他

8. 贵校外语专业毕业生就业的行业领域有哪些?(请按照毕业去向从多到少排列)

_____

A. 教育系统(大、中、小学教师及教育培训人员)

B. 外交文化(外事和文化交流部门翻译人员)

C. 科学技术(如研究所、工程单位的科技翻译人员)

D. 贸易金融(如银行、外经贸行业职员)

E. 营销管理(如市场开发、产品推广等销售人员)

F. 旅游服务(如导游、宾馆服务人员)

G. 新闻传媒(如记者、编辑等文字工作者)

H. 其他就业行业,请列举_____

9. 贵校设置外语专业的总体优势是:(可多选)

A. 师资水平整体较高,办学历史悠久

B. 课程体系设置合理,教学管理出色

C. 外语专业特色鲜明,就业渠道通畅

D. 对接行业社会需求,复合培养走俏

E. 生源质量稳定向好,语言技能扎实

F. 注重人文素质教育,精英人才出众

10. 贵校建设外语专业过程中遇到的现实问题是:(可多选)

A. 师资整体水平不高,办学历史较短

B. 课程体系不尽完善,教学组织不当

C. 外语专业缺乏特色,就业渠道狭窄

D. 缺乏人才需求信息,培养模式陈旧

E. 生源质量明显下滑,语言能力一般

F. 专业建设规划滞后,高端人才稀少

(二)外语类课程设置①

11. 贵校现已开设的外语类课程有哪些语种?(可多选)

A. 英语 B. 俄语 C. 德语 D. 法语 E. 日语

F. 韩语 G. 西班牙语 H. 阿拉伯语 I. 其他语种

12. 贵校开设的各语种外语课程的类型有哪些?(可多选)

A. 学位基础课 B. 学位公共课 C. 专业必修课 D. 专业选修课 E. 公选课

英语(A B C D E) 俄语(A B C D E) 德语(A B C D E)

法语(A B C D E) 日语(A B C D E) 韩语(A B C D E)

西班牙语(A B C D E) 阿拉伯语(A B C D E) 其它语种(A B C D E)

13. 贵校上述语种课程分别在下列哪些层次开设?(可多选)

---

① 这里的外语类课程是指除外语专业以外的外语课程,包括外语专业的二外课程。

A. 专科　B. 本科　C. 硕士　D. 博士

英语(A　B　C　D)　　　俄语(A　B　C　D)　　　德语(A　B　C　D)

法语(A　B　C　D)　　　日语(A　B　C　D)　　　韩语(A　B　C　D)

西班牙语(A　B　C　D)　阿拉伯语(A　B　C　D)　其它语种(A　B

C　D)

14. 贵校开设上述语种外语课程的时间是？（请分别选择）

A. 1999 年之前　B. 2000—2005 年　C. 2006—2010 年　D. 2011 年
至今

英语(A　B　C　D)　　　俄语(A　B　C　D)　　　德语(A　B　C　D)

法语(A　B　C　D)　　　日语(A　B　C　D)　　　韩语(A　B　C　D)

西班牙语(A　B　C　D)　阿拉伯语(A　B　C　D)　其它语种(A　B

C　D)

15. 贵校外语多语种课程的师资来源:(可以多选)

A. 本校师资　B. 外聘教师　C. 外国教师　D. 外校研究生　E. 社会培
训机构

16. 贵校开设多语种外语课程的目的是:(可以多选)

A. 满足本校学生第二外语或第三外语学习的需要

B. 满足国际化办学(如中外合作办学)的需求

C. 满足提升就业竞争力(如到外企工作)的需求

D. 满足学生提高国际文化理解能力的需求

E. 满足学生提升专业技术国际化能力的需求

17. 贵校多语种外语课程每门课的教学课时是:(请分别选择)

A. 40 学时以下　B. 41～70 学时　C. 71～100 学时　D. 100 学时以上

俄语(A　B　C　D)　　　德语(A　B　C　D)

法语(A　B　C　D)　　　日语(A　B　C　D)

韩语(A　B　C　D)　　　西班牙语(A　B　C　D)

阿拉伯语(A　B　C　D)　其它语种(A　B　C　D)

18. 贵校多语种外语课程难易程度如何？（请分别选择,可以多选）

A. 零起点　B. 初级水平　C. 中级水平　D. 高级水平

俄语(A　B　C　D)　　　德语(A　B　C　D)

法语(A　B　C　D)　　　日语(A　B　C　D)

韩语(A　B　C　D)　　　西班牙语(A　B　C　D)

阿拉伯语(A　B　C　D)　其它语种(A　B　C　D)

19. 贵校多语种外语课程每学年授课的学生数量如何?(请分别选择,可以多选)

A. 40 人以下　B. 41—70 人　C. 71—100 人　D. 100 人以上

俄语(A　B　C　D)　　　德语(A　B　C　D)

法语(A　B　C　D)　　　日语(A　B　C　D)

韩语(A　B　C　D)　　　西班牙语(A　B　C　D)

阿拉伯语(A　B　C　D)　其它语种(A　B　C　D)

20. 贵校多语种外语课程开设过程中存在的现实问题是(请简要说明)

_____

_____

_____

调查结束,再次感谢您的合作!

参考文献

［1］阿尼沙.程序公正与庭审中民族语言的平等实现——以我国刑事诉讼中少数民族翻译的作用为视角［J］.中国政法大学学报,2009(3):44-52.

［2］奥兰·扬.世界事务中的治理［M］.上海:上海人民出版社,2007.

［3］薄守生.语言规划的经济学分析［J］.制度经济学研究,2008(2):58-81.

［4］才让旺秀.城市少数民族流动人口语言文字诉讼权的法律实现［J］.贵州民族研究,2014(3):14-17.

［5］蔡基刚.CEFR对我国外语教学的影响［J］.中国大学教学,2012(6):6-10.

［6］蔡基刚.全球化背景下我国大学英语教学目标定位再研究［J］.外语与外语教学,2012(3):5-8.

［7］蔡基刚.我国高校大学外语政策调整的范例及其战略意义［J］.中国大学教学,2013(8):12-16.

［8］蔡拓.全球学与全球治理［M］.北京:中国人民大学出版社,2018.

［9］蔡拓,杨雪冬,吴志成.全球治理概论［M］.北京:北京大学出版社,2016.

［10］蔡永良.美国语言教育与语言政策［M］.上海:上海三联书店,1997.

［11］蔡永良.语言战略视角下的语言教育［J］.中国语言战略,2012(1):170-178.

［12］曹进,刘贵阳.网络体育新闻标题中暴力语言的生态话语分析——以NBA战报类新闻为例［J］.现代传播(中国传媒大学学报),2021,43(10):146-151.

［13］车思琪,李学沛.评价系统视阈下中美企业致股东信情感话语对比分析——基于情感词典和机器学习的文本挖掘技术［J］.外国语(上海外国语大学学报),2021,44(2):50-59.

［14］陈刚.2011—2020年雾霾话题热门微博利益相关者参与格局与意义建构

演化研究[J].情报杂志,2021,40(11):93-98.

[15] 陈炯.法律语言学概论[M].太原:山西人民教育出版社,1999.

[16] 陈鹏.行业语言服务的几个基本理论问题[J].语言文字应用,2014(3):117-124.

[17] 陈汝东.论国家话语能力[J].北京大学学报(哲学社会科学版),2011(5):66-73.

[18] 陈旭."把学生培养成具有全球胜任力的人才"[N].中国教育报,2017-10-22(20).

[19] 陈忠诚.法律英译的失真问题[J].外国语(上海外国语大学学报),1990(1):11-15.

[20] 陈忠诚.关于基本法律概念之误解误译[J].南京大学法学评论,1997(3):215-217.

[21] 程晓堂.语言学理论对制定我国外语教育政策的启示[J].外语教学与研究,2012(2):298-307.

[22] 褚国飞.英国媒体报道中国大多失真——访英国传媒学者科林·斯巴克斯[N].中国社会科学报,2010-2-4(5).

[23] 从丛.中国文化失语:我国英语教学的缺陷[N].光明日报,2000-10-19(10).

[24] 戴冬梅.从法国国立东方语言文化学院看国家外语能力的建设[J].中国外语教育,2014(4):3-9.

[25] 戴桂玉,仇娟.语言、环境、社会——生态酒店英文简介之生态批评性话语分析[J].外语与外语教学,2012,262(1):48-52.

[26] 戴红亮.提升面向少数民族的语言服务水平[J].北华大学学报(社会科学版),2012(3):12-15.

[27] 戴佳,季诚浩.从民主实用到行政理性:垃圾焚烧争议中的微博行动者与话语变迁[J].中国地质大学学报(社会科学版),2020,20(3):133-146.

[28] 戴曼纯.国家语言能力、语言规划与国家安全[J].语言文字应用,2011(4):123-131.

[29] 戴曼纯.我国外语人才需求抽样调查[J].外语教学与研究,2016(4):614-624.

[30] 戴曼纯,潘巍巍.国家语言能力建设视角下的个人多语能力[J].语言文字

应用,2018(1):2-11.

[31] 戴炜栋.上外的十年改革(发言提纲)[J].外语教学与研究,1989(1):12-13.

[32] 戴炜栋.国际化背景下我国外语教育的发展战略[J].浙江工商大学学报,2010(6):80-85.

[33] 戴炜栋,胡文仲.中国外语教育发展研究[M].上海:上海外语教育出版社,2009.

[34] 邓谊,冯德正.公共卫生危机中企业社会责任的多模态话语建构[J].外语教学,2021,42(5):13-18.

[35] 丁超.中国非通用语教育的前世今生[J].神州学人,2016(1):6-11.

[36] 丁怡,余敏.基于市场需求的商务英语人才培养模式探析[J].科技文汇,2010(6):25-26.

[37] 丁云亮.社交媒体时代国家话语能力的建构逻辑[J].安徽师范大学学报(人文社会科学版),2019(5):109-116.

[38] 董晓波.我国立法语言规范化研究[M].北京:北京交通大学出版社,2016.

[39] 窦梅,林蕾,田应斌.论少数民族当事人使用本民族语言进行诉讼之权利的司法保障[J].中南民族大学学报(人文社会科学版),2006(1):87-90.

[40] 杜金榜.从目前的研究看法律语言学学科体系的构建[J].现代外语,2000(1):99-107.

[41] 范徽等.中国企业"走出去"跨文化环境因素探究[J].管理世界,2018(7):178-179.

[42] 方格格."一带一路"倡议国内外传播效果对比——基于语料库的媒介话语分析[J].传媒,2018,270(1):70-73.

[43] 菲利普·佩迪特.语词的创造:霍布斯论语言、心智与政治[M].于明,译.北京:北京大学出版社,2010.

[44] 风笑天.社会学研究方法[M].北京:中国人民大学出版社,2009.

[45] 付克.中国外语教育史[M].上海:上海外语教育出版社,1986.

[46] 傅荣,王克非.欧洲语言多元化政策及相关外语教育政策分析[J].外语教学与研究,2008(1):14-19+80.

[47] 傅政,庞继贤,周星.中国入世对大学英语教学的影响分析及需求预测

[J]. 外语界,2001(5):16-21.

[48] 高建勋,刘云.语言平等与程序公正——涉外诉讼中的法庭翻译制度实证研究[J].语言与翻译,2011(3):61-65.

[49] 高晓芳.晚清洋务学堂的外语教育研究[M].北京:商务印书馆,2006.

[50] 高宇翔,刘艳虹.中国电视新闻手语翻译:现状与展望[J].现代特殊教育,2015(4):57-61.

[51] 龚献静.致力于国家外语资源与人才库的建设——二战后美国高校外语教育政策述评[J].外语教学与研究,2012(4):596-605+641.

[52] 龚献静.第二次世界大战后美国高校外语教育发展研究[M].青岛:中国海洋大学出版社,2013.

[53] 龚献静.日本高校"一带一路"沿线国家语言文化教学与研究现状考察[J].外语教学与研究,2016(5):755-764.

[54] 龚献静,蔡璨,范琼.论国家外语能力提升中的项目资助因素——基于中美国家级有关外语资助项目的比较分析[J].外语界,2014(1):9-18.

[55] 顾伟勤,梅德明.国际型外语人才培养模式研究——谈上外国际公务员实验班本科课程体系的构建[J].外语界,2008(5):70-74.

[56] 桂国平.我国高校的专业外语教育与国家竞争力[J].武汉大学学报(人文科学版),2007(3),335-341.

[57] 桂诗春.我国应用语言学的现状与展望[J].现代外语,1980(4):1-11.

[58] 郭婧.英国高校国际组织人才培养与输送研究[J].比较教育研究,2019(2):12-19.

[59] 郭龙生.浅论法律语言的规范化[J].法律语言学说,2009(12),19-25.

[60] 郭龙生.论国家语言服务[J].北华大学学报(社会科学版),2012(13),12-19.

[61] 郭晓勇.中国语言服务行业发展状况、问题及对策——在2010中国国际语言服务行业大会上的主旨发言[J],中国翻译,2010(6),34-37.

[62] 郭英剑.对"新文科、大外语"时代外语教育几个重大问题的思考[J].中国外语,2020(1):4-12.

[63] 韩晓宁,郭玮琪,巴亚岭.疫情议题多元话语主体多层次议程设置效果研究[J].当代传播,2021,217(2):41-47.

[64] 韩永强.也谈"forensic linguistics"的汉译名及我国法律语言学的主要研

究对象[J].宁波大学学报(人文科学版),2005(5),78-83.

[65] 赫琳.国家话语能力建设的四个维度[J].云南师范大学学报(哲学社会科学版),2021,53(4):39-48.

[66] 何立荣.广西高校法学课程设置探究——以涉东盟法律人才培养为背景[J].广西警官高等专科学校学报,2013,26(1):62-66.

[67] 何其莘.培养21世纪的外语专业人才——新《大纲》的修订过程及主要特点[J].外语界,2001(1):4-8.

[68] 何伟,高然.生态语言学学科体系的融合与发展[J].国外社会科学,2020,338(2):127-135.

[69] 何银.联合国维和事务与中国维和话语权建设[J].世界经济与政治,2016(11):40-61+158.

[70] 贺宏志.语言产业导论[M].北京:首都师范大学出版社,2012.

[71] 洪岗.基于人类命运共同体理念的外语院校人才全球素养培养[J].外语教学,2019(4):50-55.

[72] 胡春雨,李旭妍.基于语料库的腾讯亚马逊致股东信元话语研究[J].外语学刊,2018,200(1):24-32.

[73] 胡春雨,谭金琳.中美企业致股东信语域特征的多维分析[J].外语与外语教学,2020,315(6):66-75+149.

[74] 胡文仲.我国外语教育规划的得与失[J].外语教学与研究,2001(4):245-251.

[75] 胡文仲.新中国六十年外语教育的成就与缺失[J].外语教学与研究,2009(3):163-169.

[76] 胡文仲.关于我国外语教育规划的思考[J].外语教学与研究,2011(1):130-136.

[77] 胡壮麟.中国外语教育六十年有感[J].中国外语,2009(5):5-9+59.

[78] 胡壮麟.对中国外语教育改革的几点认识[J].外语教学,2015(1):52-55.

[79] 胡壮麟.对外语学科人才培养的若干认识[J].当代外语研究,2020(1):5-8.

[80] 黄国文.从《中国外语》看我国外语教学与研究的发展[J].中国外语,2009(5):16-20.

[81] 黄国文.外语教学与研究的生态化取向[J].中国外语,2016,13(5):1+9-13.

[82] 黄国文.从系统功能语言学视角看政治演讲语篇——以习近平第70届联合国大会一般性辩论中的演讲为例[J].外语学刊,2017,196(3):7-11.

[83] 黄国文.论生态话语和行为分析的假定和原则[J].外语教学与研究,2017,49(6):880-889+960.

[84] 黄国文,赵蕊华.生态话语分析的缘起、目标、原则与方法[J].现代外语,2017,40(5):585-596+729.

[85] 黄河,刘琳琳.环境议题的传播现状与优化路径——基于传统媒体和新媒体的比较分析[J].国际新闻界,2014,36(1):90-102.

[86] 黄河,杨小涵.企业环境话语建构方式对公众态度的影响——基于两种绿色广告诉求的对比分析[J].四川大学学报(哲学社会科学版),2020,227(2):114-126.

[87] 黄立波,朱志瑜.晚清时期关于翻译政策的讨论[J].中国翻译,2012(3):26-33.

[88] 黄明东,陶夏.全球治理视角下高校人才培养模式创新的战略思考[J].现代教育管理,2018(7):20-25.

[89] 黄友义.疫情之后看外语和翻译的多与少[J].中国外语,2020(6):1+11-12.

[90] 黄友义,黄长奇,丁洁.加强党政文献对外翻译,加强对外话语体系建设[J].中国翻译,2014(3):5-7.

[91] 黄玉波,雷月秋.企业漂绿行为的类型与识别——一项针对受众的扎根理论研究[J].国际新闻界,2021,43(2):98-117.

[92] 霍布斯.利维坦[M].黎恩复,黎廷弼,译.北京:商务印书馆,2017.

[93] 贾广惠.中国环境新闻传播30年:回顾与展望[J].中州学刊,2014,210(6):168-172.

[94] 贾俊花,王丽芳.法律文书语言规范化探讨[J].语言应用研究,2006(3):69-70.

[95] 江桂英.语言经济学视角下的中国英语教育成本——收益分析[J].制度经济学研究,2010(3):180-194.

[96] 蒋洪新.新时代外语专业复合型人才培养的思考[J].中国外语,2019(1):1+11-14.

［97］ 蒋婷,张慧.生态位视阈下中美广告话语的态度资源对比研究[J].现代外语,2021,44(1):37-48.

［98］ 阚阅.全球治理视域下我国的国际组织人才发展战略[J].比较教育研究,2016(12):16-21.

［99］ 李传松,许宝发.中国近现代外语教育史[M].上海:上海外语教育出版社,2006.

［100］ 李德鹏,窦建民.当前我国语言服务面临的困境及对策[J].云南师范大学学报(对外汉语教学与研究版),2015(2):63-68.

［101］ 李克勤,朱庆葆.加强语言战略研究确保国家文化安全[J].汉语学报,2009(1):11-14.

［102］ 李克兴.英语法律文本中的主要情态动词的作用及其翻译[J].中国翻译,2007(6):54-60。

［103］ 李克兴.与"依法"、"守法/约"概念相关的套语词及其翻译研究[J].中国翻译,2011(5):62-68.

［104］ 李琳,王立非.英美CEO风险话语的三维评价特征建模研究[J].外语教学,2017,38(4):7-12.

［105］ 李淑晶,刘承宇.基于评价系统的生态话语分析——以特朗普退出《巴黎气候协定》的演讲为例[J].外语与外语教学,2020,314(5):65-76+149.

［106］ 李现乐.南京服务行业语言服务调查[J].中国社会语言学,2012(1):93-106.

［107］ 李小萌.企业风险话语的批判分析[J].同济大学学报(社会科学版),2017,28(4):95-105.

［108］ 李雪岩.中国外语教育品牌战略研究:基于路径选择的视角[M].北京:经济管理出版社,2012.

［109］ 李迎迎.俄罗斯提升国家外语能力的领军高校研究[J].天津外国语大学学报,2014(2):49-54.

［110］ 李宇明.中国的话语权问题[J].河北大学学报(哲社版),2006(6):1-4.

［111］ 李宇明.中国外语规划的若干思考[J].外国语(上海外国语大学学报),2010(1):2-8.

［112］ 李宇明.提升国家语言能力的若干思考[J].南开语言学刊,2011(1):1-

8+180.

[113] 李宇明. 当代中国语言生活中的问题[J]. 中国社会科学,2012(9):150-156.

[114] 李宇明. 中国语言生活的时代特征[J]. 中国语文,2012(4):367-375.

[115] 李宇明. 语言的文化职能的规划[J]. 民族翻译,2014(3):22-27.

[116] 李宇明. 提升国家外语能力任重而道远[N]. 光明日报,2017-2-6(7).

[117] 李宇明. 语言在全球治理中的重要作用[J]. 外语界,2018(5):2-10.

[118] 李宇明,王春辉. 论语言的功能分类[J]. 当代语言学,2019(1):1-22.

[119] 李志青,符翀. ESG 理论与实务[M]. 上海:复旦大学出版社,2021.

[120] 郦莉. 国际组织人才培养的国际经验及中国的培养机制[J]. 比较教育研究,2018(4):39-47.

[121] 林琳,周桂君. 基于话语分析的联合国生态观念管窥——以《世界经济社会概览》中涉及气候变化的表述为例[J]. 社会科学战线,2019,290(8):255-260.

[122] 廖美珍. 中国法律语言规范化若干问题之我见[J]. 修辞学习,2008(5):30-36.

[123] 林书武. 语言学与语言规划[J]. 国外语言学,1984(3):41-53.

[124] 刘道义. 基础外语教育发展报告(1978—2008)[C]. 上海:上海外语教育出版社,2008.

[125] 刘国辉. 中国的外语教育:基于语言能力回报率的实证研究[D]. 济南:山东大学,2013.

[126] 刘海涛. 语言规划与语言政策:从定义变迁看学科发展[G]//. 陈章太等. 语言规划的理论与实践. 北京:语文出版社,2006:55-60.

[127] 刘宏松. 中国参与全球治理 70 年:迈向新形势下的再引领[J]. 国际观察,2019(6):1-21.

[128] 刘建达. 基于标准的外语评价探索[J]. 外语教学与研究,2015(3):417-425.

[129] 刘建达. 我国英语能力等级量表研制的基本思路[J]. 中国考试,2015(1):7-11.

[130] 刘美兰. 美国"关键语言"战略研究[M]. 上海:复旦大学出版社,2016.

[131] 刘涛. 环境传播的九大研究领域(1938—2007):话语、权力与政治的解读

视角[J].新闻大学,2009,102(4):97-104+82.

[132] 刘燕,华维芬,束定芳.外语专业改革与发展战略——上海市高校外语专业布局与外语人才培养情况调查研究[J].外语研究,2011(4):8-14.

[133] 刘永涛.文化与外交:战后美国对外文化战略透视[J].复旦学报(社科版),2001(3):62-67.

[134] 鲁子问.外语政策研究[M].北京:北京大学出版社,2012.

[135] 鲁子问,张荣干.中国外语能力需求调查和战略建议[M].北京:北京大学出版社,2012.

[136] 门洪华.关于中国国家定位的思考[J].攀登,2014,33(2):1-9.

[137] 苗兴伟,李珂.再语境化视角下企业生态身份的话语建构[J].外语教学,2021,42(2):1-6.

[138] 苗兴伟,李珂.立场表达视角下企业生态身份的话语建构对比研究[J].西北师大学报(社会科学版),2022,59(2):126-135.

[139] 牛可.地区研究创生史十年:知识构建、学术规划和政治——学术关系[J].北京大学教育评论,2016(1):31-61.

[140] 钱毓芳.英国主流报刊关于低碳经济的话语建构研究[J].外语与外语教学,2016,287(2):25-35+144-145.

[141] 钮先钟.西方战略思想史[M].台北:麦田出版社,1995.

[142] 潘庆云.法律语言学[M].北京:中国政法大学出版社,2017.

[143] 庞继贤.语言学在法律中的应用:司法语言学[J].外国语(上海外国语大学学报),1996(5):45-48.

[144] 彭龙.全球治理体系变革与国际组织人才培养[J].社会治理,2017(4):10-12.

[145] 屈哨兵.语言服务研究论纲[J].江汉学术,2007(6):56-62.

[146] 桑涛.公诉语言学:公诉人技能提升全程指引[M].北京:中国法制出版社,2016.

[147] 邵培仁.传播学[M].北京:高等教育出版社,2015.

[148] 邵珊珊,彭俊.新冠疫情下基于生态评价视角的中外电商消费者话语分析[J].当代外语研究,2021,456(6):132-143.

[149] 申辰瑜,郭继荣,郭淼.基于联合国气候变化大会的英国主流媒体涉华舆情研究[J].情报杂志,2018,37(9):113-119.

[150] 沈骑.外语教育政策研究的价值之维[J].外语教学,2011(2):44-47.

[151] 沈骑.当代东亚外语教育政策发展研究[M].北京:北京大学出版社,2012.

[152] 沈骑."一带一路"倡议下国家外语能力建设的战略转型[J].云南师范大学学报(哲学社会科学版),2015(5):9-13.

[153] 沈骑.中国国家外语能力建设40年回顾与前瞻(1978—2018)[J].中国外语,2019(4):43-49.

[154] 沈骑.中国话语规划:人类命运共同体建设中语言规划的新任务[J].语言文字应用,2019(4):35-43.

[155] 沈骑.语言规划视域下的国家话语能力建设[J].云南师范大学学报(哲学社会科学版),2021,53(4):58-66.

[156] 沈骑,曹新宇.全球治理视域下中国国家外语能力建设的范式转型[J].外语界,2019(6):45-52.

[157] 沈骑,夏天.论语言战略与国家利益的维护与拓展[J].新疆师范大学学报(哲学社会科学版),2014(4):112-118.

[158] 史兴松,牛一琳.中美企业社会责任话语立场建构对比研究[J].现代外语,2022,45(1):40-52.

[159] 史兴松,单晓晖.基于语料库探讨中国企业英文网站的跨文化适应水平[J].中国外语,2019,16(2):71-80.

[160] 束定芳.中国外语战略研究[M].上海:上海外语教育出版社,2012.

[161] 束定芳.我国外语教育规划与布局的思考[J].外语教学与研究,2013(3):426-435.

[162] 宋金芳,林勇.语言经济学的政策分析及其借鉴[J].华南师范大学学报,2004(6):81-86.

[163] 孙莉,杨晓煜.评价理论视域下的和谐话语分析——以2018年"百篇网络正能量文字作品"为例[J].中国外语,2020,17(4):43-48.

[164] 孙吉胜.话语、国家形象与对外宣传:以"中国崛起"话语为例[J].国际论坛,2016(1):1-7+79.

[165] 孙吉胜."人类命运共同体"视阈下的全球治理:理念与实践创新[J].中国社会科学评价,2019(3):121-130.

[166] 孙懿华,周广然.法律语言学[M].北京:中国政法大学出版社,1997.

[167] 唐青叶."中国威胁论"话语的生成机制与国家话语能力的建构[J].当代中国话语研究,2015(00):1-9.

[168] 滕梅.1919年以来的中国翻译政策研究[M].济南:山东大学出版社,2009.

[169] 田志龙,钟文峰.企业家讲话中如何清楚表达"为何做"?——华为任正非基于利益相关者要素的意义沟通及其话语逻辑分析[J].管理学报,2019,16(10):1423-1434.

[170] 童清艳.受众研究[M].上海:上海交通大学出版社,2013.

[171] 汪段泳,苏长和.中国海外利益研究年度报告(2008—2009)[M].上海:上海人民出版社.2011.

[172] 汪少华,纪燕.生态话语的批评架构分析——以《变革我们的世界:2030年可持续发展议程》为例[J].中国外语,2019,16(5):59-67.

[173] 汪晓莉,刘淑华.需求导向的中国外语高等教育战略初探[J].外国语,2010(6):41-48.

[174] 王淳.安全诉求与认同危机:论美国国家语言战略的重塑[J].国外理论动态,2010(9):41-45.

[175] 王积龙,李湉.再论《纽约时报》的取向与偏向——基于该报十年《雾霾报道》的内容分析[J].现代传播(中国传媒大学学报),2016,38(12):51-55.

[176] 王建勤.美国关键语言战略与我国国家安全语言战略[J].云南师范大学学报(社科版),2010(2):7-11.

[177] 王洁.法律语言研究[M].广州:广东教育出版社,1999.

[178] 王克非.外语教育政策与社会经济发展[J].外语界,2011(1):2-7.

[179] 王克非等.国外外语教育研究[M].北京:外语教学与研究出版社,2012.

[180] 王利峰,朱晋伟.在华跨国公司内部语言状况调查[J].语言文字应用,2013(1):80-88.

[181] 王隆文.我国少数民族语言庭审翻译服务制度构建之探讨[J].中国翻译,2014(3):68-71.

[182] 王宁.外语人才应该为人文社会科学的国际化作出贡献[J].中国外语,2009(5):1+105.

[183] 王琦.中国出版企业外宣与重新语境化——以出版企业网页翻译为例

［J］．中国出版，2019，460（11）：54－59．

［184］ 王守仁．继续推进和深化大学英语教学改革　全面提高教学质量［J］．中国大学教学，2006（7）：57－59．

［185］ 王守仁．高校大学外语教育发展报告［M］．上海：上海外语教育出版社，2008．

［186］ 王守仁．坚持科学的大学英语教学改革观［J］．外语界，2013（6）：9－22．

［187］ 王晓德．文化的帝国：20世纪全球美国化研究［M］．北京：中国社会科学出版社，2011．

［188］ 王晓梅．语言战略研究的产生与发展［J］．中国社会语言学，2014（1）：1－9．

［189］ 王雪梅．对英语专业研究生学术能力内涵及其发展过程的再思考［J］．当代外语研究，2013（2）：32－36．

［190］ 王银泉．从国家战略高度审视我国外语教育的若干问题［J］．中国外语，2013（2）：13－24．

［191］ 王佐良．第二届高等学校外语专业教材编审委员会工作的总结报告［J］．外语界，1992（4）：5－7．

［192］ 魏晖．文化强国视野下的国家语言战略探讨［J］．文化软实力，2016（3）：27－36．

［193］ 魏日宁，苏金智．中国内地外语使用情况调查分析［J］．中国社会语言学，2008（2）：9－24．

［194］ 魏日宁，苏金智．中国大城市外语使用情况调查分析：以北京、上海、天津、广州、深圳、重庆和大连为例［J］．外语教学与研究，2011（6）：924－933．

［195］ 魏榕．中外媒体中国形象的生态话语对比研究［J］．现代外语，2022，45（3）：318－330．

［196］ 文秋芳．美国国防部新外语战略评析［J］．外语教学与研究，2011（5）：738－747．

［197］ 文秋芳．国家外语能力现状［G］//．教育部语言文字管理司．中国语言生活状况报告．北京：商务印书馆，2012．

［198］ 文秋芳．英语类专业实践多元人才观面临的挑战与对策［J］．外语教学与研究，2014（1）：118－126＋160．

[199] 文秋芳.国家语言能力的内涵及其评价指标[J].云南师范大学学报(哲学社会科学版),2016(2):23-31.

[200] 文秋芳."一带一路"语言人才的培养[J].语言战略研究,2016(2):26-32.

[201] 文秋芳."产出导向法"的中国特色[J].现代外语,2017(3):348-358.

[202] 文秋芳.国家话语能力的内涵——对国家语言能力的新认识[J].新疆师范大学学报(哲学社会科学版),2017(3):66-72.

[203] 文秋芳.国际传播能力、国家话语能力和国家语言能力——兼述国际传播人才培养"双轮驱动"策略[J].河北大学学报(哲学社会科学版),2022,47(3):17-23.

[204] 文秋芳,苏静,监艳红.国家外语能力的理论构建与应用尝试[J].中国外语,2011(3):4-10.

[205] 文秋芳,张天伟.后"9·11"时代美国国家外语能力建设成效及其启示[J].中国外语,2013(6):4-12.

[206] 文秋芳,张天伟.国家语言能力理论体系构建研究[M].北京:北京大学出版社,2018.

[207] 吴克利.审讯语言学[M].北京:中国检察出版社,2009.

[208] 吴伟平.语言与法律:司法领域的语言学研究[M].上海:上海外语教育出版社,2002.

[209] 吴贤军.中国国际话语权构建:理论、现状和路径[M].上海:复旦大学出版社,2017.

[210] 吴岩.新使命大格局新文科大外语[J].外语教育研究前沿,2019(2):3-7+90.

[211] 吴瑛,李莉,宋韵雅.多种声音一个世界:中国与国际媒体互引的社会网络分析[J].新闻与传播研究,2015(9):5-21+126.

[212] 吴宗杰.外语学科知识谱系学考辨[J].广东外语外贸大学学报,2009,20(4):64-68.

[213] 肖凌.国际航线运行中陆空通话语速研究[J].中国民用航空,2013(6):65-66.

[214] 谢伏瞻.加快构建中国特色哲学社会科学学科体系、学术体系、话语体系[J].中国社会科学,2019(5):4-22+204.

[215] 谢倩. 当代英国语言战略探析与借鉴[J]. 外语界,2015(4):74-80.

[216] 徐明华,李丹妮,王中字. "有别的他者":西方视野下的东方国家环境形象建构差异——基于 Google News 中印雾霾议题呈现的比较视野[J]. 新闻与传播研究,2020,27(3):68-85+127.

[217] 徐万明,李恭忠. 中国引航史[M]. 北京:人民交通出版社,2001.

[218] 徐星. OECD 宣布:PISA2018 或增加"全球胜任力"评估[J]. 上海教育,2016(29):22-23.

[219] 许国璋. 谈谈新形势下外语教学的任务[J]. 人民教育,1978(10):21-25.

[220] 许国璋. 知识分子要读书争气[J]. 黄冈师专学报,1989(1):1-9.

[221] 许国璋. 外语界的自强与自省[J]. 外语教学与研究,1992(1):1.

[222] 薛琳. 中共七大与中国化马克思主义的国际传播——以参会的日本、朝鲜革命者为主线[J]. 中共中央党校学报,2017,21(5):63-71.

[223] 杨忠. 培养技能,发展智能[J]. 外语学刊,2007(6):133-137.

[224] 杨自俭. 关于外语教育的几个问题[J]. 中国外语,2004(1):14-16.

[225] 姚凯. 上海全球城市人才资源开发与流动战略研究[M]. 上海:复旦大学出版社,2019.

[226] 阴卫芝,唐远清. 外媒对北京雾霾报道的负面基调引发的反思[J]. 现代传播(中国传媒大学学报),2013,35(6):91-94.

[227] 英瓦尔·卡尔松,什里达特·兰法尔. 天涯成比邻——全球治理委员会报告[C]. 赵仲强,李正凌,译. 北京:中国对外翻译出版公司,1995.

[228] 尤佳. 我国国际组织人才培养和输送的内涵与路径思考[J]. 世界教育信息,2018(20):13-16.

[229] 余樟亚. 行业英语需求状况调查对大学英语教学的启示[J]. 外语界,2012(5):88-96.

[230] 俞可平. 全球治理引论[J]. 马克思主义与现实,2002(1):20-32.

[231] 喻国明,张洪忠,靳一,张燕. 面对重大事件时的传播渠道选择——有关"非典"问题的北京居民调查分析[J]. 新闻记者,2003(6):6-9.

[232] 袁业虎,熊笑涵. 上市公司 ESG 表现与企业绩效关系研究——基于媒体关注的调节作用[J]. 江西社会科学,2021,41(10):68-77.

[233] 曾秀芹,何梦,柳莹. 微博评论语境下的女性主义广告效果研究[J]. 新闻

与传播评论,2022,75(3):64-83.

[234] 张法连.英美法律术语汉译策略探究[J].中国翻译,2016(2):100-104.

[235] 张克旭.中西方主流媒体的国际议题话语权竞争——基于"华为危机事件"的实证分析[J].新闻大学,2019,164(12):50-66+120-121.

[236] 张绍杰.中国外语教育传统历时调查研究:传统梳理和现实反思[M].北京:高等教育出版社,2015.

[237] 张天伟.美国国家语言服务团案例分析[J].语言战略研究,2016(5):88-96.

[238] 张卫国.语言的经济学分析——一个初步框架[D].济南:山东大学,2008.

[239] 张卫国.作为人力资本、公共产品和制度的语言:语言经济学的一个基本分析框架[J].经济研究,2008(2):144-154.

[240] 张卫国.语言的经济学分析:一个综述[J].经济评论,2011(4):140-149.

[241] 张卫国,刘国辉.中国语言经济学研究述略[J].语言教学与研究,2012(6):102-109.

[242] 张西平.简论中国国家外语能力的拓展(连载一)[J].国际汉语教育,2012a(3):3-6.

[243] 张西平.简论中国国家外语能力的拓展(连载二)[J].国际汉语教育,2012b(4):3-7.

[244] 张忻.语言经济学与语言政策评估研究[J].语言文字应用,2007(4):13-20.

[245] 张志安,章震,曾子瑾.跨境媒体收购的正当性话语建构——以阿里巴巴收购香港《南华早报》为例[J].华南师范大学学报(社会科学版),2017,227(3):11-19+189.

[246] 张治国.新中国成立初期外语教育政策研究及其启示[J].外语界,2017(2):53-60+66.

[247] 赵龙跃.构建人类命运共同体与国际治理人才培养[J].太平洋学报,2020(1):28-35.

[248] 赵蕊华.系统功能视角下生态话语分析的多层面模式——以生态报告中银无须鳕身份构建为例[J].中国外语,2016,13(5):84-91.

[249] 赵蕊华,黄国文.汉语生态和谐化构建的系统功能语言学分析[J].外语研究,2019,36(4):44-49+108.

[250] 赵蕊华,黄国文.和谐话语分析框架及其应用[J].外语教学与研究,2021,53(1):42-53+159-160.

[251] 赵世举.语言观的演进与国家语言战略的调适[J].长江学术,2010(3):124-131.

[252] 赵世举.从服务内容看语言服务的界定和类型[J].北华大学学报(社会科学版),2012(3):4-6.

[253] 赵世举.全球竞争中的国家语言能力[J].中国社会科学,2015(3):105-118.

[254] 赵守辉,张东波.语言规划的国际化趋势:一个语言传播与竞争的新领域[J].外国语(上海外国语大学学报),2012(4):2-11.

[255] 赵秀风,刘畅.国际生态话语视角下中英能源白皮书话语对比研究——基于语料库的批评话语分析[J].北京科技大学学报(社会科学版),2020,36(6):17-25.

[256] 赵永刚.媒体并购话语中的中国企业形象对比研究——一项语料库辅助的话语-历史分析[J].解放军外国语学院学报,2021,44(1):62-70.

[257] 钟朝宏,干胜道."全球报告倡议组织"及其《可持续发展报告指南》[J].社会科学,2006(9):54-58.

[258] 仲人,吴娟.法律文字要烙守译名同一律[J].中国翻译,1994(5):13-15.

[259] 仲伟合,王巍巍,黄恩谋.国家外语能力建设视角下的外语教育规划[J].语言战略研究,2016(5):45-51.

[260] 周加仙.语言学习敏感期的脑与认知机制研究——兼谈我国外语教育政策和实践[J].全球教育展望,2009(9):20-25.

[261] 朱波.翻译战略研究的多维空间[N].光明日报,2016-1-9(5).

[262] 庄智象,韩天霖,谢宇等.关于国际化创新型外语人才培养的思考[J].外语界,2011(6):71-78.

[263] 邹玉华.立法语言规范化的语言哲学思考[J].中国政法大学学报,2012(1):67-74.

[264] Alam M A. Cockpit Learning in Power Distant Cockpits: The inter-

action Effect of Pilot's Interdependence and Inclination to Teamwork in Airline Industry [J]. Journal of Air Transport Management, 2015 (42):192 – 202.

[265] Alderson J C. Air Safety, Language Assessment Policy, and Policy Implementation: the Case of Aviation English [J]. Annual Review of Applied Linguistics, 2009,29(3):168 – 187.

[266] Alderson J C. The Politics of aviation English testing [J]. Lan-guage Assessment Quarterly, 2011,8(4):386 – 403.

[267] Alexander, R. J. Investigating Texts about Environmental Degradation Using Critical Discourse Analysis and Corpus Linguistic Techniques [A]. The Routledge Handbook of Ecolinguistics [C]. 2018: 196 – 210.

[268] Amel-Zadeh, A. & Serafeim, G. Why and How Investors Use ESG Information: Evidence from a Global Survey [J]. Financial Analysts Journal, 2018(3):87 – 103.

[269] Ariel Y, Avidar R. Information, Interactivity, and Social Media [J]. Atlantic Journal of Communication, 2015(1):19 – 30.

[270] Baldauf R, et al. Language Planning in Primary Schools in Asia [C]. New York: Routledge, 2012.

[271] Bednarek, M. & Caple, H. Playing with Environmental Stories in the News——Good or Bad Practice? [J]. Discourse & Communication, 2010(1):5 – 31.

[272] Berezina K, et al. Understanding satisfied and dissatisfied hotel customers: text mining of online hotel reviews [J]. Journal of Hospitality Marketing & Management, 2015,25(1):1 – 24.

[273] Berk-Seligson, S. The bilingual courtroom: Court interpreters in the judicial process [M]. Chicago: University of Chicago Press, 2002.

[274] Bevir M A. A Theory of Governance [M]. Berkeley, CA: University of California Press, 2013.

[275] Booth, K. The Concept of Strategic Culture Affirmed [A]. in Carl G. Jacobson (ed.). Strategic Power: USA/USSR [C]. London:

Macmillan. 1990:121 - 128.

[276] Brannan, J. Coming to Terms with the Supranational: Translating for the European Court of Human Rights [J]. International Journal for the Semiotics of Law, 2013(26):909 - 925.

[277] Bruyèlolmedo, A. & Juangarau, M. Minority languages in the linguistic landscape of tourism: the case of catalan in mallorca [J]. Journal of Multilingual & Multicultural Development, 2015,36(6):1 - 22.

[278] Bull, H. Strategic Studies and its Critics [J]. World Politics, 1968,20 (4):593 - 605.

[279] Burn, B. B. The President's Commission on Foreign Language and International Studies: Its Origin and Work [J]. The Modern Language Journal, 1980(1):7 - 8.

[280] Carvalho, A. Representing the Politics of the Greenhouse Effect: Discursive Strategies in the British Media [J]. Critical Discourse Studies, 2005(1):1 - 29.

[281] Casado, M. A. Incorporating foreign languages into the hospitality cur-riculum [J]. Journal of Hospitality & Tourism Education, 2013 (3):44 - 47.

[282] Charles, M. & Marschanpiekkari, R. Language training for enhanced horizontal communication: a challenge for mncs [J]. Business Communication Quarterly, 2002,65(2):9 - 29.

[283] Chimbarange A, Takavarasha P, Kombe F. A Critical Discourse Analysis of President Mugabe's 2002 Address to the World Summit on Sustainable Development [J]. International Journal of Humanities and Social Science, 2013(9):277 - 288.

[284] Chiswick B, Miller P. The Economics of Language: International Analyses [M]. New York: Routledge, 2007.

[285] Christofides L, Swidinsky R. The Economics Returns to a Second Official Language: English in Quebec and French in the Rest-of-Canada [J]. Canadian Public Policy, 2010,(2):1 - 34.

[286] Church J, Ian K. Bilingualism and Network Externalities. The Can-

adian Journal of Economics, 1993(2):337 – 345.

[287] Clarke, J. N. &. Edwards, G. R. Global Governance in the 21st Century [C]. New York: Palgrave Macmillan, 2004.

[288] Cookson S. Zagreb and Tenerife: Airline accidents involving linguistic factors [J]. Australian Review of Applied Linguistics, 2009(32):14.

[289] Cooper, R. Language Planning and Social Change [M]. Cambridge: Cambridge University Press, 1989.

[290] Craig, R. J. &. Brennan, N. M. An Exploration of the Relationship between Language Choice in CEO Letters to Shareholders and Corporate Reputation [J]. Accounting Forum, 2012(3):166 – 177.

[291] Dalmazzone, S. Economics of Language: a Network Externalities approach. In Albert Breton(Eds.), Exploring the Economics of Language [C]. Ottawa: Department of Public Works and Government, 1999.

[292] Davies J. A study of language skills in the leisure and tourism industry [J]. Language Learning Journal, 2007,21(1):66 – 71.

[293] De Saussure, F. Course in General Linguistics [M]. New York: Columbia University Press, 2011.

[294] Drozdzewski, D. Language tourism in poland [J]. Tourism Geographies, 2011,13(13):165 – 186.

[295] Dustman, C. &. Fabbri F. Language Proficiency and Labor Market Perf-ormance of Immigrants in the UK [J]. Economic Journal, 2003 (7):695 – 717.

[296] Eidenmüller, H. The Transnational Law Market, Regulatory Competition, and Transnational Corporations [J]. Indiana Journal of Global Legal Studies, 2011,18(2):707 – 749.

[297] Fairclough, N. Analysing Discourse: Textual Analysis for Social Research [M]. New York: Psychology Press, 2003.

[298] Fatemi, A, Glaum, M. &. Kaiser, S. ESG Performance and Firm Value: The Moderating Role of Disclosure [J]. Global Finance Journal, 2018(38):45 – 64.

[299] Fatma, M. &. Rahman, Z. Building a Corporate Identity Using Cor-

porate Social Responsibility: A Website Based Study of Indian Banks [J]. Social Responsibility Journal, 2014(4):591 - 601.

[300] Fernández-Vázquez, J. S. & Sancho-Rodríguez Á. Critical Discourse Analysis of Climate Change in IBEX 35 Companies [J]. Technological Forecasting and Social Change, 2020(157):1 - 10.

[301] Fill, A. & Penz, H. The Routledge Handbook of Ecolinguistics [M]. London: Routledge, 2017.

[302] Fuoli, M. & Hart, C. Trust-Building Strategies in Corporate Discourse: An Experimental Study [J]. Discourse & Society, 2018, 29 (5):514 - 552.

[303] García-Sánchez, I. M., Amor-Esteban, V. & García-Sánchez, A. Different Leaders in a COVID - 19 Scenario: CEO Altruism and Generous Discourse [J]. Sustainability, 2021(7):3841.

[304] Geppert, J. & Lawrence, J. E. Predicting firm reputation through content analysis of shareholders' letter [J]. Corporate Reputation Review, 2008(4):285 - 307.

[305] Gerbig, A. Lexical and Grammatical Variation in a Corpus: A Computer-Assisted Study of Discourse on the Environment [M]. New York: Peter Lang Pub Incorporated, 1997.

[306] Ginsgurgh V, Weber S. How many languages do we need? [M]. New Jersey: Princeton University Press, 2011.

[307] Goatly, A. Critical Reading and Writing: An Introductory Coursebook [M]. London: Routledge, 2000.

[308] Goethals, P. Multilingualism and international tourism: a content- and discourse-based approach to language-related judgments in web 2. 0 hotel reviews [J]. Language and Intercultural Communication, 2016 (2):1 - 19.

[309] Grin, F. The economics of foreign language competence: a research project of the swiss national science foundation [J]. Journal of Multilingual and Multicultural Development, 1995,16(3):227 - 231.

[310] Grin, F. Economic approaches to language and language planning: An

introduction [J]. International Journal of the Sociology of Language, 1996(1):1 – 16.

[311] Grin, F. Supply and Demand as Analytical Tools in Language Policy [C]. In A. Breton(Eds.), Exploring the Economics of Language. Ottawa: Canadian Heritage, 2000.

[312] Grin, F. Language planning and economics [J]. Current Issues in Language Planning, 2003,4(1):1 – 66.

[313] Grin, F. Language Policy Evaluation and the Europe Charter for Regional and Minority Languages [M]. New York: Palgrave Macmillan, 2003.

[314] Grin, F. The Economics of the Multilingual Workplace [M]. New York: Routledge, 2010.

[315] Haugen, E. On the Ecology of Languages [Z]. Talk Delivered at a Conference at Burg Wartenstein, Australia. 1970.

[316] Haugen, E. The Ecology of Language [A]. The Ecolinguistics Reader: Language, Ecology and Environment [C]. 2001:57 – 66.

[317] Hazrati, A. Intercultural Communication and Discourse Analysis: The Case of Aviation English [J]. Procedia – Social and Behavioral Sciences, 2015(192):244 – 251.

[318] Heller, M. The commodification of language [J]. Annual Review of Anthropology, 2010(39):101 – 114.

[319] Hogan-Brun, G. Linguanomics: What is the market potential of multilingualism [M]. London: Bloomsbury Academic, 2017.

[320] Hornberger N H, Wang S C. Who are our heritage language learners?: Identity and biliteracy in heritage language education in the United States [M]//Heritage language education. Routledge, 2017: 3 – 36.

[321] Hsu K, et al. Turning click-through visitors into customers: a study of chinese hotel websites [J]. Journal of Hospitality & Leisure Marketing, 2004(4):81 – 91.

[322] Huang, G. & Zhao, R. Harmonious Discourse Analysis: Approac-

hing Peoples' Problems in a Chinese Context [J]. Language Sciences, 2021(85):1 - 18.

[323] Huang, J. & Cai, L. A. Online image of multinational hotel brands on different language platforms [J]. Journal of China Tourism Research, 2010,6(3):279 - 295.

[324] Hutchinson, T. & Waters A. English for Special Purposes [M]. Cambridge: Cambridge University Press, 1987.

[325] Incelli, E. Managing discourse in intercultural business email interactions: a case study of a british and italian business transaction [J]. Journal of Multilingual and Multicultural Development, 2013,34(6): 515 - 532.

[326] Jasspal R, Nerlich B, Koteyko N. Contesting Science by Qpp-ealing to Its Norms: Readers Discuss Climate Science in the Daily Mail [J]. Science Communication, 2013(3):1 - 26.

[327] Kamwendo, G. Towards a vibrant african languages industry in the era of the african renaissance [J]. International Journal of African Renaissance Studies-Multi-Inter-and Transdisciplinarity, 2015,10(1): 141 - 152.

[328] Kaplan, R. B. & Baldauf, R. B. Jr. Language Planning: From Practice to Theory [M]. Clevedon: Multilingual Matters LTD, 1997.

[329] Kaplan, R. & Baldauf, R. B. Jr. Language and Language-in-education Planning in Pacific Basin [M]. Dordrecht: Springer, 2003.

[330] Kim, K. H. Examining Us News Media Discourses about North Korea: A Corpus-Based Critical Discourse Analysis [J]. Discourse & Society, 2014(2):221 - 244.

[331] Koermer, C. D. Service provider type as a predictor of the relationship between sociality and customer satisfaction [J]. Journal of Business Communication, 2005,42(3):247 - 264.

[332] Kordsmeier W, et al. International perspective: foreign language needs of U. S. businesses [J]. Journal of Education for Business, 2010, 75(3):169 - 171.

[333] Koteyko N, Jaspal R, Nerlich B. Climate Change and 'Cli-mategate' in Online Reader Comments: A Mixed Methods Study [J]. The Geographical Journal, 2013(1):74-86.

[334] Kramsch, C. Post 9.11: Foreign Languages between Knowledge and Power [J]. Applied Linguistics, 2005,26(4):545-567.

[335] Kramsch, C. Teaching Foreign Languages in an Era of Globalization: Introduction [J]. The Modern Language Journal, 2014, (1): 296-311.

[336] Lambert R D. Foreign Language Use Among International Business Graduates [J]. American Academy of Political and Social Science, 1990,5(11):47-59.

[337] Lasswell, H.D. The Structure and Function of Communication in Society [J]. The Communication of Ideas, 1948(1):215-228.

[338] Lee, J. Conflicting views on court interpreting examined through surveys of legal professionals and court interpreters [J]. Interpreting, 2009,11(1):35-56.

[339] Lehtonen, T. & Sinikka, K. University graduates' workplace language needs as perceived by employers [J]. System, 2008, (3): 492-503.

[340] Lehtonen T, Sinikka K. Workplace Language Needs and Univ-ersity Language Education—Do They Meet? [J]. European Journal of Education, 2009,(3):411-420.

[341] Levi, J. & Walker, A. Language in the Judicial Process [C]. New York and London: Plenum Press, 1990.

[342] Lin, S. C. Exploring the relationships between hotel management courses and industry required competencies [J]. Journal of Teaching in Travel & Tourism,2002,2(3):81-101.

[343] Liu, Y. Foreign Language Education Planning in China since 1949: A recurrent instrumentalist discourse [J]. Working Papers in Educational Linguistics, 2015(1):65-85.

[344] Lo Bianco, J. Including Discourse in Language Planning Theory [A].

in Bruthiaux, Paul et al, (eds.) Directions in Applied Linguistics: Essays in Honor of Robert B. Kaplan [C]. Clevedon: Multilingual Matters LTD, 2005.

[345] Lo Bianco, J. The importance of language policies and multilingualism for cultural diversity [J]. International Social Science Journal, 2010 (1):37 – 67.

[346] Lo Bianco, J. Domesticating the Foreign: Globalization's effects on the place/s of languages [J]. The Modern Language Journal, 2014 (1):312 – 325.

[347] Makkai, A. A Pragmo-Ecological View of Linguistic Structure and Language Universals [J]. Language Sciences, 1973(27):9 – 22.

[348] Maley, Y. "The language of the law" in Gibbons, J. (ed.), Language and the Law [C]. London: Longman, 1994.

[349] Marschak, J. The economics of language [J]. Behavioral Science, 1965(2):135 – 140.

[350] Murata, K. Pro – and Anti-whaling Discourses in British and Japanese Newspaper Reports in Comparison: A Cross-Cultural Perspective [J]. Discourse & Society, 2007(6):741 – 764.

[351] Murray, K. The Language of Leaders: How Top CEOs Communicate to Inspire, Influence and Achieve Results [M]. London: Kogan Page Publishers, 2013.

[352] Neeley, T. & Kaplan, R. S. What is your language strategy [J]. Harvard Business Review, 2014(7):70 – 76.

[353] Nekvapil, J. & Nekula, M. On language management in multinational companies in the czech republic [J]. Current Issues in Language Planning, 2006,7(2 – 3):307 – 327.

[354] Nilsen, H. R. & Ellingsen, M.B. The Power of Environmental Indifference. A Critical Discourse Analysis of a Collaboration of Tourism Firms [J]. Ecological Economics, 2015(109):26 – 33.

[355] Nørgaard, N. From Black to Green with a Dash of New Nordic. The Multimodal Rebranding of a Danish Energy Company with Global

Aspiration [J]. Social Semiotics, 2021(3):660 – 679.

[356] O'Barr, W. M. Linguistic evidence: Language, power, and strategy in the courtroom [M]. New York: Academic Press, 1982.

[357] Olsen, F., Lorz, A. & Stein, D. Translation Issues in Language and Law [C]. London: Palgrave Macmillan, 2009.

[358] O'Mara-Shimek, M., Guillén-Parra, M. & Ortega-Larrea, A. Stop the Bleeding or Weather the Storm? Crisis Solution Marketing and the Ideological Use of Metaphor in Online Financial Reporting of the Stock Market Crash of 2008 at the New York Stock Exchange [J]. Discourse & Communication, 2015(1):103 – 123.

[359] Partelow S, Winkler K J, Thaler G M. Environmental NonGovernmental Organizations and Global Environmental Discourse [J]. Plos One, 2020(5):1 – 19.

[360] Pettenger, M.E. The Social Construction of Climate Change: Power, Knowledge, Norms, Discourses [M]. Hampshire: Ashgate Publishing, 2007.

[361] Phillipson, R. Linguistic imperialism [M]. Oxford: Oxford University Press, 1991.

[362] Pool, J. The world language problem [J]. Rationality and Society, 1991,(3):21 – 31.

[363] Poole R, Spangler S. 'Eco This and Recycle That': An Ecoling-uistic Analysis of a Popular Digital Simulation Game [J]. Critical Discourse Studies, 2020(3):344 – 357.

[364] Porter, M. What is Strategy [J]. Harvard Business Review, 1996 (6):61 – 79.

[365] Reinhard H, Andrea G. Language awareness as a challenge for business [J]. Language Awareness, 2012(21):1 – 2.

[366] Ren L, et al. Understanding Customer Satisfaction With Budget Hotels Through Online Comments: Evidence From Home Inns in China [J], Journal of Quality Assurance in Hospitality & Tourism, 2015,16 (1):45 – 62.

[367] Rogers R, Joseph G O. Critical Discourse Analysis in Education: A Review of the Literature [J]. Review of Educational Research, 2005, 75(3):365 - 416.

[368] Rosendal, T. Linguistic markets in rwanda: language use in advertisements and on signs [J]. Journal of Multilingual and Multicultural Development, 2009,30(1):19 - 39.

[369] Rubin J, Jernudd B H. Introduction: Language planning as an element in modernization [J]. Can language be planned, 1971(1):1 - 24.

[370] Ruiz R. Orientations in language planning [J]. NABE Journal, 1984, 8(2):15 - 34.

[371] Ruiz R. Reorienting language-as-resource [J]. International perspectives on bilingual education: Policy, practice, and controversy, 2010, 155 - 172.

[372] Saulière, J. Corporate language: the blind spot of language policy? reflections on france's loi toubon [J]. Current Issues in Language Planning, 2014,15(2):220 - 235.

[373] Savoie, G. The Comparative Advantages of Bilingualism on the Job Market: Survey of Studies [C]. Official Languages and the Economy. Ottawa: Canadian Heritage, 1996.

[374] Schiffman H F. Linguistic Culture and Language Policy [M]. London: Routledge, 1996.

[375] Schleppegrell, M. J. Abstraction and Agency in Middle School Environmental Education [A]. Language and Ecology: Proceedings of the Symposium on Ecolinguistics of AILA [C]. 1996(96):27 - 42.

[376] Seiler W. English as a Lingua Franca in Aviation [J]. English Today. 2009(6):43 - 48.

[377] Shen Q. Meanings of cross-culture, interculture and transculture: Reading "Universal dream, national dreams and symbiotic dream: Reflections on transcultural generativity in China-Europe encounters" [J]. Journal of China in Comparative Perspective, 2014, 1 (3): 123 - 128.

[378] Shohamy, E. A critical perspective on the use of English [A]. In Doiz, A., Lasagabaster, D., Siera, J. M. (eds.) English-Medium Instruction at Universities: Global Challenges [C]. Bristol: Multilingual Matters, 2013.

[379] Slater, P. The Gadgeteer: Sex, Self and Consumerism in Stuff Magazine [J]. Language and Ecology, 2007(1):1 - 8.

[380] Sobaih, A. E. E. Hospitality employment issues in developing countries: the case of Egypt [J]. Journal of Human Resources in Hospitality & Tourism, 2015,14(3):221 - 243.

[381] Solan, L. The Language of Judges [M]. Chicago: University Of Chicago Press, 1993.

[382] Sparks B. A. & Browning V. Complaining in Cyberspace: The Motives and Forms of Hotel Guests' Complaints Online [J]. Journal of Hospitality Marketing & Management, 2010,19(7):797 - 818.

[383] Spolsky B. Language Policy [M]. Cambridge: Cambridge University Press, 2004.

[384] Spolsky B. The Cambridge Handbook of Language Policy [M]. Cambridge: Cambridge University Press, 2012.

[385] Spolsky B. What is language Policy [A], in Spolsky (ed.). The Cambridge Handbook of Language Policy [C]. Cambridge: Cambridge University Press, 2012:3 - 15.

[386] Steffensen, S. V. & Fill, A. Ecolinguistics: The State of the Art and Future Horizons [J]. Language Sciences, 2014(41):6 - 25.

[387] Stibbe, A. Animals Erased: Discourse, Ecology and Reconnection with the Natural World [M]. Middleton: Wesleyan University Press, 2012.

[388] Stringam B B, et al. An analysis of word-of-mouse ratings and guest comments of online hotel distribution sites [J]. Journal of Hospitality Marketing & Management, 2010,19(7):773 - 796.

[389] Tange, H. Language workers and the practice of language management [J]. Corporate Communications, 2009,14(2):131 - 143.

[390] Tonkin, H. & Frank, M. E. The Translator as Mediator of Cultures

[M]. Amsterdam: John Benjamins Publishing Company, 2010.

[391] Toury, G. Translation as a Means of Planning and the Planning of Translation: A Theoretical Framework and an Exemplary Case [A]. in Saliha Parker (ed.) Translations: (Re) Shaping of Literature and Culture [C]. Istanbul: Bogazici University Press, 2002:148 – 165.

[392] Valle, J.D. & Villa, L. Spanish in brazil: language policy, business, and cultural propaganda [J]. Language Policy, 2006,5(4):371 – 394.

[393] Waldeck J F, et al. Communication in a changing world: contemporary perspectives on business communication competence [J]. Journal of Education for Business, 2012,87(4):230 – 240.

[394] Wang, H., Zhai, R. & Zhao, X. Analysis of the UN Secretary-General's Remarks on Climate Change: From the View of Ecolinguistics [J]. Journal of Language Teaching and Research, 2019(4):851 – 857.

[395] Wodak, R. Critical Linguistics and Critical Discourse Analysis [A]. Discursive Pragmatics [C]. 2011:50 – 70.

[396] Wylie J C. Military Strategy: A General Theory of Power Control [M]. Annapolis, MD: Naval Institute Press, 1989.

[397] Yang, L, et al. Assessing the competencies needed by hospitality management graduates in india [J]. Journal of Hospitality & Tourism Education, 2014,26(4):153 – 165.

[398] Yap M H T, et al. Bulgarian hotel managers' recruitment perc-eptions [J]. Journal of Human Resources in Hospitality & Tourism, 2015,14 (2):133 – 152.

[399] Yu, L. Knowledge transfer in hotel firms: determinants of success in international expansion [J]. International Journal of Hospitality & Tourism Administration, 2015,16(1):16 – 39.

[400] Zhang, Y. & Vázquez, C. Hotels' Responses to Online Reviews: Managing Consumer Dissatisfaction [J]. Discourse, Context & Media, 2014(6):54 – 64.

[401] Zhao S. Actors in language planning [A]. In: Handbook of Research in Second Language Teaching and Learning Volume II/edited by Eli

Hinkel [C]. New York: Routledge, 2011:905 – 923.

[402] Zhao, S. & Baldauf, R. B. Individual agency in language planning: Chinese script reform as a case study [J]. Language Problems & Language Planning, 2012,36(1):1 – 24.

索　引